# 近代東アジアの経済倫理とその実践

## 渋沢栄一と張謇を中心に

編
陶徳民
姜克實
見城悌治
桐原健真

日本経済評論社

# 巻頭言

ここに、『東アジアにおける公益思想の変容——近世から近代へ』の姉妹編として、『近代東アジアの経済倫理とその実践——渋沢栄一と張謇を中心に』をお届けします。

この二つの論集は、二〇〇四年秋に東京・国際文化会館で開かれた「比較視野のなかの社会公益事業」と題する国際セミナーと、二〇〇五年春に中国・南通の文峰飯店で開かれた「中日近代企業家の人文精神と社会貢献——渋沢栄一と張謇の比較研究」と題する国際シンポジウムの報告の一部をもとにまとめられたものです。前者においては、余英時・プリンストン大学名誉教授、溝口雄三・東京大学名誉教授および夫馬進・京都大学教授による基調講演を受け、「近世の西洋と日本における社会事業思想」、「渋沢栄一における社会事業思想の展開」、「同時代の社会事業思想との比較——日本——」および「同時代の社会事業思想との比較——中国——」という四つのパネルセッションが行われました。後者においては、章開沅・元華中師範大学学長、馬敏・華中師範大学学長および中井英基・筑波大学名誉教授による基調講演のほか、「近代産業の発展と社会・環境問題」、「企業経営者の経営倫理問題〈義と利　論語と算盤〉」、「社会救済事業」、「文化出版事業」、「教育事業」および「環境保護事業」という六つのパネルセッションで様々な議論が交わされました。

本書は、一世紀前の渋沢栄一、張謇および経元善・周学熙など代表的企業家や事業家による「経世済民」の実践と諸問題に関する論集です。しかしながら、今日の日中両国が直面している多くの問題は、近代西洋発の産業革命以来、とりわけ〝九・一一〟以後の世界全体が抱えている共通の問題でもあり、これに対処するための知恵と哲学を渋沢や張謇の経験から見出すことはきわめて重要だと考えます。これによって、共生社会の形成、文明間対話の推進と地球村倫理規範の構築といった二一世紀的課題の解決に何らかの寄与ができるのではないでしょうか。

なお、上記の二〇〇四年東京国際セミナーと二〇〇五年南通国際シンポジウムは、いずれも渋沢栄一記念財団研究部の支援で結成された「渋沢国際儒教研究チーム」（陶徳民、姜克實、L・ロバーツ、見城悌治、陳瑋芬、呉偉明および桐原健真など七名、二〇〇四～二〇〇六年）による企画であり、また二〇〇五年の南通国際シンポジウムでは、日本国際交流基金と渋沢栄一記念財団による資金面の助成だけでなく、南通張謇研究センター、上海復旦大学の歴史学部と日本研究センター、および華中師範大学中国近代史研究所の温かい協力もいただきました。記して御礼申し上げたいと存じます。

二〇〇八年一二月二〇日

元渋沢国際儒教研究チーム代表　陶　徳民
渋沢栄一記念財団　研究部長　木村昌人

近代東アジアの経済倫理とその実践◉目次

## 第Ⅲ部　文化と公益

# 解題――東アジアにおける経済倫理の展開とその異同

見城悌治

## 一　二一世紀初頭における東アジア地域の諸問題

「東アジア」に位置する日本社会は、二一世紀に入り、「新自由主義」的な政策の正否の議論がたたかわされているさなか、経済格差がいっそうの広がりを見せつつある。またその動きと輻輳し合って、複数の企業におけるもろもろの偽装問題、はたまた官庁においては年金処理の不手際ほかの問題が発覚するなど、企業や官庁、さらには個人の「倫理」観低下を示す事件が続発する現実がある。

一方、「東アジア」最大の国家・中国においては、その「改革開放」政策によって、沿岸部を中心とした急速な経済成長という果実を得たものの、内陸部との経済格差是正が大きな問題になっている。また官僚の汚職事件についての報道も目にすることが少なくなく、現代中国でも「倫理」意識の是正・構築が焦眉の課題になっているかに見える。

そうした状況の下、二〇〇八年末、アメリカに端を発した世界金融危機は、大きな揺らぎを日中両国にも突きつけ、グローバリズムの波が、体制を異にする日本と中国に同質の課題を突きつけていることを改めて認識させた。

一方で、この数年、ヨーロッパにおけるＥＵの動向等を睨み、「東アジア」においても経済共同体を作ろうとする議論が継続的に検討されている。この場合は、日中二国に加え、韓国も重要な位置を占めるのだが、リーダーシップをどの国が取るのかという課題をはじめ、様々な角逐が存在する。そして、三国それぞれの国内事情に加え、この地域においては、歴史問題や領土問題などナショナリズムを刺激する事案が現状での手かせ足かせとなっている側面が強く、ただちに連携を取り合えるような状況には至っていないといえよう。

思い起こせば、「アジアは一つである」と、岡倉天心が自著『東洋の理想』で叫んだのは、百年あまり前のことであった。この文言自身は、日露戦争を前にした小国日本に住む一知識人が文化ナショナリズムとしての願望を吐露したものに過ぎなかった。しかし、一九四〇年代の「大東亜共栄圏」や一九七〇～八〇年代の「高度経済成長」の時代において、「アジアのリーダーは日本以外にない」という文脈の中で、岡倉天心の言葉が利己的蘇生利用された結果、東アジアに大きな軋轢をもたらしたことを忘れてはならない。

筆者自身は、二一世紀の国際社会において、日本は、日米関係一辺倒ではなく、多チャンネル的な関係性をより構築していくべきと考えるが、まずは近隣「東アジア」地域との連携をより深めていくことが前提であろう。その際には、経済的な利害関係のみを拙速に追求するのではなく、千年以上の歴史的関係性や文化的近親性を踏まえた上で、連携できる領域を模索していく思考が必要であると考えている。ここ十数年、「儒教文化圏」また「漢字文化圏」という観点から「東アジア」を括ろうとする視点をしばしば目にする。そうした切り口から見えてくるものも多いが、これらの「同質」性だけではなく、似て非なる部分、「異質」性も直視した上で、「東アジア」の思想のあり方を丁寧に検証していく必要があるだろう。

## 二　本書の構成と概要

渋沢栄一（一八四〇～一九三一年）と張謇（一八五三～一九二六年）は、ともに近代日中の実業家として知られている人物である。渋沢は、近代日本が資本主義を発展させていく際のプロモーターとして、五百余りの企業に関わり、「合本主義（株式会社）」を普及させることに功あった。一方、張謇は、出生地の南通に大生紗廠（綿紡績会社）を創業するなど、多面的な経済活動を展開したほか、「立憲派」として辛亥革命後、閣僚にも就くなど、政治家としての足跡も残している。

本書は「近代東アジアの経済倫理とその実践」というテーマの下で、一九世紀半ばから二〇世紀前半に活躍した実業家、また公益事業家たち――渋沢栄一（日本）と張謇（中国）を主たる素材とする――に焦点を当て、二〇世紀はじめの「東アジア」に現出した理想と現実を精査していくことを課題とする。すなわち、日中両地域において、それぞれ「経済倫理」がどのように認識され、それがどのように現実化されていったのか。また叶わずに挫折していったのか。あるいはまた、彼らは自らの活動をいかに「公益」に与するよう展開させていったのか。そうした問題について、それぞれの「異」と「同」を考えようとするものである。

そのため、本書は三部構成（Ⅰ　倫理と思想、Ⅱ　社会と公益、Ⅲ　文化と公益）を取るが、それぞれの概要を以下で簡便に論じていきたい。

「第Ⅰ部　倫理と思想」は、以下の五論文からなる。

①馬敏「東アジア的価値観を有する近代産業の指導者――張謇と渋沢栄一」
②于臣「近代日中両国の『経営ナショナリズム』についての一考察――渋沢栄一と張謇の例を通じて」
③周見「渋沢栄一と張謇の実業思想についての比較」
④中井英基「近代日中両国の企業家と官・商関係――張謇・経元善・周学熙・渋沢栄一たち」
⑤沖田行司「渋沢栄一の経済倫理構想と徳育問題」

概要はそれぞれ以下の通りである。

［①馬］　近代の日中両国の産業近代化の指導者として大きな足跡を残した張謇と渋沢栄一は、思想面において、ともに儒教文化圏の価値観の影響を受けていた。それらを過大評価してはいけないが、「近代の儒商」といえる両者が示した義利両全は、高い道徳基準を示すものでもあった。とりわけ、張謇が抱いた雄大な構想については、中国を取り巻く歴史的条件等により破綻したものの、今日において、伝統と近代、農業と工業の協調発展を目指す中国型近代化の模索に重要な示唆を与えるとみる。

［②于］　渋沢栄一と張謇の「公利」思想を比較することを通じて、近代日中両国の「経営ナショナリズム」の特徴解明を目指す。その結果、渋沢は「公」を「国家」の意味合いに重ねてとらえたが、その「国家」理解の前提には、彼の商工業立国の思想があり、またその経営ナショナリズムは明治初期の資本主義の発展に適応していたと指摘する。一方、張謇の「公」は家族、ひいては地方共同体の「公平・共同」を意味していた。それは、張謇が直面していた課題が、郷紳社会（地方社会）の危機であり、帝政国家の危機であったためとする。そうした環境の相違が、両者の異なりとして表出したという。

［③周］　近代日中を代表する企業家・張謇と渋沢栄一は、儒学思想とその倫理観を企業活動の精神的支柱とし、西洋資本主義の経営方法でこれを補完しようと試みた。そして、伝統文化に新しい思想と内容を注入し、後世の人に貴重な精神的財産を残したと評価する。

しかし、張謇の施策は失敗し、渋沢栄一は成功したという現実がある。その岐路について、(a)両国の倫理道徳や国家意識の形成条件、(b)官僚制度や企業体制、(c)企業家層構成と教育普及面、の三側面からそれぞれ分析を加え、同時代を生きた両者の実業思想の異同と両国の社会的背景を明らかにした。

［④中井］　近代日中の「経営風土」を規定する最も重要な要因の一つとして、政府・政党の官僚と民間の商人との関係に着目し、張謇たち個々の企業家の事績に照らしての比較考察を行う。後発国工業化の企業者活動において、政府と官僚とが無関係に展開することは一般的にありえないが、とくに近代の日中両国では企業家が官僚の

権威主義や甚だしい官尊民卑の傾向に悩まされ、その活動を大きく制約されることが多かった。そのような官・商関係の中、まず必要とされたのが張謇の「官商之郵」(官民の連絡・調整)、また渋沢栄一の「ビジネス・オルガナイザー」という役割であり、それにより近代企業経営のための突破口が開かれた、と主張する。

[⑤沖田]　伝統的な道徳観念は、徳の形成を利益の追求と矛盾するものととらえていた。しかし、近代産業国家の確立を目指した近代の日本にとって、利益の追求と道徳的人格の形成という矛盾を国家という次元で止揚しようとするのが、道徳教育の一貫した姿勢であった。

そのような思想状況の下、利益追求と経済至上主義がもたらす弊害に着目し、経済活動と道徳を正面にすえて論じた渋沢栄一は、日本における経済倫理の確立を目指した最も早い人物の一人である。さらに商業教育を振興させるとともに新しい商業道徳の確立を提唱し、「私益」を「公益」へと転換させせようとした点に、渋沢の経済倫理と道徳観の特質があるとみる。

「第Ⅱ部　社会と公益」は、三論文によって構成される。

⑥呉偉明「張謇の社会事業と日本」

⑦張廷栖「環境保護に対する張謇の功績について」

⑧石暁軍「『中国女学堂』の設立から見る経元善の社会公益事業」

内容は、大略以下の通りである。

[⑥呉]　一九〇三年に来日した張謇は、日本での見聞を、出身地の南通で具体的に活かしていった。師範学校・実業学校・小学校等の教育制度と思想、博物館や公園など公共施設、盲唖学校や乳児院等の慈善組織の実践がそれに当たる。

日本留学経験者や日本からの招聘教師によって運営されたそれらの組織は、中国の近代化に貢献していった。

特に、日本の近代的制度は欧米モデルに拠りながらも、忠君愛国などの伝統的価値観が付与されたものであり、その意味からも、清末中国にとっては魅力を持ったものであった。南通地区における張謇の諸実践は、さらにそれを中国化する実験場となり、一つのモデルを構築していったとみる。

[⑦張]　近代中国における「士商」の代表的人物・張謇は、環境保護の面でも顕著な貢献を果たしている。南通の街づくりを構想する中で、都市と農村を相互配置した都市空間を構築し、居住環境の悪化を回避したこと、生態化傾向にある産業構造を構築し、環境汚染を減らすことに務めたこと、植樹造林を積極的に提唱し、生態環境を保護・向上させたことが、その成果として挙げられる。

それらは百年前の営為であるが、張謇の環境方面における生態意識を検討することは、現在の世界の重大な生態危機の改善に一定の意義を有すると評価する。

[⑧石]　経元善が設立した「中国女学堂」は、中国人の手による最初の女学校として知られるが、石は、その社会公益事業的役割に注目する。

すなわち、経元善は「善堂」による慈善事業・水害救済事業の実践や洋務企業の経営に対する反省から、救急よりは救貧、救貧よりも人材の育成が急務であるという認識を持つに至り、学校設立を行ったとの評価を与える。したがって、学校の存続期間はたった二年であったにも関わらず、経元善の「中国女学堂」は中国の慈善事業および社会事業の領域において大きな足跡を残したとする。

「第Ⅲ部　文化と公益」は四名の論考からなる。

⑨銭健「中日両国の近代文化事業における張謇と渋沢栄一の意義」

⑩松川健二「渋沢栄一と『論語』」

⑪見城悌治「渋沢栄一による歴史人物評伝出版とその思想」

⑫鄒振環「張謇と翰墨林印書局の翻訳・出版事業」

［⑨銭］　中日両国の近代化の発展に大きな役割を果たした張謇と渋沢栄一は、両国の文化事業に対して各方面にわたって貢献している。この論考では、演劇、美術ならびに博物館事業へのそれぞれの文化支援活動を具体的に見ることによって、彼らの文化に対する態度を考察しようとする。

その結論としては、両国が置かれた条件が異なるため、渋沢の残した功績に比すれば、張謇の理想実現には困難な面が多かったとみる。しかし、仁義道徳を根底に持った両者が、民衆を文化事業を重視する方向へ導き、社会文化の水準を向上させようとしていた啓発的意義は、現代的観点から評価できるとする。

［⑩松川］　渋沢栄一（「青淵」の号を持つ）は『論語』の普及活動を積極的に行った。そして、その代表的成果である渋沢述『論語講義』が成立した背景に、三島中洲『論語講義』が存在する事実に注意すべきであること、また亀井南冥など先儒の言説の扱い方において、経典解釈の立場からは、渋沢の営為に留意すべき点があることを指摘する。

またあわせて、このような儒学思想展開の究明には、『論語』のことばに裏づけされた公益尊重の健康な価値観が随所に見出せる事実も述べ、近代日本における『論語』の普及と解釈に渋沢が果たした役割の実際を明らかにする。

［⑪見城］　渋沢栄一は、実業界の中枢から退くことを表明した明治末期以降、自らが評価する歴史人物（徳川慶喜、松平定信）の評伝や自身の伝記的回顧を出版する事業に取り組んでいる。それらの評伝・自伝では、個々の評価をめぐり、「国家公益」への貢献を強調するなどの道徳訓戒も含まれており、そこから、同時代の思潮に問題提起をしようとする渋沢の意図を読み取ることができる。

一方、その編纂作業過程においては、微細な史料でも出来る限り集めようとする「史料」重視の姿勢を貫かれ、その「評価は百年の後に期す」という潔さを謳っていた点も看過できないとする。

〔⑫鄒〕 張謇が一九〇三年に創建した翰墨林書局は、清末民初に重要な位置を占めた出版機関であったが、大生紗廠に資金面を負うなど南通地区における張謇の多角的経営戦略の一角をなすものであった。

また同書局は、同時代の教科書出版市場の中で、商務印書館等との比較においては劣る面もあったが、とりわけ清末の立憲運動における西欧および日本の議会史の紹介、また韓国歴史文献の翻訳の領域において果たした文化貢献は大きく、翻訳出版事業における独自の地位を示したとする。

## 三　本書の成果――歴史から学ぶこと

本書は、以上の概要にみるように、主に渋沢栄一と張謇という近代日中の歴史人物に即しながら、近代東アジアの経済倫理のあり方、また近代日中の実業家たちが行った社会貢献、文化貢献の実相を、それぞれの観点から考察しようとするものである。

第Ⅰ部は「倫理と思想」という括りで、日中の思想空間における一九～二〇世紀の実相を示した。①～③論文は、張謇と渋沢栄一が幼年時から儒教を学び、自らの思想的根底にしていたという前提を置き、その共通的特質と相違をそれぞれの観点から浮き彫りにしようとする。たとえば、②于は両者の「公利」思想が、日中近代の経営ナショナリズム展開に与えた影響から、③周では倫理道徳や官僚制度など差異から、それらの課題に迫っている。一方、①馬は張謇に焦点を当てる中で、その時代の歴史的条件においては阻害されてしまった思想と営為が、現代中国において大きな意味を持つようになると主張する。

④中井は、張謇と同時代の中国の実業家として、経元善や周学熙も取り上げ、さらにそこに渋沢栄一を含めた対比を展開している。そして、日中の「経営風土」を支える政治や社会の歴史的特質を明らかにした。

一方、⑤沖田は、伝統と近代が交錯し合う明治期において、渋沢が経済倫理および商業道徳を確立しようと試みた積極的意義を、教育思想史の立場から究明している。

これら五つの論考は、渋沢や張謇などの具体的事績を入念に跡づけることで、近代日中における「伝統思想」と「近代思想」の融和と葛藤、経済倫理の異同、またそれらを規定した両国の社会環境を明確にすることに成功している。さらに、現代社会が改めて評価すべきいくつかの思想的遺産（さらには克服すべき課題）も提示しているのである。これらは比較（思想）史的観点から考察しようとする視角を掲げた本論集の大きな成果と言えるだろう。

続く第Ⅱ部は、すべて近代中国の人物を主題とし、「社会と公益」に対する考察がなされている。⑦張は、張謇が紡績工場等を設立した際、南通という地域における生態環境へも十二分な配慮をした上で、街づくりを進めようとしていたと強調する。また⑧石は近代中国の実業家・経元善が、社会事業活動を広げる一環として、女学校設立を行い、公益に貢献しようとした営為を評価する。

つまり、張や経は、目先の私利追求にのみ邁進していた経営者・企業家ではなく、その活動から得た資金を元に、未来を見通した教育や環境の制度整備を行うことで、公益に貢献しようとした事業家の顔を持っていたことを明らかにしている。

また、⑥呉は、一九〇三年に日本を訪問した張謇が様々な場所の視察に赴くなかで、とりわけ日本の公共施設に着目し、それを母国に適合的な形で移植しようとした経緯を具体的に紹介し、張の「公益」確立に努めた役割を確認している。

二一世紀の日中両国においては、「金儲け」が人生の究極的目的であるかのような理解が流布している局面を目にすることがある。しかしながら、実業家がその利益（私益）をどのような形で公益に寄与還元しようとした（する）のかは、きわめて重要な問題でもある。百数十年前に近代東アジアで具体的に展開されたこれらの事例を顧みることは、二一世紀に活かすべき可能性と社会的限界性（その克服法）を考察するための重要な糧になるだろう。

また、「西洋化」に先んじた近代日本社会のありようが、どのように同時代の中国に評価・消化され、また拒否されたのか。近代東アジア世界の知の伝播のあり方も、張謇たちの行動を通じて、学ぶことができるであろう。

近代東アジアにおける「文化と公益」のあり方を共通的な主題としたのが、第Ⅲ部の諸論考である。まず⑨銭は、実業家であった張謇と渋沢栄一が、文化事業に貢献した具体的事例をそれぞれ見る中で、社会文化水準を向上させようとした公共的意義に評価を与える。しかし同時代の営為にも関わらず、張謇が渋沢との比較においては成果を得られなかったところから、両国の社会的歴史的環境の「異」と「同」を見ようとする。

東アジアにおける思想書の代表格である『論語』は、近現代社会にも影響力を持ち続けている。⑩松川は、渋沢栄一が彼自身の著作として出版した『論語講義』を思想史の系譜の中で位置づけ、さらにまた渋沢が『論語』普及活動に貢献したことにも評価を与える。つまり、近代日本における『論語』評価における渋沢の文化的貢献について認識を新たにすべきとするのだ。

⑪見城は、渋沢が『徳川慶喜公伝』など歴史人物評伝編纂に大きく関わったことを紹介する。その意図の一つには、「国家公益」に貢献した先人から学べ、という道徳教育的意味合いが込められていたとするが、一方で、史資料を十分に蒐集した上での叙述を目指す姿勢から、歴史資料保存に果たした文化的役割もきわめて高いとみる。

⑫鄒は、張謇が南通に設立した翰墨林書局が、清末民初において教科書出版などによって、地道な文化貢献をしたことを明らかにする。また、この論考は、同書局が、近代日本が翻訳した西洋テキストを中国語に移す過程や韓国の歴史文献を翻刻した事実も丁寧に紹介しており、そこから近代東アジアにおける文化的伝播と文化保存に果たした大きな役割が看取できるのである。

第Ⅲ部の論考群は、近代日中の実業家たちが、出版などの文化的事業という「公益」に対し、どのように向き合い、何を実践しようとしたのかを具体的に明らかにしている。第Ⅱ部と合わせ、近代形成期の実業家たちが自ら蓄積していった富を、同時代の「社会」や「文化」のどの部分につぎ込もうとしていったのかを知ることは、現代的観点からも、きわめて示唆深いものがある。これらの論文から浮かび上がってくるのは、渋沢や張謇たちが、病院・児童養護施設など社会的弱者に対する施設の整備に努めたこと、未来を担うべき若者たちの教育機関を確立したこと、また「文化」を次世代に伝えるための諸事業を興したことなどである。さらに、利益追求のため工場の生産力増強がもたらす弊害を直視し、周辺環境の保全に留意した張謇の営みも忘れてはならない。換言すれば、彼らが、百年先を見通すことができるような社会文化の基礎的な部分に力を注いでいたことは、特筆されるべきであろう。

渋沢や張謇たちが有した経済倫理とそれに基いて行った実践は、今日から見ても瞠目すべき成果をあげた側面も少なくない。しかしながら、だからと言って、それらの方法が現代的課題をただちに解決してくれると性急に考えてはいけない。なぜならば、当該期の歴史的社会的条件などによって、彼らの理想そのものが十全に実を結ばなかった側面があったからである。そもそも、その条件が現代において克服されたのか否かを、改めて検討する必要があるだろう。また一方で、現代的観点から見れば、彼らの理想（思想）の一部は時代状況に合わなくなっている側面が出てきていることも冷静に見すえる必要があること、これらを付言しておきたい。

二〇世紀はじめに彼等が抱いた理想が実現していく過程、またそれが妨げられた社会現実を比較思想史的、歴史学的に考究しようとする本書の諸論考は、二一世紀の日本と中国が解決しなければならない課題にいくつかの有力なヒントを与えてくれるであろう。

なお、本書姉妹編の『東アジアにおける公益思想の変容――近世から近代へ』においては、前近代と近代における公益思想の諸相、社会事業思想の変遷について、一二名の専門研究者が論じている。本書の内容をより深く理解するために、あわせて参考にしていただければ幸いである。

渋沢栄一と張謇は、本書で繰り返し主題となるので、ここで略歴等につき簡単に紹介する。

**渋沢　栄一**（一八四〇～一九三一年）

実業家。武蔵国榛沢郡血洗島村（現埼玉県深谷市）の富農の家に生まれる。幕末の尊王攘夷論に傾倒し、のち一橋家に仕え、慶喜の弟昭武に随行して渡仏。維新にともない帰国ののち新政府に出仕し、大蔵省の顕官を歴任するもやがて辞任。野において日本における産業の近代化や教育・社会事業に尽力した。その活動範囲は多岐にわたるが、あくまで民間の立場で行うことを旨とした。

**基本文献**　渋沢青淵記念財団竜門社編『渋沢栄一伝記資料』渋沢栄一伝記資料刊行会、一九五五～一九七一年、本編全五八巻、別巻全一〇巻（本書では、『渋沢伝記資料』と表記）

**張　謇**（一八五三～一九二六年）

中国の実業家、政治家。江蘇省南通の人。科挙の最上級試験（進士）に首席で合格するも、やがて官界を離れ、郷里を中心に紡績工場をはじめとする近代産業の育成および師範学校等各種の学校や図書館・博物館などの文化教育・社会福祉事業にも尽力。辛亥革命後にはいくつかの閣僚を歴任したが、やがて郷里に戻り、南通を中国近代化のモデルとしての「一新新世界の雛型」とすることを目指した。

**基本文献**　張謇研究中心編『張謇全集』南京・江蘇古籍出版社、一九九四年、全七巻（本書では、『張謇全集』と表記）

# 第I部

# 倫理と思想

# 第1章　東アジア的価値観を有する近代産業の指導者
## ——張謇と渋沢栄一

馬　敏
訳＝姜　克實

## はじめに

東アジアにおける伝統の農業国から近代資本主義国家への移行の中、近似の経験を持つ、近隣関係にある中国と日本の間は比較の価値は高い。両国の間には、西洋文明の衝撃にもたらされた異質性のほか、同じ儒教文化圏の価値観に左右される同質の一面もある。こうした異質、同質の両面に対する考察を通じて、われわれはより正確に歴史の全貌を把握し、歴史の実像、規則を抽出できるのではないかと思う。

張謇と渋沢栄一はそれぞれ、中、日両国の近代企業の父、産業近代化の指導者といわれ、ともに民間企業育成面に大きな足跡を残している。思想面における両者の共通点は、同じ儒教文化圏の価値観の影響を受けていることといえよう。こうした儒教思想に基づく両者の独特の経営理念は、それぞれの国の近代の経営者と近代産業の発展に大きな影響を及ぼし、その実績を以て、両者がよく「指導型企業家」と評価される。今日、アジアの視点からこうした儒教的、文化的涵養の深い実業思想を研究することは、東アジア型企業家の特徴を把握する上に重大な意義があろう。

## 一　儒教文化に根を下ろした「指導型」企業家

今までの主流を占めてきた西洋中心の研究方法に対して、最近では、アジア中心の新たな研究視角が確立されつつある。すなわち、アジアの立場で、アジアの歴史と文化の内在連係からアジアの近代化の諸問題を考察する視角である。たとえば、近代企業化の経験と教訓や、その過程における儒教倫理の果たした役割など。このような視角の導入によって、西洋中心の既成価値観を翻し、アジア地域の近代化研究に新たな可能性をもたらすことができる。(1)

アジア中心の視角の重要な意味は、儒教倫理を核心とする価値観の、アジア近代化における役割について認識することである。こうした東洋の伝統文化の、近代化にもたらした影響――積極的にしても消極的にしても――について、いまなお定論はないが、アジアの経済成長と近代化過程の研究には、こうした儒教的価値観の存在を無視してならぬことは、確かであろう。

張謇と渋沢栄一のような中日両国の近代化指導者の研究において、アジアの視角を用いる真意は、彼らの思想の深層から、その主導的思想要素を掘り出すことである。表面からみれば彼らは、欧米の近代化の影響を受けて資本主義の企業を創設し、欧米流の近代資本主義の代表者と見なされているが、思想の深層に潜在する人生観、価値観、思考方式には、東洋的、儒教的な要素が濃いといわなければならない。こうした東洋的価値観を要約すれば、一、人間と自然の関係において「天人合一」の思想を主張し、自然との共生を尊ぶ。二、人間と社会の関係において、社会生活の協調関係を重視し、団体、国家への奉仕、報恩などの意識を奨励し、上下の身分関係を肯定する。三、対人関係において、個人本位を排して家族の利益を重視し、教育に熱心、家庭と人間関係の和睦を唱える。四、富に関して、倫理的蓄財の方法を奨励し、貯蓄、勤倹を美徳とし、物質的生活より、精神面の修養と道徳の向上を重視する、ということになろう。[2]

張謇と渋沢栄一の儒教的価値観の形成背景には、近似した家庭環境と教育環境の存在が指摘され、こうした成長環境は、両者の性格、思想形成および人生の選択に大きな影響を及ぼしたと思われる。

張謇は江蘇省海門県常楽鎮のある兼商農家に生まれ、家庭の勧めと裕福な家庭環境に支えられ、幼年から質の高い伝統教育を受け、読書人の途を歩んだ。はじめは、近隣の邱畏之の塾で儒教の啓蒙を受け、一〇歳の時、『三字経』『百家姓』『神童詩』『酒詩』『鑒略』『千家詩』『孝経』『大学』『中庸』『倫語』『孟子』『詩経・国風』などの儒典を読了している。[3] 一五歳から、長い、いばらの科挙の途にはいり、二六年の歳月と大小三十余回の試験との格闘を経て、[4] 不惑の年を越えた所でやっと生涯の最高の目的地――「状元」（進士試験の首魁）合格――に辿り着いた。感慨無量の張謇は、この日の日記にこう記した。

「海門の鳥は、本より富貴心なく、轅下の駒は、風塵への想いに飽きたり。一時非分の身と思いたれど、畢竟万事に常なし」。長い科挙の経歴は、かえって彼の功名心、出世の願望を淡白化させたようである。個人の志はとにかく、この長い科挙人生を通じて儒教の倫理道徳は彼の脳底に深く焼き付き、出世前に儒者の人生観や思考様式がすでに固まったと考えられる。

一方、渋沢栄一は開国以前の日本に生まれ育ったため、同じように儒教的環境下で教育の啓蒙を受けた。張謇と同じように、幼年から漢籍に浸り、『孝経』『小学』『大学』『中庸』『論語』など儒教の経典を読破した。一二歳から日本の伝統的剣術神道無念流に入門し、多く中流家庭が行うような教育素養を身につけた。その後、討幕運動の時代潮流に身を挺し、一時尊王攘夷派に伍したが、将軍後見職だった一橋慶喜に仕え、重用され武士の待遇を受けるようになった。このような教育と経歴は、渋沢をして一生儒教文化と深い縁を結ばせるようになったのである。

渋沢栄一を「指導型」企業家と分類する研究者がいるが、この称号は張謇にもよく似合う。「指導型」の企業家とは、一般の企業家よりさらに深い文化面の涵養と理想に恵まれ、人生の抱負から実業界に入り、経営展開の面が広いだけでなく指導者の素質や巧妙な経営哲学と系統的実業思想をも同時に有したものを指す[(5)]。一介の知識人、下級武士として、張も渋沢も結局仕途を捨て、民間の企業家に転身するが、その目的は個人の金儲けではなく、富国、救国の大目標にあった。

張謇は科挙の頂点に登り詰め、「状元」号を手にした翌年の一八九六年、実業界に投身した。時あたかも甲午（日清）戦争で清国惨敗の後、民間には実業を起こし、列強の経済侵略に抵抗する熱気が張っていた。愛国思想がありかつ実務派の士大夫張謇は、民間実業創立の中堅と見なされたのは当然であった。後の回顧において彼は、甲午敗戦の刺激により実業界に転身した動機に触れ、次のようにいう。

「甲午の戦に、国師が惨敗を喫し、乙未の下関講和で、更に国威を喪尽せり。有識者は辱めを受け、遂に教育の要を悟り、……原理に辿れば遂に実業振興の急を認識せり。然し一介の貧乏書生、赤手空拳で何以て為さんや。幸い南通は名の通る綿花の産地なり。地元より紡績振興の議が興るや、予は推挙され其任に当たれり[(6)]」。これを端緒に、張謇は南通で大生紗廠を興し、民間企業家の途に入ったのである。

一方、渋沢栄一が仕途をあきらめ実業界に転身した理由は、政治面の失意といわれるが、そのほか、明治維新前後の官民関係のあり方に対する深い反省も動機の一つに数えられる。西洋列強に対する省察を通じて、彼は、富国の基は民間にあり、市民社会の成長と繁栄がなければ、国の強大もあり得ないと悟得し、とくに商工業者の実力と品位を高めることは、急務中の急務だと認識した。「欧米列強の繁盛には、商工業発達の背景があり、……この考えに基づいて、彼は国のため、商工業発展のため、実業界に転身することを決心したのである[(7)]」。

その後、数十年にわたって、渋沢は「論語と算盤」を座右の銘に据え、経営界をリードし、相前後して、「第一国立銀行」「王子製紙」（ともに、一八七三年）「大阪紡績会社」（一八八三年）「東洋汽船会社」（一八九六年）および日本初の私有鉄道の「日本鉄道会社」（一八八一年）を立ち上げ、日本資本主義発展史上不磨の功績を残し、創業の功績により「近代産業の父」と呼ばれるようになった。

指導型の企業家として、張も渋沢も一企業あるいは一業種にとどまらず、広範囲にわたって、直接間接に民間の創業指導にあたり、経営企業の数が多く面も広い。また特殊な身分を活かして官民の間に架橋し、その協力関係を築くことも自らの責務と見ていた。

張謇は「状元」の名声をもって実業界に入ると、めざましい展開ぶりを見せた。彼は前後して三〇余の企業を創立し、業種も紡績、製粉、搾油、汽船、石けん、陶磁業、電灯、開墾、塩業、漁業、水利、不動産にわたる。この点をみれば、張を「中国の渋沢栄一」「企業之父」と称しても決して過言ではない。『関冊』（税関貿易報告書）が張を誉めていう。「謇出自は貧寒たれど、遂に奪魁し天下第一人者なり。修撰の仕職を授かれど郷里の人情を忘れ難し。遂に実業振興を己任にして、各事業を漸次興し、皆其維持に頼らざるはなし。世人の誉賛を集め、……愈々名声は天下に広がり、周囲の富者が雲集せり、相出資し謇を領袖と仰ぎたり」[8]。

経済史学家土屋喬雄の研究によると、渋沢栄一が手がけた事業には、銀行、製紙、海運、保険、麦酒、肥料、製糸、製絨、織物、製麻、製帽、製革、製糖、ガラス製造、製菓、醤油、清酒、藍染め、製氷、印刷、陶磁器、煉瓦、セメント、製鉄、造船、ドッグ、機関車、自転車、瓦斯、電力、土木業、倉庫、旅館、鉱業、製薬、化学、農業、畜産、養蚕、林業、水産、信託、電話、鉄道輸送、航空、および貿易と実業学校など、広い分野にわたり、関連企業の数は五〇〇を超える[9]。

もちろん、指導型の企業家は、経営のノウハウだけではなく、より重要な役割は、独自の指導理念で他の企業家を指導し、同時に実業道徳の水準を高め、近代化の思想啓蒙に貢献する実業思想の体系を提出するにあろう。

以上の点からみて、張謇と渋沢栄一は確かに東アジア近代の指導型企業家の模範で、指導者の素質を備えた人物といえる。彼らをこの高い地歩に導いた秘密は、根本的には儒教の価値観と人生哲学にあり、すなわちその思想には儒教文化圏のバックアップがあったと考えられる。要は、張と渋沢の思想と行為のいずれからも深い儒教文化の修養が見られ、こうした儒教的価値への確信と実践の徹底は、両者を他の一般経営者と区別する最大の特徴ではないかと思う。

## 二　近代儒教商人倫理の構造

歴史を繙くと、明清から近代に至り、中日両国においてタイプの違ういくつかの儒商の系統は、継承と併合の変遷を繰り返し西洋の商人精神とまったく異なるアジア的新経済倫理――儒商の倫理――を形成し、その集大成の代表は、中国の張謇と日本の渋沢栄一といえる。

日本では「新儒学」と呼ばれる儒商の倫理思想は、江戸と明治の二つの時代の錬磨を経て完成した。江戸時代の代表的人物には、角倉素庵、石田梅岩等があり、とくに石田の「心学」は、中国の儒教伝統を吸収しながら、伝統的商人と近代的精神を一体化した新倫理の創出に成功した。明治時代には、新儒学の代表者に福沢諭吉、中村正直、内村鑑三、渋沢栄一があり、とくに渋沢は、儒教思想に対する独自の解釈を通じて、『論語』に聖典の地位を与え、日本式株式会社の経営理論の構築に大きく貢献した(10)。

「算盤を把つて富を図るは決して悪しきことではないけれども、算盤の基礎を仁義の上に置かざるべからず。余は明治六（一八七三）年官を辞して民間に下り、実業に従事してより五十年毫もこの信念を離れず、恰もマホメットが片手に剣片手に経文を振って政界に臨んだごとくに、片手に論語片手に算盤を振って今日に及んだのである」という(11)。

渋沢の儒教改造論の目的は、儒教の有用な要素を用いて日本資本主義発展の指導理念とし、新しい経済倫理を打ち立てるにあった。彼は「富を成す根源は何かといえば、仁義道徳、正しい道理の富でなければ、その富は完全に永続することができぬ。ここにおいて論語と算盤という懸け離れたものを一致せしめる事が、今日の緊要の務」という。[12] 彼の儒教改造は主として二つの方向に展開し、一は儒教を書斎から庶民に開放し、特にその精神を商人層への普及に努め、二は「仁」と「富」を結合させ、近代商工社会の基本的道徳理念を創出することにあった。渋沢が打ち出そうとした近代商人の姿は、「士魂商才」である。士魂とは「偉人に通じる武士の道」であり、それを養成するには、他の諸教本より「論語」が一番根本である、という。そのため、彼は「論語すなわち商工業発展のバイブルなり」のスローガンを提唱し、のちその精神をさらに「論語と算盤」の言葉に集約させ、日本の実業界に広く知れわたるようになった。「商才も亦『論語』より出づるべし[13]」と渋沢がいうが、「士魂商才」の真意は、儒教倫理の新しい解釈を以て近代企業の経営に役立てることであろう。

渋沢は日本資本主義の発展を助けるため、儒教伝統の「義利」論にもメスを入れ、「義」「利」両全の解釈を打ち出し両者の親和性を求めた。彼はいう、元々、儒教思想は利と富貴を排斥するものではなく、ただ利のみ追求して義を忘れる偏りを戒めるものである。利を得るには、「正道」を講じる必要があり、かつ「精神面の向上と富の追求の両立を図らなければならない[14]」。渋沢がいう義利両全の意味は、一、富国強兵、殖産興業など国家の益を根本とした上で利潤を講じ、二、「仁義道徳、公正之理を以て本とし[15]」のように、仁義道徳を以て利潤追求の行為を制御するところにあった。商売の激しい競争の現実に対しても、渋沢は仁義道徳を主張し、競争のみに没頭して手段を選ばないようになれば、道義の信念が薄れ「為富不仁」になりかねない、と戒めた[16]。

一方、中国の場合、「商名儒行」と名付けられた儒商倫理は、明、清時代の安徽商人、山西商人による発揚をへて基本の枠組みが形成し、おもな徳目は、一、利は義を通じて生まれる　二、誠実、欺かず　三、価廉物美　四、商術と商徳の併行、にある。このような商業倫理を持した人は、概して儒教に対して関心が高く、商人の「大道」（商術と商徳）を追求し、「商人と雖も士人の品行を美徳」とする傾向があった[17]。また経営面において、利得を重く見ず、商号の信用、品格、修養を優先する。いわば「大志を抱き、小利を謀らず、勤勉経営に暇は無く、且つ温恭にして儒生の如し[18]」のように。近代に入って、儒商の倫理は経元善、張謇らの発展によりさらに進歩し、明清の道徳教化、社会と郷里に利益還元の伝統を受け継ぎながら、新たに新式教育の普及、人材養成の他、地域団結、地方自治、商人自治など新しい気風をも導入した。こうした近代的儒商の新倫理は、とくに張謇個人に集中する観があり、彼は自らの実践によって儒商倫理に多くの新徳目をもたらした。

その一は、「言商仍向儒」で、すなわち儒教倫理を魂にすえながら西洋式の近代的経営を従事することである。張謇に代表される儒商階層の基本的思想特徴は、突き詰めればこの「言商仍向儒」の言葉に集約されるのではないかと思う。

彼らは知識人と商人の両階層の間を往来しながら、精神面で知識人層に近い。儒教の倫理道徳は彼らの事業のよりどころであった。商売はある意味で、彼らの雄大な抱負を実現するための人生手段であり、目的ではない。彼らの多くは、儒教の倫理を商売に溶解させ、孔孟之道を最高の商売道と見ていた。身を商売に置きながら志は金銭に置いておらず、むしろ個人自身の名誉と修養を重視した。

こうした儒教の信条と規範に忠実するが故に、張謇は時勢に駆られ士大夫階層に軽蔑される商工界に投身した際、心の葛藤と苦痛は言葉で表せないほど大きかった。「為紗廠致南洋劉督部書」において、彼は「小生は三年間、恥辱に堪え、平生に付き合わぬ人と交渉し、平生に言せぬ言を言い、舌鋒が痩せ、筆が進まず、昼間挙止は恬然たれど、夜中辱めを受くること毎々あり」と愚痴をこぼした。実際、世間からの風評、誹りなどの外因は、張謇を苦しめた一部の原因にすぎず、彼の心を揺らしたのは、むしろ、長年至上の価値と奉じてきた儒教の倫理価値観と現実社会の葛藤ではなかろうか。清廉の士として彼はかつて「予幼少より富貴を好まず、唯読書を励行し、科挙に挑み、親孝行を指針」としてきたが、実業界に入ってから、富者との交渉が避けられず、自分の人生信条も固守することが難しくなった。彼は状元の身分で実業を経営する自分の行為を「本領に逸れ、虎に身を投げる」と比喩し[19]、「予は忍辱負重、心血を注ぎ、幾ばくか商工実業を挙げたれど、他人が知らぬ苦労は独り言葉を以て言い表せぬ[20]」。士大夫階層から裏切り者と見なされた張謇であるが、心の中で儒者であり続けた。実業に投身した動機について、彼は、宋儒の「言而不行」の病弊を矯正し、「経営の実績で書生のために名誉を挽回したい」念にある、といった(21)。

その二は、「非利而利」すなわち、義によって利を得、道徳至上の原則を守ることである。義と利の関係において、彼は新儒教の義利合一の説に賛同し、「私に非ずして私を営み」「利に非ずして利を得る」「仲買に非ずして其取引術を知り」「生産に非ずして其趨勢を知る」を主張し(22)、地域の公益と国家の富強のために、士大夫の身分を捨ててまで実業に献身した。彼は「予は国家大計のため身を賤しめたれど、個人の利のため賤しめず。節操を守りて志全われると思うや、迷えることなし」といい(23)、また道徳心の有無を以て義を判断する照準の一にした。「商人中の書生」として、張謇の商業道徳には、批判すべき点はなく、まことに「清正廉潔」の四文字と称しえよう。大生公司の取締役がいうように、「張謇氏はいかなる生活面の困窮があっても決して大生の会計に手を出さず、経営された他の公司に関しても同様である。彼は個人の名義で育児院、養老院など慈善事業を起こす場合、大生からの定額募捐の他、時には資金の融通をしてもらうが、年末の決算時、もし債務が残ったら、かならず上海の新聞に売文の広告を出したりして、償却の金を作る(24)」。こうした道徳と倫理はまさに中国儒商の賞賛すべき品格ではなかろうか。

その三は、教育、公益、民生を重視し、実業による救国を主張することである。

中国と日本の儒商は同じく、実業を純粋に営利のための活動と見ず、社会責任の一環として、また企業活動を人生の抱負を実現する手段としてみる傾向が強い。張謇の場合、実業と教育の振興を通じて地方自治を推進し、最終の目的は実業救国にあった。彼にとって、「国を救うには、無論教育が根本であるが、一方実業を起こさないと、教育の資金はどこから得るか、士大夫としてまずこの問題をよく考えてもらいたい(25)」。実業を通じて得た資金を教育に還元する、これすなわち張謇がいった「父は教育を従事し母は実業を営む」、「言商仍向儒」の含意であろう。

張謇はまた公益事業と地方自治の発展を自分の責務とし、実業から入り、教育、慈善、公益事業に展開し、最後に地方自治の大目標に到達すると主張する。「予は村落主義を奉じ、地方自治即ち実業、教育、水利、交通、慈善、公益諸事業の発展を図る」という[26]。実業、教育、慈善と公益事業の関係について、彼は「万事の始は智育にあり、民智の啓蒙は教育に依るが、空言のみでは教育を起こせぬ。依って実業を先行せしめ以て教育を支え、後慈善、公益の方に進むべし」[27]。いずれにしても、張謇が目指した最終目的は、社会全体の福利にあり、天下百姓の安居楽業にあった。「吾輩儒生に『天地之大徳早生』の名言あり、即ち一切の政治と学問の基本は、天下の百姓に最低水準以上の生活を保証するにあり。飢える人に飯を与え、困窮の人に其生計を助ける、此即ち儒者の本分ならん」と[28]。

視野の広さから、張謇は同時代の人に比べより早く中国経済発展の問題点を認識でき、また対処法として中国の国情に合う実業救国の理論体系を打ち出していた。この方法を概略して「綿鉄主義」という。

張謇にとって、実業を起こすことは中国を救う唯一の道であり、その場合、国計民生における緊用度合いによって、事業の優先順位を決めなければならない。目下、社会が綿製品と鉄製品に対する需要が多く、輸入品の上位を占めるのもこの二項目である。とくに綿製品の場合、「光緒年間最高銀一八〇〇〇万税関両に達せり。税関両の八掛けで概算せば、小売価は二三〇〇〇万両になるべし。斯様な正銀外流、豈に恐れ無きことあらんや」[29]。そのため、「綿鉄両業即ち経済界を輔くる両輪なり」、「綿鉄の発展即ち予の積極主義なり」[30]。張謇の綿鉄主義の要旨は、重点的、順次に経済を推進し、軽工業に綿を、重工業に鉄を先導させ、その後、徐々に他の産業を興すことである。「綿鉄は主、尚綿を輔するに稲麦、鉄を輔するに石炭、其次水利、電気、鉄道、機動車なればなり」[31]。ただし実際には、張謇は自分の実業人生においてこの雄大な目標は達成できず、綿紡績業の促進のみに終わった。これに関して後彼は回顧していう、「昔年棉業に従事せしも難儀が多く、苦心惨憺にして棉業の後振を見たれど、遂に鉄業を顧みる事なかりし」[32]。

儒商の代表者として、張謇は民本の立場から、農村の民生問題にも関心を示し、はやくから農業、工業の協調発展問題に注目し、農村と都市一体化の先見性ある工業化のプランを提起している。

中国の伝統文化に関する造詣が深いだけでなく、海門の農村で育った経験から、張謇は農村経済の発展と農民生活の改善に深い関心を持ち、この関心はのち、農本の観念として自らの経営理念にも生かされていた。彼は欧米流産業化の道を提唱するが、伝統農業からの分離に反対し、工業と農業の結合による農村の変化を同時に期待した。立国の根本議に関して彼はいう、「凡の国、立国の本兵に非ず、商にも非ず、工農にあり、且つ農尤も重要なり。蓋し農は不振なれば工のすることなく、工をしなければ固より商の売買もなかるべし」(33)。またいう「我国は若し商業の発達を図らんとせば、商品の増殖を謀らねばならず、商品の増殖を謀らんとせば、原料の充足を謀らねばならぬ」。「農産品即ち製造業の原料なり、其増殖を謀らずんば、商工業発展の希望固よりなかるべし」(34)。商工業と農業、都市と農村の協調発展という、共生社会の模索が今日中国社会全体の関心を呼び起こしつつある現在、百年前の張謇の予見の貴重さには改めて感心せざるをえない。

以上から分かるように、張謇や渋沢栄一など近代東アジアの儒商指導者の提唱と実践により、日本と中国において、西洋の企業精神とまったく違う新型の儒商的経済倫理観が形成されていた。儒教の「天人合一」「中庸之道」の哲理に依拠し、仁・義・礼・智・信を道徳規範の核とし、商工業の経営を興家治国の根本と見、寛容大度、誠心誠意、人を以て本とし、信用を重視、義を利に先行するなどの商業道徳を堅持し、利潤のみ追求する商業道徳を批判した。西洋的金銭至上主義や個人主義的経営原則とは対照的である。また儒教の「現世主義」の原則に従い、経営者の社会責任感と集団意識、家族観念、国家観念を強調し、社会奉仕と公益事業を重視した。このような主張は我々が同時に張謇と渋沢の実業思想から窺うことができる。

東アジアの近代歴史の発展過程において、こうした伝統的儒商倫理は次第に西洋的資本主義的経営方式に浸透し、今日のような、儒教の文化伝統と西洋の資本主義経営法を一体化させた、現代アジア企業精神を形成するに至る。

## 三　歴史的影響と意義

以上を通じて張謇や渋沢栄一の言行を中心に近代儒商倫理の一端を見てきた。その「存在」に関してはほぼ異議はないと思うが、問題はこのような理論は果たして中国ないし東アジアの近代商業活動に浸透し、かつ企業経営の指導的理念になったか、ということである。

事実から検証すれば、確かに相当数の東アジアの商人と企業家は、以上のような儒商倫理を経営に生かし、かつ成功を収めていたことがわかる。

例えば、近代中国の著名な実業家栄徳生の場合、企業の経営に道徳倫理を重視し、実業家の「正心修養」を創業の指針とし、次のようにいった。

古の聖賢、其言行大凡『大学』の「明徳」、『中庸』の「明誠」、正心修身、治国平天下の道より逸すること無し。吾輩事業を起すも聖賢の訓に従うべし。正心誠意、事実求是を行いて初めて目的に達せり。若一途利のみ追求し、仮令王陽明が在世せしも豈助けにならんや。勤倹を顧みず、奢侈放縦し、人使いを誤れば、事業ありても無しと同然なり。

この言葉から儒商理論の一端を窺うことができよう。

上海商業貯蓄銀行の取締役、著名な銀行家陳光甫の場合、主として西洋式の経営法で銀行を運営していたが、同時に儒教の思想と倫理も重視した。彼は儒典を購入して従業員に配り、休み中の読書、および儒学倫理の実践を薦めた。とくに晩年になると、思想には儒教の倫理で企業内部の団結を図ろうとする傾向が強くなり「予は世中を観察し来たる結果、古人の日常道徳之訓の正しきを悟得す。蓋し道徳は他ならず団結合作の要件なり、忠、誠、廉、譲の四語、皆商業道に密接の関係あり[35]」という。

民国時期の紡績業経営者穆藕初は、テーラー式科学管理法の導入と推進で知られるが、同時に儒商の倫理で企業精神を育てることも忘れなかった。彼は中国商人特有の「天職意識」の喚起を要請し、中国伝統文化にある責任感、職業神聖の意識と商業道徳観を「天職」の内容としていた。穆にとって天職意識の起源は、中国の文化伝統にあり、「孟子の訓『古人修其天爵者』即ち天職の意なり。人如何なる道歩むも、其業盛んにする天職あり、天職を意識せる者即ち職業家なり[36]」。具体的に彼は企業家の天職を、「信用を重んじ、資材を集め、学術を用い、頭脳を活かし、精神を奮起して事業を従事し以て世を救う」ことと規定し[37]、こうした固有の商業道徳の発揚と、現代企業精神との融合を提唱した。

企業家盧作孚が民生公司を創立し、「民生精神」を発揚する過程においても、伝統の儒教文化の吸収に心がけ、独特の科学的管理方法を形成した。盧はテーラー式管理にある、人間を「経済動物」と見なす見解を退け、儒教の人間中心の原点に立ち返り、人中心の管理方法を提唱した。「企業の基本は人間の心にあり」、この心に必要なのは、「事業に対する信念と仕事に対する興味である」。「己の職場から事業の全体を推進し、事業の全体からさらに国家の建設を推進する[38]」。盧は儒教特有の社会責任感と強烈な愛国意識を有し、民生公司を立ち上げた初期から、「社会奉仕、利便人民、産業開発、国家富強」の経営方針を立て、「事業を成功させ社会に貢献し、国の遅れを取り戻し、強国富民の目標に達する」ことを人生の目標とした[39]。

勤倹は決して西洋の企業家だけが追求した品行でなく、中国伝統の美徳でもあった。余英時が言う如く「ウェーバーはプロテスタント倫理の資本主義に与えた影響を論じたとき、まずあげた二項目は勤と倹であるが、これは同時に中国文化伝統の中にあるもっとも古い徳目でもあることは、忘れてはならない[40]」。民国時期のある著名の実業家聂其傑は『廉倹救国説』の小冊子を発行し、礼教と倹約を中国文化の精華とたたえ、廉倹の生活を提唱した[41]。栄徳生も勤倹を提唱し、「我が国が将来、工業の発達、生産の増進を実現した後も、満足を知り、古訓を守って人々に勤倹を薦める必要があり、勤倹して初めて衣食が足り、生産と倹約を両全すれば、生活に困ることはない。同時に各自本分を辨えて仕事に励み、忠信を篤守して道義を尊ぶことを心得べし[42]」といった。盧作孚も同じように、「勤と倹という二つの美徳を持っている中国人は、いかなる国と民族にも恐れる必要はない。勤と倹は力強い一対の拳であり、一対の利剣でもある。我々はさらにこの利剣を現代の大砲に変え、列強と比肩するだけでなく、それを超えなければならない。そのため『大胆に生産を進め、小心に利を享ける』心得が必要だが、その主旨すなわち勤と倹である」という[43]。

日本の近代企業家の多くも、同じように儒商の倫理を企業経営に活かし、東洋文化と西洋の企業精神を一体化し、独特の経営理論を形成したことを指摘できる。

たとえば、日本の企業経営理念において、儒商倫理にある「尽忠報国」の思想が大きなウェートを占め、森嶋通夫が指摘したように「明治前期の官営企業の場合、出資者は国家だっただけでなく、従業員の大半も旧武士層である。彼らには強烈な民族意識があり、仕事を従事することを同時に国家への奉仕とみる傾向が強い[44]」。

現代の企業経営者の中にも、こうした「産業報国」思想の持ち主が多い。戦後日本の「経営の神様」と見なされた松下幸之助はいう、「企業の合理経営において、利潤はもちろん重要な指標となる。しかし、利潤の追求は果たして最終の目的か、そうではない。企業活動の最終目標は人類の生活水準の向上にあり、この最終目標に達成して初めて、利潤の有用性が現れてくる」。「この角度からみれば、経営は決して私事ではなく、立派な公事であると言わなければならない[45]」、カネボウの社長で日本航空の会長も歴任した伊藤淳二も、「利益は決して企業の最終と最高目標ではない」。「企業は天下の公器でなければならない」、という[46]。有名な大企業のソニーも二〇世紀九〇年代の経営方針に「人類の幸福と社会の発展に貢献する」ことを掲げている[47]。

また、儒教にある「勤倹敬業」の思想も、経営者の美徳として日本の多くの企業家に尊崇されている。森嶋通夫が指摘したとおり、「儒教的資本主義の社会において、仕事に献身することは道徳上にも、実益上にも最も重要な美徳である」[48]。多くの日本の企業家はこの姿勢で経営に当たり、自分の成功をもってその正しさを証明している。松下幸之助は「仕事すなわち生活の中心である」、「商売人にしても、店・会社にしても勤勉努力の精神さえあれば必ず成功する」[49]、ソニーの盛田昭夫も「私の見解によれば、人間には生まれてから自発的な働き熱情と仕事欲が備えられている」「我が社の労働意欲と努力精神をアピールしなければならない」という[50]。

日本的儒商倫理のもっとも特徴とする点は、「人間」の要素の重視にあろう。人間を企業の中心とみる見解は、欧米の企業と根本的に違う。盛田昭夫は「日本において経営者の最も重要な仕事は、社員との信頼関係を築き、会社に家族的一体感をもたらすことである。言い換えれば、会社と運命をともにする意識を社員に抱かせることである。現在、日本において成功した企業は、すなわちこのような運命共同体の意識がある企業である。アメリカのように、企業の構成員を株主、経営者、従業員に分ける認識と全く違う」[51]。松下幸之助もいう、「会社経営の中心は人間である、組織はもちろん重要だが人間の次であり、一番重要な要素はやはり人間の働きである」。「思うに、事業を興すのは人間であり、ために企業にとって人材が育つことは最も重要である。人材を育てられないと、企業が成功するはずはない」[52]。終身雇用、年功序列と企業内の従業員組合の三つは「日本式経営」の「三種の神器」といわれるが、その主旨は「忠誠」および「人和」の二大価値観にあろう。

儒商倫理の影響下で、日本の企業はみな家族的雰囲気創出のため、感情の紐帯を利用して従業員の企業への忠誠感、帰属感を育てた。中根千枝が指摘したように「日本人はみな勤め先の会社組織を家庭の延長と見て、この組織に忠誠心を示している」。日本には、こうした家族式経営が多く、はやくも明治時代に三井、三菱などのような大家族企業が生まれ、現代でもトヨタ自動車、三洋電機、川崎鉄工所など大企業は家族式企業として知られる。松下電器の場合、経営者の血縁関係を重視せず、人脈から見れば典型的家族経営とはいえないが、同じように家族経営の倫理精神を導入し、家族的雰囲気の創出に努力した。

日中両国の近代企業家には伝統の儒教倫理の色彩が濃いことは上述の通りであるが、一方、東アジア企業精神の全体から見れば、それは構成要素の一つに過ぎず、中心部分は西洋近代の科学的管理精神であることは忘れてはならない。一般的にいえば、近代化とは、主として西洋の企業制度や管理方法を導入することを指し、この導入と同時に、それに付属する価値観――たとえば市場、契約、競争、科学的管理、公平、利潤、効果などの観念――も一緒に受け入れるのは通念であろう。現代の企業精神とは各種の近代的価値観の総合産物でなければならないが、その根底をなしたのはやはり市場法則と思われる。儒教のような文化的要素は結局その補助的地位しか占められない。東アジアの企業精神も同じように経営のノウハウから始まり、次にくるのは文化理念である。農業文明が育んだ儒教倫理は、直接市場と経営に関係を持たず、市場法則と現代の経済観念と結合して初めて伝統の殻をやぶり、経済と社会の発展に効力を発揮するであろう。といえば、張謇や渋沢栄一に代表される中日両国の儒商の倫理は、伝統精神から現代企業精神への転化の「過渡物」にすぎず、西洋の経営理論と資本主義商工業の実践に結合、融合して初めて新次元の現代企業精神となりえよう。この結合と溶解の過程は、日本では順調に実現し、企業に対する忠誠、家族的経営に代表される日本的企業精神を形成したが、中国では多くの困難に阻まれ、個別の企業集団を除いて、旗幟鮮明の中国的企業精神の形成に至らなかった。

要するに、東アジアの経済復興とともに「儒教資本主義」についての関心が高まってきた今日、伝統文化重視の眼はもちろん必要だが過大評価してはいけない。いわゆる「儒教資本主義」の経済的奇跡は多種の社会要素が交互作用した結果であり、その形成過程において儒教の倫理的要素は「道徳規範」と「助力」の働きを演じたが、単独では経済発展の主役になりえない。新文明は新しい価値観を生み出し、新時代には新しい道徳体系を必要とする。この新しい価値観と道徳体系は伝統より出発するが、伝統を越えなければならない。

本論で規定したように、近代の儒商とは決して教育を受けた企業家の意味ではない。張謇、渋沢栄一のような、実際「商名儒行」あるいは「言商仍向儒」の格言を実践し、経済活動に儒教の道徳倫理を追究した人たち、言い換えれば、仁と利、義と利を統一した人たちを指す。今日の儒商にはさらに高い道徳基準が生まれ、すなわち東洋の倫理精神と西洋の管理思想を一体化し、人道と経営の道――東洋伝統の人文美徳と近代化管理意識の――を完全に一体化した道徳規準である。

ここにいう「東洋の人文美徳」とは、儒教思想に流れを汲む中国伝統文化の精華で、核心には仁、義、公、勤との四つの徳目がある。仁とは「仁者愛人」「以仁為本」、義とは「守信重義」「君子愛材、取之有道」、公とは「天下為公」、強烈な社会責任感と公益意識で、勤とは倹約、勤勉、「敬業」の精神である。

また「近代化管理意識」とは、西洋的科学精神と商品意識に代表された経営法、人材論、広告、ブランド、効率、法律観などであり、その核心は競争意識と科学精神であろう。

このような東洋伝統の人文美徳と西洋の近代的管理意識の結合によって初めて、真に中国的特徴のある現代企業精神が生まれるであろう。

最後に、張謇の事業および経済倫理観の後世に及ぼす影響について触れておきたい。

多くの論者が指摘したように、張謇は南通で行った紡績、織布、植綿の三つのステップを通じて近代企業と伝統農業、手工業を結合させ、その互いの依頼、補短、促進の関係によって、地域近代化のモデルを作り上げ、中国的近代化の模索に大きく貢献した。「その特徴は西洋の先進技術の導入だけではなく、本土に立脚して中国伝統的能動の要素の活用にあり、工業と農業一体化の布局の形成にある。この方法は、開港の港湾都市を拠点にした直輸入型の西洋的工業化の路線とは対照的である(53)」。張謇の実践は、今日において、伝統と近代、農業と工業の協調発展を目指す中国型近代化、工業化の模索に、重要な示唆を提示したといえる。

張謇は南通地方で企業を起こしてから二十数年間、「実業、教育、水利、交通、慈善、公益諸端」に手を広げ、まず南通の経済、文化構造ないし社会全体の変革を促進し、中国における経済繁栄、民生富裕、文化発達、人民安楽のモデル地域を建設し、のち江蘇ないし全国範囲にも広めよう、という雄大な構想を描いたが、歴史の環境に制限され、結局理想が破滅した。この結果を以て張謇を「失敗の英雄」と評した見解（胡適）がある。が、彼の努力により南通の近代化の基礎が固められ、かつ農村と都市の一体化、農業と工業の協調発展という南通小康社会（＝地域共同体）の種々の実践は、今日共生社会の建設を目指すわれわれの重要な糧となっている。この意味で、張謇はまた「成功の英雄」といわなければなるまい。

## 注

(1) 馬敏・張三夕『東方文化と現代文明』武漢・湖北人民出版社、二〇〇一年、一三頁、参照。
(2) 同前、一〇頁。
(3) 張謇『嗇翁自訂年譜』（『張謇全集』六巻）。
(4) 張謇『柳西草堂日記』台北・文海出版社、一九六七年影写本、（光緒一二年）四月一一日付けに「合戊辰以後、計凡大小試百四十九日在場中矣」とある。
(5) 「指導型企業家」について、周見『近代日中両国企業家比較研究——張謇と渋沢栄一』北京・中国社会科学出版社、二〇〇四年、七〇～七一頁。
(6) 『南通師範学校十年度支略序』、『張季子九録・教育録』（『張謇全集』六巻）。
(7) 渋沢栄一『論語与算盤』台北・台湾允晨実業股分有限公司、一九八七年、七七頁。
(8) 『関冊』（中文本）一九〇五年、鎮江口、四八頁。
(9) 『渋沢栄一伝』二八三～三〇四頁、参照。万峰『日本資本主義史研究』長沙・湖南人民出版社、一九八四年、一四〇～一四一頁。
(10) 日本「新儒学」の発生、発展に関する概括の紹介には、盛邦和・井上聡『新亜州文明与現代化』（上海・学芸出版社、二〇〇三年、四六～四八頁）を参照。
(11) 渋沢栄一述『論語講義』二松学舎大学出版部、一九七〇年、一五三～一五四頁。
(12) 木村昌人『渋沢栄一・民間経済外交の創始者』中公新書、一九九一年、九頁。
(13) 前掲『論語与算盤』一九頁。
(14) 同前、五六頁。

(15) 同前、一三一頁。
(16) 同前、二四四〜二四五頁。
(17) 『戴震集』上編、「文集」巻十二、「戴節婦家伝」北京・中華書局、一九八〇年。
(18) 『明清徽商資料選編』合肥・黄山書社、一九八五年、四五三頁。
(19) 曹文麟『張嗇庵（謇）実業文鈔』台北・文海出版社、一九六九年影印本、一六八頁。
(20) 同前、一二二頁。
(21) 宋希尚『張謇的生平』台北・台北中華叢書編委会、一、一九六三年、一七七頁。
(22) 前掲『張嗇庵（謇）実業文鈔』一七八頁。
(23) 同前、一七八頁。
(24) 劉厚生『張謇伝記』上海・上海書店、一九八五年影印本、二五八〜二五九頁。
(25) 張謇『癸卯東游日記』六月初四日、『柳西草堂日記』所収。
(26) 「呈報南通地方自治第二十五周年報告会籌備処成立文」、『張季子九録・文録』（『張謇全集』六巻）参照。
(27) 「謝絶参観南通者之启事」参見『張季子九録・自治録』（『張謇全集』六巻）。
(28) 前掲『張謇伝記』二五二頁。
(29) 張謇「擬請酌留蘇路股本合営紡織公司意見書」、『張謇全集』三巻、七九〇頁。
(30) 張謇「漢治萍就職演説」、『張謇全集』三巻、七九三頁。
(31) 張謇「商権世界実業宜供求統計、中国実業宜応供求之趨勢書」、『張謇全集』三巻、八二六頁。
(32) 同前。
(33) 張謇「請興農会奏」、『張謇全集』二巻、一三頁。
(34) 沈家五『張謇農商総長任期経済資料選編』南京・南京大学出版社、一九八七年版、三五六〜三五九頁。張謇の農工商協調発展の思想については、林剛『長江三角洲近代大工業与小農経済』（合肥・安徽教育出版社、二〇〇〇年、一四一〜一四五頁）を参照。
(35) 『陳光甫先生言論集』上海商業儲蓄銀行、一九四九年、二〇七頁。
(36) 『穆藕初文集』北京大学出版社、一九九五年、一三二頁。

(37)『穆藕初文集』北京大学出版社、一九九五年、九八頁。
(38)盧作孚『工商管理』重慶・慶北碚私立北泉図書館印行部、一九四九年石印本。
(39)盧国紀『我的父親盧作孚』重慶・重慶出版社、一九八四年、六四頁。
(40)余英時『中国近世宗教倫理与商人精神』台北・聯経出版事業公司、一九八七年、一三七頁。
(41)杜徇誠『中国伝統倫理与近代資本主義――兼評韦書伯「中国的宗教」』上海・上海社会科学院出版社、一九九三年、一一〇頁。
(42)「楽農自訂行年紀事続編」、一九四九年紀事、前掲『中国伝統倫理与近代資本主義』より引用。
(43)盧作孚「大胆生産、小心享用」、『北碚月刊』第一巻第五期、一九三七年。
(44)森嶋通夫『日本為甚麼「成功」――西方的技術和日本的民族精神』成都・四川人民出版社、一九八六年、一五四頁。
(45)周開年『経営金言嘉行録』武漢・湖北人民出版社、一九九四年、二〇頁。
(46)伊藤淳二『天命』経済往来社、一九八八年、七五頁。
(47)王家驊『儒家思想与日本的現代化』杭州・浙江人民出版社、一九九五年、一八一頁、参照。
(48)前掲『日本為甚麼「成功」――西方的技術和日本的民族精神』一七一頁。
(49)姚鵬等『東方思想宝庫』北京・中国広播電視出版社、一九九〇年、三〇四頁。
(50)同前、一一八三頁。
(51)盛田昭夫『メイド・イン・ジャパン――わが体験的国際戦略』朝日新聞社、一九八七年、一四九頁。
(52)周開年主編『経営金言嘉行録』湖北人民出版社、一九九四年、一〇二～一〇三頁。
(53)呉承明『中国的現代化――市場与社会』北京・三聯書店、二〇〇一年、三七一頁。

第2章　近代日中両国の「経営ナショナリズム」についての一考察
——渋沢栄一と張謇の例を通じて

于　臣

## はじめに

周知のように、日中両国の近代経済はウェスタンインパクトから刺激された部分が多く、西洋の資本主義経済市場に巻き込まれながら発展したものである。その中で、日中両国では、長く続いた「重義軽利」（義を重んじ、利を軽んず）観念に決定的な変化が生じ、これに伴い、「重農軽商」の職業観も転機を迎えたのである。

中国では半植民地化が進んだ中、亡国の危機を乗り越えるために、西洋の進化論をはじめ功利主義がアピールされていた。その中で「利」を追求する言動、すなわち商工業を振興しようとする民族主義経済思想が、中国の近代商人の価値観念と行動様式を方向付けた(1)。一方、日本では不平等条約を押し付けられた啓蒙思想家たちは、西洋の功利主義思想を宣伝した。明治新政府は富国強兵の国家目標を掲げ、産業の自立を目指そうとした。

西洋列強の侵略と圧迫をうけていた、こういった後発国の経済面の特徴について、中川敬一郎は、経済合理主義的な要素以外のある程度のナショナリスティックな企業目的が必要であったと分析した(2)。同時に、森川英正は近代以降の後発国の日本における企業者の革新的行動の原動力が、まさに「国家目標たる産業自立に寄与せんとするナショナリスティックな心情(3)」であると指摘している。両者が共通して指摘したのは、日本近代産業にあらわれた「経営ナショナリズム」という性格である。「経営ナショナリズム」とは、輸入品との競争、あるいは輸入防止を目指すために経営者が持っている国益志向的経営理念を指すものである(4)。

では西洋の近代文明が押し寄せ、次第に伝統的な農業国から西洋のような近代工業国まで発展する過程の中で、日中両国の第一世代の近代的経済の担い手である実業家たちは、伝統と近代との狭間にあたり、どのような思想構造を抱いたのだろうか。本章は渋沢栄一と張謇を考察の対象に取り上げる。

まず両者を比較する妥当性からみれば、両者は同時代に活躍している日中両国の第一世代の実業家の代表で、それぞれ「日本資本主義の最高指導者」、「近代化の開拓者」と呼ばれている。次に少・青年期の学問の形成において、両者とも儒学を習得してきた(5)。しかも張謇は実業家になる前に科挙試験の頂点たる「状元」に合格した。これに対して、渋沢栄一は一生、儒学経典の『論語』を座右の銘にしていた。故に両者の比較の出発点としてまず「儒」(それぞれ儒の性格は別にして)と「実業」が両者の共通したタームとしてあるといえる。

なお、渋沢栄一と張謇の比較考察を行う先行研究は主に三点の成果が出されている(6)。その中で「経営ナショナリズム」について、中井英基は後発国の経済的近代化における「経営ナショナリズム」というものを渋沢栄一と張謇の共通した特徴としてとらえている(7)。しかし、同じ「経営ナショナリズム」にもかかわらず両者はその性格を異にしていると考えられる。本章では、渋沢栄一と張謇の「公利」思想を比較することを通じて近代日中両国の「経営ナショナリズム」の特徴の一角を新たに考察してゆきたい。

## 一　〈義利の弁〉

日中両国の経済発展において、「経営ナショナリズム」という特徴を現すに至るまでどのような理念上の変化が伴っているのだろうか。次に西洋の文化伝播によって近代化の概念がもたらされる以前、中国と日本をはじめとする東アジアの伝統的な経済思想の中核にある儒学の〈義利の弁〉をみてみよう。

儒学の始祖たる孔子は「利ヲ言ウハ罕シ」（『論語・子罕』）と言われたように、「利」を口にすることがなく、「君子義ニ於テ喩リ、小人利ニ於テ喩リ」（『論語・里仁』）と主張し、「義」と「利」によって君子と小人を区分していた。そして「義」と「利」が矛盾した時、「利ヲ見テ義ヲ思ウ」（『論語・憲問』）つまり、「義」を選ぶべしと言った。孟子は孔子を継承し、「王何ぞ必ずしも利を曰はん。亦仁義あるのみ」（『孟子・梁恵王章句上』）と述べ、「義」と「利」との対立関係を意識的に提言した。漢代になると、儒教を国教化させた董仲舒は「其の義を正してその利を謀らず、其の道を明らかにして其の功を計らず」（『漢書・董仲舒伝』）と述べ、「義」を重んじ、功利を排斥する立場を取った。

その後、宋代の朱子は程伊川、張載をはじめ、「北宋五子」（周敦頤、張載、程伊川、程頤、邵雍）の理論を集大成して、理学を成立させた。それによって、意識的に「義」と「利」とを峻別し、両者を互いに相容れない対立関係とし、「義」を重んじ「利」を厳しく排斥するようになった。朱子は「仁義は人の心の固有に根ざすもので、天理の公である。利心は物我があい形はれるところに生じるもので、人欲の私である。天理に循えば、利を求めなくともおのずから利でないことはなく、人欲に循えば、利を求めてまだ得られないのに害は已にこれに随うのである」（『孟子集注』巻一）と説いた。ここでは「利」が否定され、「理」に従うだけで、「おのずから利」となると唱えられていた。このようにして朱子は「義」と「利」を、それぞれ対立した関係の「理」と「欲」、「公」と「私」と照らし合わせてとらえていた。「公」と「私」の概念について、朱子は「天下正大の道理によって事に処するのが即ち公、自家私意によってするのが即ち私」（『朱子語類』二）と区分した。すなわち「公」とは「天下正大の道理」と結びついたものであり、「私」は自らの「私意」から出発するものである。こうすれば私利は私「欲」と結びついたものとして当然批判される対象となる。

このような、朱子が代表する、私利を批判する意味での「義利の弁」の反功利主義は儒家倫理が最も強調するものであり、その道義論と徳性論の観点は官学の価値体系の根底をなしていたのである[8]。そしてそれが、職業観によって「重農軽商」（農を重んじ商を軽んず）の思想と直接に結びつけられ、賤商思想の理論的根拠となったのである。

同じ商業蔑視の説は、江戸時代の日本にも見られている。荻生徂徠（一六六六～一七二八年）は、「商人の心……、骨折らずして居ながら利をもうくる」（『政談』）と説き、働かずにして営利を狙う商人の一面を蔑視した。一方、「利」を肯定する説もあるが[9]、「義」をより重んじる傾向には変わりがなかった。

しかし一方、人間が生存するには、物質追求にかかわる「利」の運営は欠かすことができない。荀子はこの点に気づき、「義」と「利」は人間のだれでも持っている両面であると論じ、人間の「利」を認め、欲を抑えられる程度の「利」を肯定した。また始祖の孔子は、「義」を優先するにもかかわらず、民生のための「利」を認めている。すなわち「民ノ利スル所に因リテ、之ヲ利ス」（『論語・尭曰第二十』）と。孟子は「利」を軽視する一方、「恒産」（『孟子・梁恵王章句上』）という概念を出し、常に財産がなければ民は王に服従する忠誠度が覚束なくなるとし、「利」、経済発展の必要性を付け加えた。なお、『易経』では「天下の利」を興すことが聖人の行う事業として高く評価している。また「利益とは、義の調和した状態である」（『易・系辞下伝』、『易・乾・文言』）とあるように、道徳規範の「義」の実現における「利」の追求が認められている。次に宋代の張載は「義は天下の利を公にする」（『正蒙・大易』）と述べて、「利」を「公にする」行動を「義」を果たす行為とした。また「民に利するは利と謂うべし身に国に利するのは皆利に非ず」（『拾遺・性理拾遺』）といい、前者の「利」が民のためのものであり、「公利」とされ、後者は「身」と「国」の「利」で私利とされた。ここでは明らかに、「公利」は民のための「利」に規定されたのであろう。張載と同じく、程伊川も「利とは衆人の同じく欲する所。苟しくも其の心を公にし、其の正理を失わざれば、即ち衆と利を同じくす」（『周易程氏伝巻第三・周易下経上』）と述べ、公衆の「利」を認めていた。

では近代に入った後の日中両国にとって、「公利」はどのような意味を持つようになったのだろうか。

## 二　経営ナショナリズムと「公利」

### 1　商戦論

武蔵国榛澤郡血洗島村（現在の埼玉県深谷市）に生まれた渋沢栄一は、すでに一四歳の時、自ら父親の代行として藍を購入するようになり、「村の人に大層褒められた」と記述されているように、非凡の商才をみせた[10]。二〇代になると従兄弟の尾高惇忠の影響で攘夷思想に傾倒し、高崎城をのっとって横浜の外国人居留地を焼き払う暴挙を計画し、幕府を窮境に陥らせようとした。経済面において、西洋の経済的圧力に気づき、彼は尾高の『交易論』を筆写し、序文を作った。『交易論』は、西洋国との交易における日本の貨幣制度の不利をずばりと指摘している。

一方、張謇は中国の現状を認識し、「中国では士を尊び、商を卑しめ、『重義軽利』説が人心をとらえてから千年になり、……鎖国の時代は猶通じるが、二〇世紀という商戦の激しい時代において必ず天演淘汰（自然淘汰）の列に在る[11]」と述べている。ここで彼は「軽利」思想を批判しながら「商戦」の危機意識を覚えたのである。これは当時中国の「商戦」論に影響されているものと考えられる。中国の商戦論の代表である鄭観応は「我が商務が一日興らざれば、外国の貪欲と陰謀はきりがない。……兵戦よりむしろ商戦を準備すべし」（「盛世危言・商戦上」）と述べ、西洋諸国に追いつくために自国の経済力を早く強めなければならないとした。そして商戦を行うために中国商務の向上が必要とされた。こういった商戦論はある種の経営ナショナリズムとして理解できよう。しかも個人レベルではなく、国家を視野に入れた公の経済の主張は、「私利」と対照的な立場にある「公利」とみなすことが可能である。

では、渋沢栄一と張謇はどのような「公利」説を主張したのだろうか。

「義」と「利」のあるべき関係について、渋沢は仁義道徳と生産利殖の合一を主張していた。彼は江戸時代の学問と功利との懸隔を批判した。その学問により、彼は「殆ど利義といふものは別物の如く相成って来た」と指摘し、「仁と富、義と利とは駢馳するもので、決して相背戻するものでない……、従って義利合一論が生ずる」[12]と述べ、義利合一論を提出した。そして渋沢は「利を図るということと、仁義道徳たるところの道理を重んずるということは、並び立って相違ならん程度において初めて国家は健全に発達し……」[13]と国家の発達を目指す意味での「利」と仁義道徳の結びつきを強調した。

## 2　渋沢栄一の「公利」説

次に渋沢は「公利」にふれ、「利は人の性情なれば、利を謀るは当然のことなれども、自己のみに偏せず、公利を害せぬやうに心掛け、道理に照らし義に従うて事を行へば他より怨まるるはずなし」[14]と述べている。すなわち、「公利」を損なわなければ、「義」に従って「利」を謀ることが正当なことである。ここで渋沢は「公利」と義を同じレベルでとらえていたことが判明する。また彼は『大学』の「国は利を以て利と為さず義を以て利と為す也」というフレーズに完全に同感を示し、国の立場で「義」と「利」を合一したのである[15]。

同時に渋沢は、独自な公私観を示した。彼は「公益と私利とは一つである。公益となるべき程の私利でなければ真の私利とは言へぬ。而して商業の真意義は実に此処に存する」[16]と商業の真の意義が公益と私利の一致にあるととらえた。そして彼は事業の「公私」の性質よりもむしろ事業の「業体」の良否に注目した[17]。彼にとって商売人が生計のために、「道理正し」い「正業」に従事すれば、私利と公益とはまったく同一のものである。

渋沢のこの公私観に対して、森川は「渋沢によれば企業家が何かの事業を正直に営んでいる限り……国家観念を失っていたところで、いっこうさしつかえないはずである」[18]と評している。その上、彼は私利と公益との無原則の一致がありえないとし、この公私観が「財界人渋沢栄一の思想的純度の低さ」を示したと批判した。

渋沢は「公私生涯の区別を立てることは実に困難で、ともすると能く世人の非難する公私混淆といふことに陥って仕舞はねばならぬのである[19]」と「公」と「私」を区分する際の困難さを説明した。それより彼が気にしたのは、事業家の動機付けである。つまり「事業其のものよりも寧ろこれを運為する『人物』の如何にある。事業家各自の心事に依ることである。故に事業家たるものは宜しく自重し覚醒して、国家的観念の外一歩も出でざらんことを力められ度い[20]」と述べている。ここで渋沢は事業者の心掛けとしての国家的観念を期待していた。その心掛けに関連付けながら、彼は「余は何時でも事業に対する時には、これを利に喩らず、義に喩ることにしてをる。先づ道義上より起すべき事業であるか盛んにすべき事業であるか否かを考へ、利損は第二位において……」、また「国家に必要なる事業は利益の如何をば第二におき……[21]」と述べ、国家に必要な事業こそ「義」そのものであり、優先的に営むべきものであると唱えたのである。

中川は日本の経営理念の源泉について渋沢栄一と福沢諭吉の経済思想を取り上げた[22]。福沢諭吉は公益と私利の関係について、「抑公益の起るは真に望ましき事なれども、私利を営むも亦決して賤しむ可きに非ず。実地経験する所に依れば、私利を後にして公益を先にするものあらず。偶これあるも全く嘘の皮にて、贍太くも人を欺く者の口実なるのみ。私利は公益の基にして、公益は能く私利を営むものあるに依て起る可きものなり[23]」と論じていた。福沢にとって、公益が虚偽性のあるもので、むしろ堂々たる私利をまず追求すべきである。そうすれば「私利は即ち自ら益し世を益し、期せずして暗に公益と符合す」るという。

無論、上述した福沢諭吉の公私観は、彼のいわゆる「独立自尊」論の核心と一致しているであろう。しかし、渋沢は「独立自尊」という概念の悪用を警告した。彼は「福沢先生が最初に独立自尊を説かれたのも、全くさる卑屈の風を正さるゝ為めであったと信ずる。然るに、それを漫に誤解して傲慢に流るゝこと、不遜に亙ることを敢て言行するに至っては沙汰の限りである[24]」と指摘した。そして独立の真の意義が、渋沢は「自己の身を下品にせず、……私利私欲に囚われず、高傑なる操持を以て世を渡って往く[25]」ことにあるとし、私利私欲を排斥した立場をとった。これは彼の公益（「公利」）思想と直接につながっているといえよう。中川は日本産業界における自由競争の理念の不足を指摘し、福沢より渋沢の実業思想が主流になったと位置づけた[26]。

では張謇の場合は「公利」についてどのように考えていたのだろうか。

### 3　張謇の「公利」説

張謇は官界を辞めて、実業界に転身した時、世論に対し、「或る人は余が官を棄て実業を営むのは実業から儲かる利は仕官より大きいからであると謂う。……余が若し専ら個人の私利を図るなら、もとより不可である。若し公衆の利を謀るならば、どこが不可であろうか[27]」と反撥した。すなわち、張謇は個人の私利追求を否定して、「公衆の利」を追求する正当性をアピールしていた。

彼の最初に創立した大生紗廠（紡績会社）がようやく資金不足の難関を乗り越え、軌道に乗り始めたとき、彼は「自問して、個人私利の心は無し[28]」と述懐した。その後、紗廠の規則において張謇はその運営の目的を「官と商の情を通じ、便宜の利を図る[29]」ことと決めた。この「利」は無論、上述した「公衆の利」の利であろう。

次に張謇の所謂「公衆の利」の「公衆」はどんなものであろうか。彼はまず自分なりの「公僕」「衆僕」説を展開した。つまり「漸く投資合本の気風を開くは公僕の説なり。……数人の株主の牛馬を為し、彼らを喜ばせ、世間に関係しないのは衆僕の説なり。……公僕を為すは可、衆僕を為すは不可。……実業の公僕を為し……[30]」と。ここから分かるように張謇の「公僕」は株主のような資本家層のためでなく、世間に奉仕する意味である。そこで「投資合本の気風を開」くのは「実業の公僕」の仕事であり、「公衆の利」を目指すためである。

## 三　渋沢栄一と張謇の「公」

### 1　渋沢栄一の「公」

渋沢栄一は「公人」と「私人」を区分した時、「公人として世に立つ場合は、常に国家的観念を以て事に任じ、凡ての仕事の上に私を忘れて一身を犠牲にするといふ覚悟を持たなくてはならぬ[31]」と述べた。すなわち、彼の「公」の性格は国家を指す意味が大きいと理解しても間違いではない。

彼は第一国立銀行を創立した後、小野組が破産した際、政府の紙幣頭である得能良介に提出した改革の建白書で「銀行は人民併資其私利を謀るの私社たるに過ぎず、……銀行の業たるや資金融通の根軸にして、工芸の功も販鬻の利も皆之を以て其事を済す者なれば、官府より之を見る時は却て公利を謀るの公社と認め、漸を以て其弊を去り其利を得せしめざる可からず[32]」と書いていた。すなわち、渋沢にとって、人民が資金を集めて「利」を求めるのは「私利」であり、商工業に資金流通の役目を果たす意味では「公利」になる。しかも「官府より之を見る時は却て公利を謀るの公社と認め」ると言ったのは、渋沢の「公利」が「官府」（政府）につながっていることを意味するといえよう。その後、第一国立銀行の運営が種々の困難を経て、ようやく一八七六（明治九）年に至って発展を遂げたとき、渋沢は「（国内外に代理店に設けるなど）大いに以て公衆の利を図れり……、其効を致すや当初の目的に達せりと雖も、要するに是れ事の最も易き者なり、決して国益の最も大なる者と為すに足らざるなり[33]」と語っていた。つまり銀行の運営は、渋沢にとって、「公衆の利」より「国益」のほうが最も狙うべき目標であったと思われる。

益田孝は「渋沢さんは政治の話はなさらなかったけれども、いやしくも国家の為めとあらば、何んでも引受けて熱心にやられたことがわすれられません[34]」と回想している。すなわち国家のためならなんでも奉仕するというのが渋沢の特徴であるといえよう。また竜門社[35]は渋沢の事業について「先生の事業は常に国家的の観念を失はず一家の利害は寧ろ之を第二に置けり故に先生知友の評論によるに先生をして一念家産の増殖にのみ従事せしめば其富を為す今日に幾層倍にして国中に冠たること知るべきなり[36]」と評し、渋沢の強い国家観念を指摘している。さらに山路愛山は「渋沢男は経国済民の念を以て起ちたるものなり、其人は始めより公の人にして、其事業は公の事業なり[37]」と評価している。いうまでもなく「経国」と「公の人」という言葉は、渋沢の国家的性格を示している。しかも前述したように渋沢は「公利」と義を同じレベルでとらえていたので、彼にとって国への奉仕は「義」そのものであると理解しても差し支えないだろう。

次に渋沢の「公」をよく把握するために、日本の「公」の語源を考察しなければならない。日本の公（おおやけ）は首長・共同体という原義を拡大して、朝廷・国家を共同体とする、天皇・朝廷・官府のおおやけ＝公になったとされている[38]。それでは明治期の経済界において、「公」という概念はどのようにとらえられていたのだろうか。

住友家の初代総理事である広瀬宰平（一八二八〜一九一四年）は「……我が主家の事業の、決して自己一家の利益を計るに止まらずして、常に国家的精神を以て国家の利福上幾分の裨補を致さんことを力めて怠らざるを証するに足らんか[39]」と述べ、「国家の利福」を目指そうとする意志を鮮明に表明している。そして第三代の総理事であった鈴木馬左也（一九〇四〜一九二二年）は、「自利利他公私一如」と主張し、「住友の事業は単に住友一家の事業というよりも、国家的事業であって、国家に奉公するという考えをもって事に当られたい」と唱えた[40]。すなわち、住友家の「自利」＝「私」は「住友一家」の意味、「利他」＝「公」は「国家に奉公」する意味であることが分かる。こうした当時の社会背景から渋沢の「公」観念をあらためて考えれば、国家がいかに重要な位置を占めていたかが判明する。

渋沢栄一の国家観について、王家驊は「当時の日本人にとっては『国家』そのものはある程度の究極的な価値と意義を持っている。……国学と後期水戸学の『国体論』の伝播によって、『神国』思想がさらに普及してきた。日本＝『皇国』、『皇国』＝『神国』という意識はいよいよ深く潜在化されて日本の深層意識の一部となったからである。渋沢栄一が『富国』のために実業を興すことを唱導したのは、世俗内的な意義ばかりでなく究極的な意義をもっている[41]」と論じている。

## 2　張謇の「公」

張謇の「公」の構造を理解するためには、まず彼の「公」の用い方から考える必要がある。一九〇四年の「析産書[42]」によれば、両宅（張謇と兄の張詧）が家産を共同で管理し使うときは「公取」（共同で取らなければならない）と規定し、また使用する前に「公認」（お互いに認めなければならない）と決めている。なお、義荘[43]にあてた資金が不足した際、「公補」（共同で工面）し、余った場合、「公備」（共同で蓄積する）とある。この中の「公」は家族成員の「共同」の意味が大きい。

なお、張謇は「公産」という言葉を使っていた。それは「墾牧郷志」に書かれた次の文である。「（地方自治の事業において）『公産』を収集し、施設を設けるべし。株主の議決により、開墾土地の地租は堰、溝、橋、路、倉、宅、水門、洞窟を修築する[44]」と。この「公産」は「地方自治」と「株主の議決」とあわせて考えれば、地方の公衆の財産、経済事業のことを指しているだろう。同時にこの「公産」は育嬰堂、義倉[45]、義社、社倉[46]などを含み、政府によって直接に管理されず、紳士にゆだねられている。そして、社倉、義倉の蓄積は主として紳士、商人の寄付であるという[47]。

同じく、地方「公産」のような「公」の使用例は、これ以外に何箇所もある。たとえば、張詧の自治史の編纂に対して、張謇は「実業類の中の東通堆桟（金融組織）は、『公桟』と改称したほうがよい。公共堆物は即ち公なり[48]」とある。この「公」は明らかに公共財産の「公」である。また「上海の工場は通州の工場と相談して、公平の価格を定めれば、同業にとって、相当の公利があるだけではなく、綿花の問屋と農家にもその公利を及ぼす[49]」と書かれている。このような、「同業」の「公利」ならびに「問屋」と「農家」に及ぶ「公利」も同じ「公」の意味を示したにすぎない。前述した「公衆の利」の「公」とあわせて考えてみれば、張謇の「公」は家族、ひいては地方共同体の「公平・共同」を意味しているといえよう。これは渋沢の「公」における国家の性格と対照的である。

## 3　国家と社会

渋沢は国家観念を強調した時、「親子夫婦が集って家をなし、家が集つて部落をなし、部落が集つて大なる団体を組織してゐる。……国家は即ち此の団体の最も発達したものである。従つて国家を離れて我々個人の生活は其の完全を期し得ない。此の意味に於いて、国家観念は大に必要であると思ふ[50]」と述べ、個人と国家との関係の不可分を主張した。そして国家と社会の関係について、渋沢は「余が常識から判断して観れば、国家といひ社会といふとも、要するに形式上の差で、内容に於ては同一義のものであらうと思ふ[51]」と述べ、「同一義」のものとして「国家」と「社会」を無分別のまま使っていた。たとえば、「一面に於て自己の富貴栄達を欲すると共に、他の一面に於て何処までも国家又は社会の為に尽すべき義務がある」と述べたように、「国家」と「社会」という二つの用語を同義に用いていた[52]。

一方、明治以降、「社会」という言葉が訳語として定着した後でも「国家」と「社会」という言葉の多くは区別されずに使われていたという。ただ「国家」が「社会」に先行したことは指摘されている。つまり、維新以来の改革が国家の対外的独立の達成という政治的要請に引きずられて、政治的価値が他の社会的価値より優位を占めていたとされている[53]。しかし、渋沢が「国家」と「社会」を同義で用いていたとしても、彼の〈義利〉観においては「公＝国家」が基本的構図であり、優先されるべきものである。

これに対して、張謇の「公」をそのまま「国家」と同じ次元でとらえきれないのは、これは彼の地方自治に根ざす「地方公益」の思想を無視できないからである。張謇は「政府」と「社会」をはっきり区別していた。彼は「立国するのは民を天と為す。民の生存は衣食にある。衣食の源は父の教育と母の実業による。……専制の時代、社会と政府が分離している、政府があり社会がない。……社会あっての政府である[54]」と述べていた。すなわち張謇は「政府」と距離をおいた「社会」、または民生のことを重んじていた。そして「政府」と「国家」の関係について、張謇は「国家は民を本とす[55]」、「我徳宗景皇帝が立憲の詔を出し、天下人民は漸く国家と休戚を共にする思想を持ち始め……[56]」と述べていた。この「民を本とす」る思想と前述した「社会」への重視、また人民と「国家」の休戚相関に関する提言からみれば張謇の「政府」は「国家」と理解してよいと思われる。

そして張謇は、地方の民生に関連して地方の自治に重点をおいていた。彼は「国が亡んでも自治精神が変らなければ亡ぶに亡べない[57]」と語った。すなわち、「自治精神」を発揮し、地方の「公利」を図ることが張謇の一貫した初志であるといえよう。

早い時期、張謇はすでに郷里のためにいくつかの活動を行っていたのである。一八八三年、彼は当時通州最大の布商（布の製造・販売を扱う商人）の〝恒記〟の支配人である沈敬夫と協力し、各布商を聯合して、政府に釐金軽減の請求を出した。実際の成果は収められなかったが、これによって彼は釐金の弊害に対する認識を深めた。このほかに張謇は、社倉の建設を提議し、飢餓の農民を救済するなど地域社会の安定を目指そうとした。

日清戦後、一八九五年九月に、清政府は外国人の経済侵入に抵抗するために張之洞を通して、蘇州、鎮江、通州の在籍の京官に、各郷里に工場を設けて、製造を行うことをそれぞれ命じた[58]。張之洞は当時に家で服喪していた張謇に商工業振興の運営担当を依頼した。そのとき、張謇は「中国の利権が外へと流出する[59]」という危機意識を抱いていた。その中で彼は「外国産の綿糸の流入は中国の利益溢出の最大のもの[60]」と認識していた。そして彼の郷里である通州地区の綿花もそのうちに日本に買い取られ、次いで日本製機紡綿糸の流入によって、いっそう圧迫を受けるという。その利権の流出を防ぐために地元生産を行い、外国に抵抗する措置をとらなければならない。すなわち、張謇が当時考えていたのは、郷土の利害と国全体のある種の「経営ナショナリズム」である。言い換えれば、清王朝という帝政国家の危機は、同時に張謇がいる郷紳社会の危機でもあった[61]。この意味でいえば、張謇の経営ナショナリズムは地方自治に伴う地方公益の精神を内包したものである。

一方、清末中国の大きな歴史の流れとしては軍事、行政、財政各権の中央から地方（省）への「下降」、地方分権化の趨勢が生じたとされている[62]。

「南張北周」と称せられ、「北」の実業家たる周学熙は、公司と地方自治との関係について「『公司』という集合は自治の基礎である。……自治は地方の公金を以て、地方の公益を図る。……自治においては地方の紳士が地方の権利を握る。……今時、商業が不振で、列強に狙われ……、公司が大いに興してもらうように苦心してやまない。我が士紳は之を図るべし」と主張した。ここで周の実業活動において北洋官僚の庇護を受けた経済官僚の性格を別にして、地方利益を目指す一面はむしろ当時の社会情勢の流れとして理解しても無難であろう。

総じていえば、渋沢栄一と張謇の「公利」思想を比較することを通じて、渋沢の「公」＝「国家」という構図に対して、張謇の「公」は地方公益「公」を内包していたことがわかる。

## おわりに

私利と「公利」の関係をめぐる渋沢栄一の見方に対して、宮本又郎は「それは私的営利活動を公益・国益と結びつけて価値づける考え方であったがゆえに、戦時下のウルトラ・ナショナリズムに対して、もろくも跪かざるをえない日本のビジネスの弱さをもたらすことになったのである[63]」と批判している。このように渋沢が直面した当時の社会実情を無視し、安易に後日の戦時下の実業界の状況と結びつけて渋沢を批判することは、学術的視点ではないと思われる。

一方、個人の経済活動の動機が国家のためであれば公益（「公利」）に寄与するという渋沢の図式は確かに単純な面がある。溝口貞彦は「……『国家』＝『義』とする考えに立っているため、国家に対して無批判であり、また国家に寄生する実業家に対してほとんど無批判に終わったが、それは歴史的限界というべきであろう[64]」と評した。このような体制側に対する無原則的な親近感への指摘は森川の批判と相通ずるところがあると思われる。しかし、渋沢の〈義利〉観は、国家主導の初期日本資本主義に当時向かい合った思想としてやはり位置づけられるべきであろう。これもまさに後発国の「経営ナショナリズム」の一つのパターンとして理解しうるだろう。

一方、宮本の批判に対応しながら主張したように、渋沢は自己の国家観念が帝国主義を意味していないと断ったことがある。彼は正しい意味の国家観念が「世界主義と何等の抵触もない[65]」と述べている。「世界主義」とは文部大臣西園寺公望が一八九四年、教育意見を出した際に提出した概念である。それは、日清戦争をきっかけとした教育現場での軍国強調、排外主義的雰囲気を追い払い、平和の手段による日本資本主義の海外進出の道を開くことである[66]。筆者からすれば渋沢のこの「世界主義」はこの文脈の延長線上にあると考えられる。

なお、渋沢の国家観をとらえる時、まず彼の商工業立国の思想を前提にすべきだと思われる。彼が商工業を重視するようになったのは、一八六七（慶応三）年のパリ万博を契機にヨーロッパを回った体験によったものである。彼は「維新以前に欧羅巴へ一年ばかり参って、彼地の有様を観察しましたが、……殆ど国家といふものは、商売とか工業とかいふものが基礎になって、……其人の重なるものは何んであるかと云へば、即ち生存上最も必要なる実業である。此実業の力を強めるのが、即ち国の富を増し力を殖すのである[67]」と回想した。すなわち、ヨーロッパでのこの体験は彼の商工業立国の思想を形成させたのである。

しかし、渋沢の国家観念はあくまでも両刃の剣である。国益志向的経営理念が優位を占めている明治初期の資本主義の初期段階は、彼の経営ナショナリズムに伴う「公利」の志向が通用するが、独占資本主義が台頭した際、その有効性が失われる。また渋沢は、国家観念を繰り返し強調するにも関わらず、「国家」には収斂し得ない、ひいては国境を乗り越える傾向を示しているとも思われる。彼は、儒家の「仁」「義」のような徳目が英米にもあるととらえた。さらに国境、宗教の境を超えた「帰一協会」の設立を提案した。彼は「現在の儒教、仏教、耶蘇教等あらゆる宗教の長所を折衷綜合したる、統一的の一大宗教は出来ぬものであらうかと、心に希望して久しい間これを考へて居った」(68)と述べているのである。こうして国家観念を強調しながら国境を超える宗教の統一を唱導したことは、彼自身が直面したジレンマを示しているだろう。この意味でいえば、渋沢にとって、張がむしろ参照物になるかもしれない。つまり張謇の「義」に内包される、渋沢の「公」＝国家に収斂されない部分、いわば「天下」の「公」は、地域においてもっと求められるべきであろう。

しかし、いずれにしても渋沢栄一と張謇は特定の時代に活躍した実業家であり、「経営ナショナリズム」をはじめ、彼らの思想構造を分析する場合、彼らの直面した時代の緊張感と社会背景を無視することができないと言えよう。

注

(1) 朱英『近代中国商人与社会』武漢・湖北教育出版社、二〇〇二年、三六頁。
(2) 中川敬一郎『比較経営史序説』東京大学出版会、一九八一年、一四四頁。
(3) 森川英正『日本型経営の源流』東洋経済新報社、一九七三年、三頁。
(4) 同前。森川は経営ナショナリズムの形成と動因などについて詳しく論じている。
(5) 渋沢栄一の生まれた幕末期において、儒学は主たる学問である。明治以後、「儒学」は正式名称として用いられなくなり、「漢学」という言葉が使い始められた（生馬寛信『幕末維新期漢学塾の研究』渓水社、二〇〇三年、一七、一九頁）。本章では、文脈を統一するために「儒学」という概念を用いる。

(6) 中井英基「張謇と渋沢栄一――日中近代企業者比較論」(『一橋論叢』第九八巻第六号、一九八七年)、馬敏「張謇的経営理念――張謇的士商気質及び渋沢栄一との比較」(『商人精神の嬗変――近代中国商人観念研究』武漢・華中師範大学出版社、二〇〇一年、二二四～二四七頁)、周見『近代中日両国企業家比較研究――張謇与渋沢栄一』(北京・中国社会科学出版社、二〇〇四年)。
(7) 前掲「張謇と渋沢栄一――日中近代企業者比較論」。
(8) 高瑞泉「魚和熊掌何以得兼――〝義利之弁〟与近代価値観変革」、『華東師範大学学報　哲学社会科学版』第三二巻第五期、二〇〇〇年。
(9) たとえば、山鹿素行(一六二二～一六八五年)は「利」を認め、それは「義の和」であるとしている(『山鹿語類』)。とりわけ江戸中期以降、商業の発展に伴い商業の「利」を肯定する説が相次いで出されている。石門心学の始祖である石田梅岩(一六八五～一七四四年)は「売利ヲ得ルハ商人ノ道なり」(『都鄙問答』)と述べ、商人利潤の正当化を主張している。
(10) 渋沢栄一『雨夜譚』岩波書店、一九八四年、一八～二一頁。
(11) 『張謇全集』二巻、九五頁。
(12) 渋沢栄一『青淵百話　乾』国書刊行会、一九八六年、二五六頁。
(13) 渋沢栄一『論語と算盤』国書刊行会、一九八五年、一〇〇頁。
(14) 渋沢栄一講述『論語講義』二松学舎大学出版部、一九七五年、一六八頁。
(15) 前掲『青淵百話　乾』二五五頁。
(16) 同前、一七八頁。
(17) 『渋沢伝記資料』別巻五、二六七頁を参照。
(18) 森川英正「渋沢栄一――日本株式会社の創立者」(『日本経営史講座　第四巻　日本の企業と国家』日本経済新聞社、一九七六年、七一頁)を参照。
(19) 前掲『青淵百話　乾』六八頁。
(20) 同前、二四八～二四九頁。
(21) 前掲『論語講義』一七六～一七七頁。

(22) 前掲『比較経営史序説』一七三頁。同じく藤田貞一郎は当時日本の国益思想の主流をとらえた（『国益思想の系譜と展開』清文堂出版、一九九八年）。
(23) 『福沢諭吉全集』第一九巻、岩波書店、一九六二年、六三四〜六三六頁。
(24) 青淵先生「福沢先生及び独立自尊論」、『竜門雑誌』第三五三号、一九一七年。
(25) 前掲『論語講義』二一三頁。
(26) 前掲『比較経営史序説』一七三頁。
(27) 『張謇全集』四巻、一一二頁。
(28) 『張謇全集』三巻、一二頁。
(29) 同前、一八頁。
(30) 同前、九一頁。
(31) 前掲『青淵百話　乾』六七頁。
(32) 『第一銀行五十年史稿』巻二、『渋沢伝記資料』四巻、一四四頁。
(33) 「第一国立銀行第十三回株主総会決議要件録」一八七九年、『渋沢伝記資料』四巻、三九六頁。
(34) 「益田孝氏談話　小田原掃雲堂に於て」一九三六年、『渋沢伝記資料』別巻八、三二九頁。
(35) 一八八六年に結成された修養団体。その際、指導に当たったのが尾高惇忠である。
(36) 渋沢栄一『青淵先生六十年史　一名・近世実業発達史』竜門社、一九〇〇年、九一七頁。
(37) 山路愛山「渋沢男と安田善次郎氏」、『太陽』第一五巻第一一号、一九〇九年（『渋沢伝記資料』別巻八、二六〇頁）。
(38) 溝口雄三『中国の公と私』研文出版、一九九五年、四一頁。
(39) 広瀬宰平『半世物語』一八九五年、三五頁。
(40) 鈴木馬左也翁伝記編纂会『鈴木馬左也』凸版印刷株式会社大阪支社、一九六一年、一三八頁。
(41) 王家驊「渋沢栄一の『論語算盤説』と日本的な資本主義精神」、渋沢研究会『渋沢研究』第七号、一九九四年。
(42) 『張謇全集』五巻、一四三〜一四六頁。
(43) 氏族が共有する土地をはじめ、居住地、桑畑を含む。その収入を以って土地の差配および使用人の賃銀以外、氏族中の貧困者または寡婦、孤児の扶助料、ならびに年少者の教育に提供する（岡野一朗『支那経済辞典』東洋書籍出版、一九三一年）。
(44)「墾牧郷志」一九二四年、『張謇全集』三巻、三九六頁。
(45) 経元善が一八九五年に提出した「駅亭建設義倉公呈」の中から当時の「義倉」の様子を窺える。つまり貧農救済のため、郷紳によって建設されるもので、寄付された食糧を以って春、貧農に貸し、秋返してもらう制度である（『経元善集』一五八頁）。
(46) 凶年などにより貧農の救済のため、米栗を納める施設。
(47) 王先明『近代紳士――一個封建階層的歴史命運』天津・天津人民出版社、一九九七年、五四頁。
(48)「復張督函」一九一四年、『張謇全集』四巻、四〇二頁。
(49)「大生紗廠第二届説略並帳略」一九〇四年、『張謇全集』三巻、六一頁。
(50) 前掲『青淵回顧録　下巻』四三二頁。
(51) 前掲『青淵百話　乾』二三頁。
(52) 同前、一八一頁。
(53) 松本三之介『明治思想における伝統と近代』東京大学出版会、一九九六年、二二五、二三四頁。
(54)「通海中学附国文専修科述義並簡章」一九〇七年、『張謇全集』四巻、七六頁。
(55)「代某給諫条陳理財疏」一九〇四年、『張謇全集』一巻、八四頁。
(56)「請速開国会建設責任内閣以図補救意見書」一九〇九年、『張謇全集』一巻、一三七頁。
(57)「蘇社開幕宣言」一九二〇年、『張謇全集』四巻、四三九頁。
(58) 張季直先生事業史編纂処『大生紡績公司年鑑一八九五〜一九四七』江蘇人民出版社、一九九八年、五頁。
(59)「請保護提倡実業呈商部文」一九〇五年、『張謇全集』三巻、七七四頁。
(60)「大生紗廠章程書後」一九〇〇年、『張謇全集』三巻、四二頁。
(61) 野村浩一『近代中国の政治文化――民権・立憲・皇権』岩波書店、二〇〇七年、六七頁。
(62) 溝口雄三・伊東貴之・村田雄二郎『中国という視座』（平凡社、一九九五年）を参照。同書の中で村田雄二郎は清末専制権力を「上の専制と下の放恣」の二元的構造ととらえている。

(63) 宮本又郎『日本の近代　一一　企業家たちの挑戦』中央公論新社、一九九九年、二九四頁。
(64)「中洲の『義利合一論』について」、『陽明学』第一三号、二〇〇一年。
(65) 前掲『青淵回顧録　下巻』四三三～四三四頁。
(66) 本山幸彦『明治国家の教育思想』思文閣出版、一九九八年、三〇八～三一九頁。
(67) 講道館造士会で講演、一九〇一年、『渋沢伝記資料』二六巻、四七五頁。
(68) 前掲『青淵百話　乾』五一頁。

# 第3章　渋沢栄一と張謇の実業思想についての比較

周　見

## はじめに

張謇と渋沢栄一は中日両国の近代史を代表する企業家であり、彼らの企業家活動が両国の工業化の推進過程において重要な役割を果たしたことは紛れもない事実である。一方、彼らが他の企業家と大きく違った点は、両者とも工業化の実践過程において、一連の重要な実業思想を提起したことである。西洋の近代経済思想と西洋的道徳倫理観念の全面的摂取を主張した思想家と明らかに異なる点は、彼らがともに儒学思想の忠実な擁護者であり、儒学思想とその倫理観を企業活動の精神的支柱とし、西洋資本主義の経営方法でこれを補完することを主張した点にある。彼らは内在的伝統文化と外来的近代経済思想の間に理性上横たわる矛盾や障害を両者の融合を通して排除することを志向した。彼らは両国工業化の思想的障害を排除したというだけでなく、同時に伝統文化に新しい思想と内容を注入し、後世の人に貴重な精神的財産を残したといえる。

このような認識に立ち、本文においては渋沢栄一と張謇の実業思想についてそれぞれ考察を行い、両者の実業思想を対比し、その類似点と相違点を分析する。両者の実業思想が両国の産業界にもたらした影響の相違に注目して、張謇と渋沢栄一の企業家としての活動の社会思想、意識の面における差異、そしてこれらの差異が生じた主観的客観的条件について考察を試みたい。

# 一　渋沢栄一の実業思想

渋沢栄一は、一体どのような実業思想を主張したのであろうか。渋沢の言葉を借りれば、それは経済道徳合一思想あるいは義利合一思想と要約することができるであろう。渋沢の講演と著書の中から、彼の経済道徳合一思想について以下で見ていきたい。

## 1　道徳と経済の関係

渋沢栄一の道徳と経済の関係に関する論述には理論的な側面が多分にしてある。彼の基本的観点は以下のようなものである。すなわち道徳と経済とはお互いに対立矛盾し合う概念ではなく、両者とも分離することのできない必須条件である。経済を離れた道徳は存在せず、また道徳に離反した経済が日本社会に利益をもたらすこともない。彼は「利益を棄てたる道徳は真正の道徳でなく、又完全な富、正当な殖益には必ず道徳が伴わなければならぬ(1)」といい、『大学』の三綱八目を根拠に自己の主張を論証している。彼がいうに、中国の原始儒家は「格物致知と謂ふものが即ち明徳を天下に明かにするの根源であると教へてある。古の格物致知は今日の物質的学問である。……此の例を以て推せば生産殖利は道徳の中に十分含蓄し得るもの(2)」である。経済と道徳の間に矛盾が生じるのは社会的分業体制が出現してからのことである。その原因は実行する人が必ずしも仁義道徳の教師であるとは限らず、また仁義道徳の教師が実行する人であるとも限らないからである。それ故に仁義道徳と算盤との間に溝が生じるのである(3)。彼によれば、日本において武士道と殖産功利之道の両者の間に背馳が生じたのは、中国宋代儒家の性理学の影響を多分に受けた結果であり、このような道徳と経済を分離する傾向は必然的に国家に災いをもたらすということを力説している。彼の著書によれば、宋学は「仁義道徳ということを唱えるに付きては、かかる順序からかく進歩するものであると言う考えを打棄てて、総て空理空論に走るから、利欲を去ったらよろしいが、その極その人も衰え、従って国家も衰弱に陥った、その末はついに元に攻められ、更に禍乱が続いて、とうとう元という夷に統一されてしまったのは宋末の悲惨である、ただとかくは空理空論なる仁義というものは、国の元気を沮喪し、物の生産力を薄くし、遂にその極国を滅亡する、ゆえに仁義道徳も悪くすると、亡国になるということを考えなければならぬ[4]」と述べている。

## 2　公益と私利の関係

渋沢栄一は工商活動というのは人々の生存のための必要性だけでなく、同時に利益追求の行為であることを認めていた。しかし、利にも公益と私利という二つの区別がなければならない。そして、工商業者はいつ何時も公益と私利の違いを忘れてはならないことを強調している。彼は公益を「私利私欲の観念を超越し、国家社会に尽すの誠意を以って得たる利[5]」と定義しており、渋沢にとっていわゆる公益というのは国家社会の利益であり、国家社会の利益のために工商活動に従事することが彼の提唱するところの道徳である。また彼は「自分は常に事業の経営に任じては、その仕事が国家に必要であって、また道理に合するようにして行きたいと心掛けて来た、たとえその事業が微々たるものであろうとも、自分の利益は少額であるとしても、国家必要の事業を合理的に経営すれば、心は常に楽んで事に任じられる[6]」ともいう。渋沢は国家社会の利益を確立することの重要性を強調するが、同時に国家社会の利益と私利とが決して相矛盾するものとは考えておらず、両者を対立関係として捉えることに反対した。彼は「社会に利益を与へ、国家を富強にするは、やがて個人的にも利益を来す所以[7]」であると考えた。つまり、国家社会の利益は個人的利益が保証を得るための前提条件であり、私利は国家社会の利益の中で形成されるものであるから、まず国家の利益を考慮することが結果的に個人的利益の獲得につながると論じているのである。

## 3　義と利の関係

渋沢栄一は、儒教的倫理道徳観念は利潤の追求を決して否定しておらず、人の衣食住は経済的手段を通してのみ得ることができるのであるから、それは人々の生存必要性自体によって決定されるものであると考えた。衣食足りて礼節を知るとはいうまでもないことであろう。しかし人が利益を得るための手段と方法とは決して一様ではなく、正当な手段を以って得た利こそが合理的な利である。そのためには人々の求富的欲望に反対するのではなく、道徳的方法によって利益を追求する能力を人々が身に付けることを提唱するべきであろう。渋沢はこのような認識に立って義利合一ということを主張し、両者を対立させる観点には批判的であった。彼は「実業とは如何に考へて宜しいものかといふに、いふまでもなく利殖を図る事を以て本旨とするものに間違ない。若し商工業にして増殖の効がなかったならば、即ち商工業は無意味になる、去りながら其利殖を図るといふことも已れさえ利すれば他は何うでも良いといふ主義を以て進んだならば、其結果は何うなるか。孟子の所謂『苟も義を後にして利を先にせば奪はずんば饜かす』となる外は無いのである。故に真正の利殖は仁義道徳に基かなければ決して永続するものはないのである」(8)と述べている。彼はここで「仁則不富、富則不仁」という従来の理解を完全に否定しただけではなく、利益を追求する際に取るべき正当手段とは儒家倫理の主張する仁義であることを明確にした。

それでは、彼の主張してやまない儒家倫理の中の仁義とはいかなるものなのであろうか。渋沢によれば、仁義とは忠君愛国、国益優先のほかに博愛、誠実、信義、節約、勤労等あらゆる方面に体現される性質のものなのである。例えば、彼は工商企業を発展させるためには信義を提唱するべきであると考えた。信用は「資本よりも重し」と考え、「一人の資産には限りがある、其の限りある資本を頼りにするよりも、限りのない資産を活用するの心掛けが肝腎である。而して限りなき資本を活用するの資格は何であるかといふに、それは信用である」(9)と解釈している。また勤労倹約というのは工商業者が持つべき流儀であると考えた。総じていえば渋沢にとって誠実、信用、勤労、節約等これらすべては義をもって利を得るために必要不可欠なものとされていたのである。

## 4　士魂と商才

渋沢栄一は経済と道徳、公益と私利、義と利の三者をそれぞれ統一することの必要性を理性的側面から論述すると同時に、日本の民族精神と経済商業活動との結合を極力呼びかけ、士魂商才論を提起するにいたった。以前日本では和魂漢才を提唱した者がおり、彼らは日本特有の大和魂（日本精神）を根本に据え、同時に中国文化の精華を修得することを主張していた。渋沢はその発想自体は継承し発揚していく価値のあるものであることを認めているが、一方新しい時代においては工商強国の要求に適応するため、士魂商才を提唱すべきであることを指摘している。彼は士魂商才の真の意義について「人間の世の中に立つには武士的精神の必要であることは無論であるが、しかし武士的精神のみに偏して商才というものがなければ、経済の上からも自滅を招くようになる、ゆえに士魂にして商才がなければならぬ[10]」と主張する。彼によれば、正義、廉直、義俠、勇為、礼譲等の美徳を一体とした武士的精神は人々に敬われ仰視される民族の誇りではあるが、「遺憾に思ふのは、この日本の精華たる武士道が、古来専ら士人社会にのみ行はれて、殖産功利に身を委ねたる商業者間に、其の気風の甚だ乏しかった一事である。古への商工業者は武士道の如きものに対する観念を著しく誤解し、正義、廉直、義俠、敢為、礼譲等のことを旨とせんには商売は立ち行かねものと考へ……。これは時勢の然らしめた所もあったであろう、けれども士人に武士道が必要であった如く、商工業者にも亦その道が無くては叶はぬ」という。さもなければ日本は小のために大を失い、同時に世界における信用も失うと考えるからである[11]。そのため「商才というものも、もともと道徳を以て根底としたもの」であり、それ自体道徳と離れることのできない存在であり「欺瞞、浮華、軽佻の商才は、いわゆる小才子小利口であって、決して真の商才ではない[12]」のである。渋沢は士魂の修養にしても商才の育成にしても、結局は論語の教戒と啓蒙を得ることが必要不可欠であると結論づけている。

## 二　張謇の実業思想

第二次アヘン戦争後、李鴻章等清王朝の政府要人は「求富」、「自強」を主要目的とした洋務運動を推進し始めるが、しかしいかにして「求富」を実現するかという点について有効かつ明確な認識を持ち合わせてはいなかった。西洋の重商主義的経済思想の影響を受けて、当時多くの人が西洋の強大と中国の弱小はすべて商業の盛衰問題に起因するとの認識を持っていたので、彼らは商業立国のスローガンを掲げ、西洋国家と商業戦を展開することを主張した。このような背景のもとで興った洋務企業も「洋商と利を分かつ」ことを目標にしており、その実際効果は甚だ微少なものであった。この教訓に倣い、張謇は中国が「求富」「自強」の目標を実現するには、まず思想上の混乱から脱却し明確な実業観念と立国方針を確立することの必要性を主張するようになる。

### 1　「富国の本は工に在り」

張謇は商務立国というスローガンを批判し、次のように自分の主張を論じていた。

世の人は外洋外国は商務を以って立国を為したと皆言うがそれは皮毛（皮相的）の論である。外洋の富民強国の本が実は工にあり、格致を講じ、化学に通じ、機器を用い、粗を精に変え、賎を貴に変え、その後に商売をする際、貿遷の資が生じ倍蓰の利が生じることを知らない。『周官考工記』は百工を以って六職の一つに列している。……孔子はこれを天下の九経として論じ、百工を来す事を以って足財の本と為している。唐虞三代の聖人は物を開き、民を進歩させ、これ（格物）に意を加えない者はいなかった。後に迂儒俗吏それを末物賎業と看做し探求せず、その為外国の工業の技巧は中華を遥かに凌駕するに至った。西洋から中国に入ってくる貨を見れば、機器は捷速で、工作は精巧であり、元来の物料本質（原料）と比べ、価格は三、四倍、十余倍である。……例えば現在日本は工政を特に重んじている。この国は通商の場所において遍く工場を建設し、民間から出される器用百貨も、次第に精巧精美なものになり、これまた西洋の例に倣う。国家は牌を与えて以ってこれを賞し、その利を独占させている。百工を以って敬業となし激励し、製造技術は日に日に精巧になり、流通販売の範囲も日に日に広くなる。……そのようでなければ九州（中国を指す）の数百万の無業なる遊民を養うことはできず、毎年数千万の税収を確保することができない(13)。

張謇の論述から分かるように、彼が商務立国に反対し工をもって国本と為すことを主張したのは以下の理由による。第一に、西洋国家が強大である根本的原因は商業的繁栄にあるのではなく、工業の発達によるものであるという認識である。商業は工業を基礎にしており、工業を離れれば商業自体その源泉・根本を失い、利益を上げることは到底できない。それゆえ商務立国思想は本末転倒であり、それをもって国を救うことは難しい。第二に「百工は足財の本」とは孔子の重要な経済思想であるが、後世の迂儒俗吏がその思想を理解しなかっただけでなく、かえって長きにわたって工商業を末業とみなし経済発展を抑制したために、今のような工業発展の面における西洋国家との大差が生じたのだという認識である。そうであるなら中国はこの状況を変えなければならないし、このような意識を徹底的に変革するべきである。第三に、日本が弱小国から強国に変わった原因は西洋に倣い、徹底して工業の扶植と発展に努めた結果であり、日本のように工業重視の政策を採用し工業発展を立国の根本においてこそ、中国は強国に生まれ変われるという発想である。第四に、中国の人口のうちに無職無業の者が数百万に達しており、もし農業のみに頼るのなら失業問題はまったく解決できず、さらには対外貿易における輸入超過の現状からも抜け出せないという状況である。ゆえに中国にとって、ほかに選択肢はなく、工をもって富国をなす方策を選択せざるをえないのである。

## 2　棉鉄主義の主張

「富国の本は工に在り」という思想を主張した同時、張謇は実業の発展には重点および順序があると述べる一方、自分は実業において棉鉄主義を保持していると述べている。[14] 張謇の棉鉄主義とは彼自身の解釈によれば次のようなものである。各種工業部門の中において紡績と鉄鋼の両部門が最も重要であり、中国が貧を治め富に至るにはまずこの二つの工業部門の発展から着手しなければならないが、その中でも「綿を特に優先すべし[15]」であるとしている。それではなぜ張謇は棉鉄両業を優先的に発展させる必要性をこのように強調したのであろうか。張謇は以下のいくつかの側面から説明している。

第一に、この二つの工業の発展は中国の対外貿易の赤字を減少させるための切迫した要求である。張謇は、馬関条約以降中国の対外貿易の赤字は日に日に増加し民衆の生活を圧迫し国家的難題にまで発展し、それが中国にもたらす経済的損失と危害は対外賠償問題よりさらに深刻であると指摘し、もしこのような状況を改善せず放置すれば、中国経済は収拾のつかない程度にまで落ち込むであろうと考えている。彼は「国人はただ戦争賠償のみを大損害と考え、輸出入の貨価を互いにあがなうことを知らない。毎年輸入の面で綿貨一つとってもすでに二億一千余万両であり、また鉄は八億余万両であり、知らず知らずのうちにその利を削り取られ、その規模は賠償と比べ特に甚だしい。もし対処の方法を考えなければ、たとえ国が滅びなくても貧困に陥る事になろう[16]」と指摘した。そのため張謇は貿易入超の拡大を是正するためには、まず棉と鉄の輸入の制限から着手し、棉と鉄の輸入量を減少させることがその最も根本的な手段であるから、自国の紡績業と鉄鋼業を発展させ、棉と鉄の生産を国内で自給できない現在の停滞状況を少しずつ改革していくことの必要性を認識していた。

第二に、中国の財力は薄弱であり、工業の発展がすべての方面で成果を挙げることは難しい。馬関条約の調印により中国は巨額の戦争賠償金の負担に加え関税自主権の喪失によって政府は経済を調整する有効な手段を失った。このため増税と外債の借款によって財政を維持せざるをえず、資本の極度な欠乏は実業の振興にとり最大の障害となった。このような状況下で資金をいかに有効に運用するかが経済的難題になったのである。張謇は「農工商業の類は非常に多く、また現在政府人民の財力は均しく困窮しており、もしすべてのことを併せて同時に経営するなら、力は分散し利益は薄くなる。ゆえに力を分けて益が薄に至るよりかは、力を一つに集中させてその分野での益を厚くするほうが良い(17)」と指摘していた。つまり張謇によれば政府人民の財力の極度な欠乏により中国の実業のあらゆる面をすべて発展させることは不可能であり、どの方面の実業を優先的に発展させるか選択を行わなければならず、いくつかの産業に発展目標を絞らなければならない。そのようにすれば資金的制限はあるが、目標の産業を選定することによって十分かつ有効的に作用を発揮することができ、比較的大きな社会的利益を生み出すことが可能になる。

　第三に、棉鉄両業は非常に広範囲な内外市場を持っていることである。張謇は重点的工業部門を確定し選択するには内外市場の要素を考慮に入れるべきであると考えた。彼が棉鉄主義を主張した重要な原因の一つはまさにここにあった。彼は英米および日本の紡績業の資料を検討し、中国紡績業発展の見通しは広く潜在的需要があると考えた。彼は「各国綿工場の紗錠の数量は英米各国は論ずるまでもない。より近い日本の状況を考えれば、土地面積は我国の二〇分の一であり、人口は我国の八分の一であるのに、紗錠は一七三万一五〇〇余錠であり、我国は国内資本と外国資本の工場を合わせてもわずか八一万足らずである(18)」と指摘している。また張謇は次のように述べている。「鉄の需要は極端に大きく、我国の鉄の産出量は非常に豊富であり、豊富な鉱産を以って至大なる需要に適応すれば、年間数千万元に達し、その輸出入の相差の度合いは計り知れない。……莫大な利益を得るためにはどのような方法を用いるべきか、それはすなわち輸入額の最高の物に重点的に投入するべきである。捍衛図存の計を思えば、植綿地、紡織工場を増やし広げることであり、また極大の富源を開発し世界の市場にて競争するならば、鉄鉱を開放し、製鉄場を拡張することである。……我国の地蔵地下資源は非常に惜しくて驚かされ、また同時に無窮の希望を抱かざるを得なかった。ゆえにこの主義あえて自ら適当であると信ずる」[19]。

以上の各方面よりみて、棉鉄主義というのは張謇が当時の中国経済の実際状況に照らして提起した工業化戦略構想であった。この戦略構想は最終的には実現されなかったが、それは張謇の実業思想の精髄であり、張謇の実業思想の独創性を体現したものであり、それ自体は思想的価値と実際的意義を持ったものである。アヘン戦争後中国の代表的人物たちは意識的あるいは無意識的に資本主義的事物とその思想を摂取してきた。張謇が棉鉄主義を提起する以前にも、当時最も進歩的思想を持った資産階級改良派の代表人物はそれぞれ価値のある経済思想を前後して提起し、社会の啓蒙に重要な作用を担ってきたが、中国の実業方針と工業化問題に系統的かつ具体的な戦略構想を提起した者はいなかった。そのため棉鉄主義の提起は中国の近代実業思想と工業化との実際の結合を推進するのに重要な作用を果たし、近代中国の経済思想の発展が新たな段階に入ったことを示唆していた。

## 三　張謇と渋沢栄一の実業思想の比較

以上、張謇と渋沢栄一の実業思想についてそれぞれ考察を行った。両者の実業思想にはそれぞれ特徴があり、提起した問題にも相違がある。それは当時中日両国の工業化がそれぞれ直面していた矛盾点と至急解決すべき問題点に大きな違いがあったことを示唆しているといえよう。しかしここで無視できないのは、張謇と渋沢栄一の実業思想が非常に似通った社会的文化的背景の下に生まれたということである。儒教思想に対する尊崇の念は彼らの実業思想に必然的に価値観念上の共通性を持たせた。ただ彼らの直面した社会環境の相違により特徴上の差異を生じせしめたのである。

## 1　張謇と渋沢栄一の儒商思想の同異点

張謇は幼少より儒家思想の薫陶を受けて育ち、二六年間の長きにわたる科挙試験のための勉学によって彼の脳裏に植え付けられた儒教思想の影響は他のどんな力にも変えがたいものである。「吾の世に用いる心は孔子の如くである」[20]とは、彼自身の真実の告白である。上述した中で窺いえたように、張謇も渋沢栄一と同様儒教思想を実業思想の精神的支柱とみなし、常に孔孟の言に依拠し以って自己の主張を論証しようとした例は枚挙すればきりがないが、比較という視角から見れば、張謇と渋沢栄一の儒商思想の異同点はどこにあるのか。

儒教の倫理道徳思想の中では、「義利の弁」が重要な地位を占めている。前述したように、渋沢は儒教の倫理道徳思想を前提にして経済道徳合一論と私利公益一論を提出した。一方の張謇は資本主義企業活動中の義利問題をどのように認識し、また解釈したのであろうか。張謇が自己の実業思想を表わした最も透徹なる表現の中に「言商仍向儒（商名儒行）」がある。この一言から、彼が渋沢と同じように儒教倫理道徳観念に基づいて企業家の経営活動を規範化することを主張していたことがわかる。

張謇は企業を経営する目的について言及した時、「非私而私也、非利而利也（私にあらざるも私となり、利とあらざるも利となる）」[21]と述べたことがある。つまり張謇にとって企業を経営するにはまず国家のための思想を樹立し、国家の急を急とするべきであり、私利の追求を主要目的においてはならないものであった。そして最終的にはそのようにすることが客観的にも自己にとって有益であり、私利を謀ることなくして私利を得るという効果を収めることができると考えたのである。明らかにこれは渋沢の主張する国益私利統一論の思想論理と相似している。また張謇は次のように述べている。

一九〇〇年庚子後、京師に来た時ある人は、余が官を棄てて実業を営むのは、必ずや実業によって得る利が官にいる時に得る利より大きいからであると言い、またある人は余がすでに数十万金の利を得ていながら依然として株集め（資金集め）に励んでやまないのはなぜかと問う。当時その人たちは余が専ら致富のみを図ることに専念していると思ったようである。余がもっぱら個人の私利のみを図ればそれは固より正しい行いではない。もし公衆の利を謀るのならそれは決していけないことではない。……余がせっせと惜しみなく働くのは株（資金）を以って紡績工場を補助しようとするためであることを知るべきである。特に当を得たく思い、わが志を告白したのみである。時局はここに至っては、個人の私利のみを図り、たとえ座して巨万の富を築こうともまた何の益になろうか[22]。

張謇のこの言葉は、彼が企業を創設したのは個人的な富を得るためだとある人がいったことに対し反駁したものであるが、同時に彼の義利問題上における基本的態度と認識を表している。すなわち彼は一方では企業が国家または国民のために営利活動に従事することの正当性を肯定し、もう一方においては個人が私的財富を蓄積するという欲望だけをもって私利を謀る行為の正当性を否定し、それは国家に対し決して有益ではないと認識していた。また張謇は致富を実現するためには手段を選ばないというやり方には深い嫌悪感を抱いていたのである。彼は「わが国の人は利を重んじ義を軽んじており、不法行為がいつも多いのは不正な手段で得た財はたとえ法律上の懲罰を逃れることができても、道徳上の制裁は断じて免れることはできないということを知らないからである[23]」と指摘する。張謇が従商道徳を十分重視し、それを最終的に企業経営活動の成功を保証する重要な要素とみなしていたことが知れるのである。

総じていえば、張謇は「言商仍向儒」を主張し、私利追求を第一目標に置いた西洋型価値観念に対しては否定的態度を堅持しており、実業による救国の主張を根拠に自身の企業活動と営利行為が完全に儒教倫理道徳の観念に符合していることを説明しようとしたのである。張謇のこのような思想と渋沢栄一の経済道徳合一論の主張は、同じ筋から出たようによく似ている。

しかし一方、もし我々が両者の論述をさらに比較分析すれば、非常に相似した主張の裏にも両者の間に依然として無視できない差異が存することを発見するであろう。まず張謇の著述は儒教思想のいろいろな面に言及しているが、義利関係に関する論述は比較的限られていて、決して系統的ではない。彼は渋沢のように孔子の義利説に対する再解釈を通して軽商観念の排除に思想的根拠を提供するようなことはしなかった。また、張謇は孔子の義利説に対し、自己の実業活動の需要に符合する解釈を行わなかったために、「所持するものを擲ち捨て去る」または「平素遵守していた信条を破る」ことに努めるが、「儒にして商を謀る」[24]を背道行為とみなす伝統的観念に対し、徹底的な批判を行うことができなかった。これは彼の思想上に容易に脱することのできない矛盾状態を生じせしめた。そのため自己の実業活動が困難に陥った時、自怨的情緒を引き起こし、甚だしきは商人との付き合いのことを「平生伍することのない者を伍し、平生不道である事柄に道を施す」[25]と述べるまでに至った。その行間には商人に対する軽視の念がにじみ出ており、彼が思想上正統な義利観念の束縛からいまだ脱していないことを示している。おそらくこのような原因によって張謇は常に貨殖の利を明示することを恥じ、企業活動に従事する目的は教育を発展させ、また自治を実現することであると何度も強調するにとどまった。それゆえ彼のいう「言商仍向儒」は、ただ単に自己追求と自己修養を実現するための儒教の従商に特有な表現にのみとどまり、決して伝統的軽商観念の束縛を打ち破るための思想的武器にならなかったとの感を抱かせる。それと比較してみると、渋沢栄一が論語の再解釈を通して確立させた経済道徳合一思想はその解釈自体本来の儒教の義利観の本意に符合するものであるとは必ずしもいえないが、しかしそれが逆にかえってその思想に新しい精神と影響力を浸透させたといえるだろう。

## 2　張謇と渋沢栄一の儒商思想の境遇の違いとその原因

張謇と渋沢栄一両者は、幼い頃より儒家思想の薫陶を受けて育ち、儒教の倫理道徳に対し忠実であった。彼らにとって、彼らが従事する資本主義企業経営活動は儒教の倫理道徳観念に符合する範囲内においてのみ、正当性かつ合理性を保持することができた。そのため彼らはいわゆる「商名儒行」あるいは「士魂商才」の提唱に尽力し、このような理念を通して精神的追求と企業経営営利活動との間に存する論理的矛盾を解決しようと試みたのである。明らかに、張謇と渋沢栄一が行ったこのような思想的模索は、中日両国が資本主義生産方式を摂取する過程において同様の文化的障害や摩擦に直面したことを反映している。

しかし結果的に見て、同じ特徴を有する二つの思想的主張が社会に与えた影響には大きな差が生じた。明治期の日本において渋沢栄一の「経済道徳合一論」と「士魂商才論」は実業界に十分に流布し大きな影響を与え、その結果いわゆる「国事経営理念」が企業家が企業活動に従事する際の精神的支柱となり、工業化の発動と組織過程において大きな作用を果たし、日本式資本主義精神とみなされるまでになった。他方、近代中国において実業界の思想状況は非常に混乱しており複雑な様相を呈していた。「誠」、「信」といった儒教道徳倫理を経営理念とする企業家や商人は決して稀有な存在ではなかったが、一方張謇の主張する「非私而私也、非利而利也」すなわちまずは国家の利益を優先的に考えるという実業理念は、決して大多数の企業家の普遍的な行動規範にはなりえなかった。工商業界において愛国運動が頻繁に発生したが、企業家層の中でこのような愛国思想が超越した力を有する精神的支柱に転化することはなかった。

それでは、同じように西洋列強の圧迫に直面し、また儒教文化が支配的地位を占めていた中日両国の近代企業家の精神面にこのような明らかな差が生じたのはなぜであろうか。これは非常に複雑な問題であるが、比較の角度から考察すれば少なくとも以下の点について指摘できよう。

### (1)　伝統倫理道徳観念上の差異および国家意識形成条件の違い

明治維新の功臣である大隈重信は、日本人の愛国意識についてこのように語ったことがある。それを要約すると、開国前の日本は長期的な鎖国状態にあり、そして他国との外交の歴史が欠如していたため、四民の長としての武士には忠義の心があるのみで愛国意識はまだなく、西洋列強の武力侵犯を受け外圧に直面して始めて愛国意識が派生したということである[26]。

それでは中国の状況はどうであったのであろうか。中国の近代思想家梁啓超はこのように考えていた。つまり、アヘン戦争前の中国と開国前の日本の状況は基本的には同じであり、士農工商のいずれも例外なく国家観念というものを持ち合わせていなかった。その原因は封建的鎖国政策であり、また国家観念形成の誘因は直接的には西洋列強の侵入による民族的圧迫である。しかしここで注意を要するのは、上述した国家観念とは近代思想を基準に判断した概念であり、儒教倫理道徳観念の中の忠君意識によって浸透した国家観念とはその含意に明らかな違いがあることは確かであるが、しかし両者の間には切ることのできない「天然的」関係が存在するという点である。

日本の伝統的儒教倫理の中では、君と国の両者は同列に論じることができるのであった。また忠君と報国は理論上一致しており、忠君があってはじめて報国を論ずることができるというのは当然とみなされていた。伝統倫理方面にこのような無視できない要素が存したため、大隈重信は日本の開国後武士階級の国家観念が急速に形成された原因を分析した際、武士がもともと抱いていた忠義の心が彼らの国家観念形成に与えた影響について言及したのであろう。

当然、儒教倫理の忠君観念から近代国家観念への変容および近代国家観念の強化には条件が必要であった。明治の変革が採用した特殊な方式とその後の経済成長は、このような変化を満足させる条件であった。倫理観念から見ると、倒幕、廃藩置県など一連の政治変革によって、従来から武士階級の忠の直接的対象とみなされてきた将軍、大名などはその地位を失ったわけだが、立憲君主政治体制の確立と天皇の君権神授的地位の再肯定が武士たちに伝統倫理と符合した新たな忠の対象を与えた。政治経済制度の改革から見て、身分制度撤廃と武士の俸禄廃止は一部の武士たちに強烈な不満を引き起こしたが、その後武士を扶助し工商業に従事させようとする政策は彼らにとって新しい希望をもたらした。

一方で日本の国際的地位にも、経済力の急速な増強に伴う明確な変化が現れた。明治政府は政治変革がもたらした巨大な経済面での成功を後ろ盾に、欧米国家に対して、不平等条約の解消と国家主権の回復を不断に要求し、欧米諸国が日本に対し武力行使を通して新たな特権を再び得ることをできなくさせた。さらに、日本に対する既存の特権を保持していくことさえままならない状況の中で、日本に対し譲歩させ最終的に日本の要求を完全に受け入れさせるまでになった。つまり、明治維新後の内政外交の勝利は近代日本企業家を鼓舞する力となり、彼らの国家観念と民族の団結力は、それに伴い強化されたのである。このような背景のもと、渋沢栄一の経済道徳合一思想と私利公益一致論が広範に浸透するための社会的条件が形成されたのである。

以下、同様の視角を持ってアヘン戦争前後の中国の状況について見ていこう。中日両国の儒教倫理の比較に関する研究の中で、原生儒学としての中国伝統儒学と変異儒学としての日本儒学では、その価値指向の面において一定の差が存在すると一般的に考えられている。その中で最も注目に値する点は中国の儒学体系は「仁」と「孝」を核心部分としているのに対し、日本の儒学では「忠」を最高の価値としていることである。中国の「忠」は「仁」と「孝」を前提にしており、日本の「忠」はこのような理性主義的な要素を備えていない。それゆえ黄遵憲は、忠君は決して中国伝統文化の主旨ではないと考えた。彼は「漢代より、儒教は独尊の立場にあり、忠孝の教えを実行した。しかし孟子の君臣の論にはただ徳をもって恩に報いることを主張し、忠君を唱えなかった。孔子は忠君には礼、義、制があると言った(27)」と述べている。言うまでもなく、中国伝統儒学のこのような価値配列は忠君意識から近代国家観念への転換が、日本の儒学倫理の場合のように容易でなかったことを意味している。そのため中国の伝統儒教倫理がもつ近代国家観念形成のための先天的条件は、日本儒学倫理のように十分でなかったといえる。

次に、万民の尽忠の対象としての君主の権威性においても、中日両国には大きな違いがある。幕府時代においては将軍が国政を掌握していたが、天皇は国民の精神世界においては依然として至上の象徴であり天賦的な権威性を保持していた。中国においてはある学者が指摘するように「有徳為君」、「為政以徳」(孔子)、「以徳行仁者王」(孟子)というような主張が当然のこととみなされてきた(28)。つまり、中国における国家君主としての皇帝は、天皇のように神と人との間を介する偶像性・超越性を具備した存在ではなく、伝統儒学の倫理は決して無条件で君主のために献身することを主張したわけではなかった。

上述した内容から分かるように、中国近代企業化に国家観念が普遍的に欠乏していた原因は、文化歴史的方面からその深層要因を見出すことができるのである。しかしこのような先天的条件の不足は決して克服できないものではなく、内外の社会環境の改変と政治制度の変革によって、それは改革可能であった。しかし、遺憾なことに清朝封建専制の統治下の近代中国はまったくといっていいほどそれを実現できなかった。

まず内外の社会環境の変化についていえば、梁啓超が言うように西洋列強の武力侵略の刺激の下に元々国家観念を欠いていた士大夫と人民大衆は、強烈な反抗意識を抱くようになり、自強救国の思想的潮流がここに始まった。しかし、一身に封建専制統治を維持しようとする清朝はかえってその道に反し、自強や社会変革を考えなかった。逆にアヘン戦争後に起こった太平天国の乱を最大の心腹之患とみなし、西洋列強の力でそれを鎮圧し国人の愛国主義思潮に大きな打撃を与えた。第二次アヘン戦争後には清王朝内の李鴻章を中心とする官僚の一部分は「千古未有の変局」に直面し、「夷の長所に習い、それをもって夷を制する」という構想を打ち出して、洋務運動を展開したが、それ自体専制体制の維持を政治的出発点としていたため日本の明治新政府のように、十分に民族資本の発展要求に適応できる有効な工商業振興策を提起することはできなかった。このため、自強救国のスローガンのもと、三〇年以上をかけて行われた洋務運動もその収穫成果は微々たるもので、結局甲午(日清)戦争における大敗北を招くこととなった。

一方、アヘン戦争後から清王朝崩壊までの期間、中国の国際的地位は下がり続けた。亡国の危機はますます深まり、その状況は日本とはまったく正反対であった。一八四二年南京条約締結後、清朝は西洋列強と日本に不平等条約の締結を迫られ、次々と主権を喪失していった。清朝がこのように腐敗し無能であれば、その当然の結果として民衆および工商業者の国家観念と民族的団結力の低下を引き起こすのは必至であった。世人から見れば、万民の上に立つ朝廷や統治者さえも国家と民族の利益を一切顧みず自己の統治権力の維持のみに徹するのであれば、庶民百姓が商を営み工場を興すのも、当然個人の生存維持の必要のためということになるであろう。このような民族精神状態のもとでは、張謇のいう「商名儒行」や「非利而利」の経営観念が多数の企業家の呼応と共感を得ることは難しかった。

### (2)　官僚制度、企業体制と社会流行価値観念の違い

資本主義商品経済要素の先天的発展の不足は、近代中日両国において政府が工業化の発展に主導的任務を担うことを決定づけたが、このような上からの工業化の過程においては政府官僚が経済領域における主要な位置を担うことになる。そのため官僚層の素質は資本主義発展方式と企業経営方式が順調に発展できるかどうかを決定づける重要な要素であり、近代中日両国の企業家層の構成と思想状態に大きな影響を与えた。

日本では明治維新後、新政府は素質の高い官僚層を形成させることの重要性を認識していた。一八六九年一月太政官は「百官ヲ戒メ賄賂ヲ納レ私利ヲ営ムコト勿ラシム」[29]とした。その後、廃藩置県と身分制度廃止など一連の改革を通して封建官僚制度を撤廃し、能力主義を基礎にした官僚選抜任用制度を確立した。新政府が人材を選択する基準は非常に明確であり、一つは強烈な国家観念と抱負を抱いている者、もう一つは開明的な思想で西洋各国の事情に通じている者である。このような背景のもと、渋沢栄一を含めた見識と胆略に富み、また鋭気に満ちた若者が、近代日本政府の第一代官僚になっていったのである。そのうち大多数は皆武士階級の出身者であり、職に対し忠実であるだけでなく、自身の人格と名誉を重んじ業務の作法と規律を重視し、権をもって私を謀ると

いう官僚の腐敗的現象の撲滅に熱心であった。たとえば、井上馨は一八七四年四月に太政大臣に奉書して官僚の不正行為を強烈に批判している。彼は「各省の執政は厳正かつ紀律正しくなければならず、もし所属官員の不正行為を発見したならば、軽いものは批判し、重いものは衆前にて訓斥し、更に重いものに至っては給料の減額あるいは職務停止を命令し、このような厳粛なる風紀を以って刑律の及ばない所を補うべきである」と建議した[30]。これに続いて太政官は、一八七五年正式に通告を発布し、原則的には官吏およびその家族が商売をすることを禁止し、官吏とその家族には修築運輸開墾殖産などの事業を行っている企業の株主になることのみを許可した[31]。一八八二年政府は官僚に対する管理をさらに強化するため、太政官は『行政官吏服務紀律』を発布し、同時に『行政官吏服務紀律説明書』を公布して、官吏は服務を根本的宗旨となし、法律を遵守し、上司に服従し、また廉恥を知り、行動するときには慎重・潔白・公正・勤労を心掛ける等の事項を決定した。一八八五年、自由民権の思潮のもと、政府は西洋の政治制度を模範にして政府体制の改革を行い、太政官制を廃止し、内閣制を実行した。また旧官僚選抜任用制度の徹底的な改革を行って、国家試験を通して相応の資格を得た人のみが政府官員になる条件を持つことができるように規定し、文官任用試験制を実施した。

この制度の実行に伴い、政府の官僚層の構成は一変し、高学歴を持つ大学卒業生が政府官僚に就任するようになった。彼らは豊富な近代的専門技術知識と管理能力を身に付けており、視野も広く、思想も進歩性に富んでいたので、官僚層の素質も大きく向上した。上述したとおり、明治維新後、日本は官僚層に対する厳格な管理と官僚層の近代化という方面において一度も手を緩めたことはなかった。その結果、清廉潔白な官僚層を生み出し、国民や広範な工商業者の意識の中に威信と良好なイメージを確立させるとともに、公に尽くし法を守るという社会的風紀の形成、政府と企業間の相互協調関係の確立および工業化の順調な発展に重要な作用を果たした。これらは官僚体制の構築という努力によってもたらされた重要な成果である。

当然明治期の政府官僚がすべて大公無私な者であったとは限らないし、収賄汚職のようなスキャンダルがあったことは否定できない。しかし新政府は殖産興業を実行していく過程で、政府が直接企業経営活動に関与することで発生しかねない各種の弊害をいち早く認識し、工業化の組織方式を調整する一方、また一八八〇年代初めには大規模な企業体制改革を行い、多くの官営企業を廉価で民間企業に払い下げた。これらの措置は民間が資本主義経営活動に従事するように刺激し、企業経営の効率を向上させると同時に官僚の腐敗を引き起こす条件を制限したのである。

他方、近代中国の官僚制度と官僚の素質には、日本とは大きな差があった。周知のように、中国では官吏任用制度としての科挙制度は長い歴史があったが、明代から官吏任用制度に新たな変化が現れた。科挙制度を堅持すると同時に捐納制度を実施したのがそれである。いわゆる捐納制度とは、功名と身分に関わらず朝廷の規定に基づいて国家に一定量の銀両を献納して、官職あるいは虚銜（名目のみの官職）を授けられる制度である。これは本来恒常的に行われた制度ではなく、朝廷が土木工事など公共事業を立ち上げる際の財力不足を補う目的で臨時に行われるものだった。しかし清朝以後、朝廷の財政状況の継続的悪化を背景に、捐納制度は恒常的制度に漸次変わっていった。特にアヘン戦争の巨額な戦争賠償金によって清朝の財政状況は極端に悪化し、さらに洋務運動の勃興によって政府の支出が増大する中、捐納制度は最大限に利用された。

捐納制度を実行する本来的意義は財政不足の緩和にあるのだが、しかしそれが近代中国の社会にもたらした悪影響は想像を絶するものである。

その第一は、官僚層の素質を大きく低下させ、贈収賄による腐敗現象を官界に横行させたことである。当時の社会状況から見て、官職を得るために巨額の金銭の捐納を行える経済力を持っていたのは、大多数が商人と地主層の富豪であった。これらの人は勉学を重ね治国安邦平天下を志す科挙の儒生とは違い、儒学の修養に欠け、財のみを重視しひたすら利益のみを追求する。彼らが金銭を払って官職を買おうとするのは、もとより社会的地位向上に対する彼らの願望と関係があるが、もっと主要な原因は、官僚が莫大な権利を有する社会において官職は彼らがさらに金銭を獲得するための資本であり道具であったからである。そのため彼らはいったん官職を得れば、何も憚ることなく手中の権利を利用して、私利を謀り、あるいは親戚友人を隠れみのにして巧妙に利を騙し取ったり奪ったりしたのである。

第二は、伝統的な重義軽利の道徳倫理観念に衝撃を与え、金銭のみを崇拝する社会的風紀の形成、氾濫を招いたことである。実際、張謇の科挙人生に現れているように、仕官と昇進の点から見れば、捐納は正当なる科挙の道を通して官職を得るよりもはるかに容易である。そのため、捐納制度の恒常化に伴い、社会倫理道徳の風紀は低下する一方であった。儒生にとってすでに科挙の道は、以前のように神聖かつ人生向上の運命を決定する力を持つものではあり得なくなったのである。しかし世人から見れば、金銭と社会的地位の間の越えることのできない制度的障害が打破されたのであった。そのゆえ金銭があれば官職と社会的地位があるも同様であり、学識崇拝は金銭崇拝に及ばず重義は逐利に及ばず、そのため金銭追求の強烈な欲望が自然と生まれたのであった。

第三は、官商不分、すなわち官でありながら商を行う（亦官亦商）社会集団の出現である。捐納制度の実施に伴い、金銭で官職を買うことが一般的な社会現象になり、限られた官職数とその職を待つ非常に多数の候補者との間の矛盾が突出した問題になった。このような状況下で、洋務運動中に興った官督商弁、官商合弁の企業が、官職につけない捐官候補者を配置するための主要な場所になったのである。本来官督商弁企業はその体制上、官と商の間の境界線が不明瞭であるという弊害を有しており、多数の捐官候補の参入は官商不分、亦官亦商、一身二職という現象を極度に一般的なものにした。たとえば官督商弁企業の中国電信局は一八八四年に設立され一八九一年まで経営が続いたが、一九八名の分局委員がいて、そのうち知府の候選候補者は四三名、道の候補は五名、知県の候選候補は九二名、教諭以下の候補者は二一名、塩大使等の候選候補が二二名であり、その他主事、挙人、貢生、監生の候補が一五名であった。その八割以上の者は、捐納を通じてその地位を獲得したのである。(32)

このように半官半商の一身二職式の人物は、買弁商人出身で近代企業経営の知識と才能を有する者以外は、多くが無学であり洋務にまったく精通していない人たちであった。そして彼らは洋務の活動を汚職と金儲けの利藪とみなし、派手好みであり豪華を装い、節度なく浪費を行い、親族などからなる腹心の部下を配置し、名ばかりの官職で給料を得ていた。彼らの存在により洋務企業の経営は近代化しなかっただけでなく、政府の民間における威信と信用を大きく失墜させた。

以上の方面から見ても分かるように、近代中国の社会的風紀の崩壊と棄義取利的な思潮の形成は、官僚制度の中にその根源を見出すことができる。封建的特権が何ら社会的制約を受けない状況下で、もし官と商との境界線を失えば、それは金銭獲得に手段を選ばない人たちの方便になった。彼らはほしいままに振る舞い、不義な財を蓄えることのみに専念したから、中国の近代企業家が日本の近代企業家のような一身為国なる思想を持つことは難しかったといえる。彼らの前に横たわる現実と張謇の提唱する儒商精神の間には極端な差があり、彼らの目に映ったのは権力を笠に国家の財産を私物化しようとする政府官僚あるいは半官半商式人物が人民を搾取し、それを私有財産経営のための主要な手段にするという現実だけであった。彼らにとって儒教の倫理道徳観念は封建政治と精神的統治の維持という実際的必要以外には、ほとんど余計なものになっていたようである。彼らは口先では孔孟の道を離れないことを主張しながらも、実際の企業活動においてはそれをもって自己の行動を規定するということはしなかったのである。そのため、客観的に見て、捐納制度の下に出現した官商融合現象が伝統社会の階級構造を崩壊させるのに果たした積極的作用をすべて否定することはできないであろうが、このような環境の下では多数の企業家が民族の伝統文化を体現した言商向儒という経営理念をもって、金銭万能と個人的功利主義の誘惑を防ぎ、企業活動の健全化を図ることは極めて困難であり不可能であったともいえるのである。

### (3)　近代企業家層の構成と社会文化の普及水準の面における差異

一つの実業思想がどの程度企業家の共通認識と社会の各方面における理解を得られるかは、一つの国家の企業家層の構成と社会全体における教育普及の程度と密接に関連してくるであろう。この視点からも近代中日両国には明らかな差が存在する。

渋沢栄一の経済道徳合一説と士魂商才論は、武士が近代企業家に変貌していく状況に適応して形成された実業思想であった。それは当然企業家と企業家を目指す人々によって熱烈に歓迎され、彼らが工商活動に従事する際に直面する思想的障害を克服し、自我を確立するための精神的武器となった。

しかし渋沢の実業思想の影響範囲が、武士出身の企業家にのみ限られていたとはいえないだろう。実際日本の社会学者が指摘するように、武士階層は軍事化された集団であり、厳格な訓練と管理を受ける中で、その組織性と規律性が養われてきた。彼らは忠誠、武勇、名誉、礼儀、清廉、質素、勤勉を自己の行動原則としていたので、社会において良好なイメージを確立し、一般平民が精神、行動面で学ぶべき模範とみなされてきた。そのため江戸時代に至り、いわゆる武士道精神はすでに世俗面において一般化され、無意識のうちに日本特有の民族精神に変容していった。この点は渋沢の実業思想が社会において広範囲にわたって受け入れられた一つの重要な条件である。

教育普及レベルの視点から見ると、明治維新後の近代化の需要にこたえるため、政府は教育の普及を極めて重視し、新式学校教育を大々的に推進し、国民の文化水準はそれによって短期間のうちに急速に向上した。一九世紀末には適齢人口の中における初等教育の普及率は八一・四八％であり、準中等教育（実業の補修学校、専門技術学校）の普及率は五・四％、中等教育（中学、高等女子学校、実業学校を含む）は二・九％、高等教育は〇・五％であった[33]。特に注意すべき点はその教育内容のうち、智力教育の面における主流は西洋近代科学知識であったが、道徳教育の面では途中一定の模索期間をおいて、最終的には儒教倫理観念と民族意識の育成の方針を堅持したことであった。そしてこれが渋沢栄一の儒商思想の普及に有利な社会的条件を提供したのである。

日本と比較して、近代中国企業家の構成および社会全体における教育普及率が儒商思想の社会に与えた条件は不十分なものであった。企業家の構成から見てみると、洋務運動開始後、まず最初に近代企業の勃興に身を投じた企業家は大部分が官僚型企業家と買弁型企業家である。官僚型企業家の思想状況については、捐納制度に生まれた官商融合現象に対する前述した考察を通して、ある程度把握できたと思われるが、買弁型企業家の思想状況は官僚型企業家のそれとはまた相違があった。周知のように買弁型企業家の資本は、最初は買弁商人自体の活動を通じて蓄積されてきたものである。つまり彼らは西洋商人の薫陶と育成のもとで成長してきたのであり、彼らの企業活動は始めから西洋列強の植民地統治と経済侵略を前提条件にしていた。このような経済上の依存関係と従属的地位は、彼らの思想観念に多面性と矛盾性とをもたらした。一方、彼らも被圧迫民族の一員として愛国救国の意識を持ち合わせているため、自身の経済力の増強に伴い西洋商人の支配から脱し民族の工商業を発展させようとする願望が当然生まれる。一方、彼らは洋商を師とし多くを学び西洋の社会価値観念と実業思想の影響を深く受け功利主義的意識に満ちていた。彼らにとって私利追求は、人の欲する所であり、経済上の合理性は企業活動の出発点であった。このような状況にあって、彼らの中の大多数の者にとって、摂取がより容易であったのは「非利而利」のような経営哲学ではなく、近代西洋経済倫理観念に満ちた主張のほうであろう。

教育の普及水準の角度から見ると、紳士を近代中国の文化階層とみなすのであれば、〇・三八％という紳士の中国人口中に占める比重は、武士の日本人口の中に占める比重の六％よりはるかに低いのである。中国のこのような極度に低い教育、文化水準は大多数の国民の儒教思想と倫理道徳観念に対する理解を非常に狭め、また限られたものにしたのである。この点について中国近代の思想家である梁啓超は以下のように述べている。

中国孔子教は数千年の歴史をもち、その教えを受けた者は、四億人に達すると号し、決して少なくない。しかしながら婦女は書を読まないので、よってその半数は去り、農工商兵は学を知らないのでその十のうちの八割、九割は去る。そうすればそのあまりの一、二割のものが四書五経の研究に従事するのであるが、彼らがその心を用いるところはすなわち試験の題目のためのみであり、また芸（例えば八股文の厳格な文体格式規定等）を制する者のみを人材として登用し、彼らが経において真に得るものは何もなく、教えにおいて得るものもない。……ゆえに教育を受けた者が四億人いると号しても、本当に能力のあるものは一体何人いるのか、私が敢えて言うまでもない。[34]

梁啓超は儒家文化思想は二千年以上の歴史を持ってはいるが、その社会文化の普及程度の低さが、その社会的根底の脆弱性を決定づけたことを早くから認識していたようである。このことも張謇の儒商思想の普及を制約した社会的要素であったと言わざるをえないであろう。

注

(1) 山本勇夫編『渋沢栄一全集』第一巻、平凡社、一九三〇年、五〇七～五〇八頁。
(2) 同前、五〇八頁。
(3) 王家驊『儒家思想與日本現代化』浙江人民出版社、一九九五年、一六五頁。
(4) 渋沢栄一述・梶山彬編『論語と算盤』国書刊行会、一九八五年、八六頁。
(5) 前掲『渋沢栄一全集』第二巻、五八三頁。
(6) 前掲『論語と算盤』一八六頁。
(7) 前掲『渋沢栄一全集』第一巻、五〇九頁。
(8) 渋沢栄一『経済與道徳』渋沢翁頌徳会、一九三八年、一頁。
(9) 同前、三六頁。
(10) 前掲『論語と算盤』三～四頁。
(11) 『渋沢伝記資料』別巻六、六八～六九頁。
(12) 前掲『論語と算盤』三～四頁。
(13) 「代鄂督条陳立国自強疏」、『張謇全集』一巻、三七～三八頁。
(14) 「実業政見宣言書」、『張謇全集』一巻、二七四頁。

(15) 同前。
(16) 「辛亥五月十七日召見拟対」、『張謇全集』一巻、一六四頁。
(17) 「宣布就部任時之政策」、『張謇全集』一巻、二七六頁。
(18) 「実業政見宣言書」、『張謇全集』二巻、二七四頁。
(19) 「宣布就部任時之政策」、『張謇全集』一巻、二七四頁。
(20) 張孝若『南通張季直先生傳記』上海・上海書店、一九九一年影印版、四一九頁。
(21) 「大生紗廠股東会宣言書」、『張謇全集』三巻、一一四頁。
(22) 「北京商業学校演説」、『張謇全集』四巻、一一二頁。
(23) 「商校本科卒業講演」、『張謇全集』四巻、一五一頁。
(24) 「大生紗廠股東会宣言書」、『張謇全集』三巻、一一五頁。
(25) 「為紗廠致南洋督部劉坤一函」、『張謇全集』三巻、八頁。
(26) 高橋亀吉『日本近代経済形成史』第二巻、東洋経済新報社、一九七四年、一六頁。
(27) 黄遵憲『致飲冰室主人手札』、盛帮和「文化類型、特質与社会発展――中日文化比較初探」、『社会科学』一九八八年第四期。
(28) 濬才彬『天皇と中国的皇帝』六興出版社、一九九〇年、一〇八頁。
(29) 日本公務員制度史研究会編著『官吏、公務員制度の変遷』第一法規出版株式会社、一九八九年、二八頁。
(30) 坂田吉雄「明治の官僚」、『人文学報』(京都大学人文科学研究所) 一九六七年、xxiv 頁。
(31) 前掲『官吏、公務員制度の変遷』二八頁。
(32) 謝俊美『晩清売官爵新探』華東師範大学学報哲学社会科学版、二〇〇一年第五期。
(33) 間宏責任編集『日本の企業と社会』日本経済新聞社、一九七六年、七二頁。
(34) 梁啓超『変法通議　論学校』、『強学報　時務報（一）』中華書局、三四一頁。

## 第4章　近代日中両国の企業家と官・商関係
### ——張謇・経元善・周学熙・渋沢栄一たち

中井　英基

### 一　序言

中国の経元善《けいげんぜん》（Jing Yuanshan 一八四一～一九〇三年）・張謇《ちようけん》（Zhang Jian 一八五三～一九二六年）・周学熙《しゆうがくき》（Zhou Xuexi 一八六六～一九四七年）という人たちは、太平天国前後に生まれ、清仏戦争（一八八四～八五年）ないし日清戦争（一八九四～九五年）頃に活動を始めた著名な企業家たちである。彼らは企業経営だけでなく、同時に教育や社会福祉活動を展開したことでも共通している。また我が国の渋沢栄一（一八四〇～一九三一年）は、周知のように明治・大正・昭和初期に多方面にわたって活躍し、「日本資本主義の父」ともいわれた指導的な企業家である。渋沢は五〇〇社にのぼる会社を設立・経営し、また「論語」を普及して「道徳経済合一説」を唱えつつ、会社以上に多い数の社会・公共事業に携わったことでも知られている。

欧米先発諸国にはるかに遅れて工業化を開始した日中両国の企業家たちは、ほぼ同時代にそれぞれの企業者活動を展開した。この小稿[1]は、主に近代中国の「官・商関係」の視点に立って、彼らの活動内容を比較検討しながら、後発国[2]の工業化において企業家の果たした役割と機能、特徴や限界を考察する初歩的な研究である。したがって必ずしも経済倫理や公益事業のような限られた課題を中心に据える研究ではない。その理由は、個々の企業者活動の具体的な内実を規定する近代日中両国の「経営風土」（business climate）が判明しなければ、両国の企業者活動の特徴と工業化の様相がわからないだけでなく、当該企業家と経済倫理・公益事業の関連性も理解できないと考えるからである。

ここにいう官・商関係とは、政府内で経済政策の企画・実施・調整に携わる官僚と民間の「商人」[3]の関係である。換言すれば、それは政府と経済（ビジネス）との関係であり、国家と社会の関係という大きな図式の中の一部ともみなすことができよう。我が国では「政府と民間」、あるいは「政府と企業」という図式でいわれることが多い。それをここでの論点として据えるのは、それが両国の「経営風土」を根底から規定する要因の一つとして重視するからである。近現代の中国における個々の企業者活動を考察しようとすれば、常に当該時期の政治情勢、あるいはまた政府や政党の経済政策との関連性、そしてなによりも関与する個々の官僚の行動様式[4]を強く意識しつつ、究明しなければならない。政府・党の官僚の権威主義や甚だしい官尊民卑の傾向は、中国の場合、清末の専制王朝の時代は無論のこと、辛亥革命後の民国期の問題だけでなく、社会主義の現代中国にまで一貫して存続していると考えられる。また程度の差があるが、明治・大正、そして昭和の日本も似た状況にあったと推測される。近代日本の官尊民卑の傾向について、最近言及されることがほとんどないが、決して軽視できる問題ではないはずである。森川英正は、後述するように渋沢の役割の背景として、「後進国日本における政府の絶大な保護者的役割」と共に「官尊民卑の時代的風潮」を強調している[5]。この小稿があえて官・商関係を軸に日中企業家比較論を試みる所以である。

## 二　近代中国の官・商関係

この小論で検討する官・商関係[6]とは、政府・政党の官僚と民間の商人・企業家との関係の意味である。政府とは中央と地方の両者を、また政党とは国民党や共産党を含む意味で使用する。

この官・商関係は、もとより中国だけに限られたものではない。それは異なった形姿をとりながら、どの民族、どの国家にも共通して見られたものであろう。そしてまたその官・商関係が短期間で形成されたものではなく、何世紀にもわたる長い過程の中において歴史的、社会的にいわば「見えない制度」として形成されてきたものであり、したがって容易には消滅しがたい傾向のものであることもいうまでもないだろう。

世界において最も悠久の歴史と伝統をもつ中国において、官僚とは膨大な儒教古典の学習を重ね、何段階も連なる難解な科挙試験を経てようやく官職につき、王朝支配者に代わって国家権力を一身に体現する家産官僚であった。それに対して、商人とはそのような科挙や古典の教養にかかわる資格や特権、さらに国家を支える儒教イデオロギーとは無関係に（現実には官僚になれない紳士が商業に従事する事例が明末・清末に増えた）、民間の様々なビジネスに従事した商人である。いわゆる理念としての「士農工商」とは、国家を統治する士大夫（古典教養を独占する知識人としての文人官僚であり、決して日本のような武道を宗とする武士ではない）、国の富を生み出す直接生産者たる農民、その農業を補完する手工業者、そして最も生産に遠く、農民の生み出す富を官僚と奪い合う競争相手としての商人、という社会の上下間の厳しい序列（もちろん治者としての士大夫側からの）を表したものであることはよく知られていよう。したがって、中国の歴史を論ずる時、また政治や経済に言及する場合には、これまで多くの人が程度の差こそあれ、このような官・商関係に言及しているのである。

ここに紹介するアメリカのW・ロウ（William Rowe）の「政府と商業」と題する論文[7]はその一例である。ロウはかつてスタンフォード大学出版局から、長江中流域の大都市・漢口についての二部作[8]を発表したことで知られている。ロウはその論文において、清末期における商業政策についての研究史を整理し、国家と商業、官僚と商人とのそれぞれの間の関連が非常に複雑であり、政府の政策はしばしば相矛盾することすらあったが、おおまかにいって次の四つの一般的研究法《アプローチ》が見られると指摘している。すなわち(1)商業の抑圧、(2)商業の無視、(3)商人との結託、(4)商業への刺激、などである[9]。以下、若干の補足説明を試みよう。

まず⑴商業の抑圧とは、最近まで西洋人研究者に支配的であった見解であるという。その源流はおそらく一九世紀当時中国貿易に従事した西洋人商人の中国官憲に対する欲求不満にあり、ついでマックス・ウェーバーやその同時代人の伝統主義的な中国社会観によって補強された。彼らの意見では、中国の支配的官僚は商業資本の成長を制限し、利益のある重要な事業は官営とした。この見解は最近まで中国大陸の研究者によっても支持された。というのは、明末のいわゆる商業化現象は、官僚支配が腐敗した時期のみ可能であった例外現象であり、満州族によって復活した強力な政府は、封建制度を再建し官僚・地主層の復活を許容し、芽生えはじめた商業資本家勢力を押さえ込んだからだという。次に⑵商業無視説は、中国海関の高官であったモース（H. B. Morse）によって創始されたという。彼によれば、清朝帝国政府は単に徴税と治安維持の代理人にすぎず、取引行為におけるいかなる干渉をも差し控えていたという。その冷淡な政策の下に、政府は消費者と小商人を政府の支配下にある利己的な少数の大商人とギルド組織に委ねていた。このような見解を補佐するのが日本の今堀誠二であり、彼によれば、地域共同体を通して大資本家によって支配されていた中国の「封建」的な商業制度が、国家によって採用された自由放任政策の直接的な結果であるという。

以上の商業抑圧説と商業無視説は相互に排他的ではなく、むしろ清朝の行政においてしばしば並行して適用された。例えば、大清律例に記載の商業政策では、一方では積極的に商取引の独占的支配システムを設定しておきながら、民間事業へ様々な官僚的制約を課したり、集団的責任を問う威圧的な制度を敷き、他方で消極的に所有権・契約関係・法人活動の定義などの十分な法的規定・保護をしていなかったのである。

上記の二つの研究法と同様に、⑶商人との結託説も清朝行政には厳しく批判的である。強欲な清朝政府は商人勢力と協力しつつ、同時に利用・搾取もしたが、その理由は単に行政上の便宜さと収賄しやすい官僚個人の体質であるというこの見解は、主として多くの日本人研究者によって提起された。とくに内藤湖南とその学派の波多野善大・佐伯富の研究によるという。波多野善大は、清末期の絶対主義権力が官僚に財政的拡大のための大きな機会を許しつつ、官僚が特権を与えた者以外の者が資本を蓄積することを禁じた。また同時に官僚自身は貨幣経済と商業化の成長を己の目的のために促進したという。塩政を研究した佐伯富も、清朝がそれ以前の王朝よりも、地域間取引の大商人を利用して国政と地方の二つのレベルでの行政的支配のメカニズムを担当させたという。また佐伯の最近の研究では、専制君主と都市商人との相互利益と相互協力を行った絶対主義のヨーロッパと同様に、都市居住の大商人が満州体制を支持し、その見返りに市場搾取の自由な権利を取得していたともいう。

最後の(4)商業刺激説は、一九五〇年代の中国・日本の研究に基礎をおいているが、最近では東西両洋に流布しているという。この見解によれば、後期帝政期の行政では商業活動の積極的な保護育成が行われたが、それは政府の収入増大の必要と高水準の取引が、繁栄し効率的な経済に必要不可欠であるという家族主義的（paternalistic）な信念に基づいていた。例えば明末の開中法を解明した藤井宏、一六、七世紀の商業拡張と貨幣経済化・地方経済活性化の政府政策を結び付ける鄧拓の研究、最近の中国での彭澤益、魏慶遠による清朝中期の経済繁栄を初期満州支配者の賢明な法的改革に帰着させる研究などがそれである。それら諸研究と多くのアメリカの研究に共通していることは、経済活性化の第一の手段として多用された経済支配の意識的な自由化の指摘である。アメリカ側の代表的研究者であるマイヤーズ（R. Myers）は、後期帝政期の商業経済の量的成長の大部分を、長期にわたる政府の公共部門から民間部門への商業機能の移管政策によるものとみなした。

さて、ロウによれば、従来の諸研究は大略上記の四つの研究法に整理されるという。その上でロウ自身は、一九世紀の漢口を事例として次のように述べている。まず政府の歳入は年々商業への税に依存していったこと[10]、次に漢口における商業税には、①関税収入や釐金による商品流通税、②政府公認の特許商人（牙行）を経由する卸売取引への課税、③様々な非公式で間接的な徴税経路（貨幣改鋳・商人への追徴など）など三つの形態があったことを紹介している。そして最後に結論として、一方において中国国家による商業税への依存の増大、商業取引を保護しそれからの租税収入を期待する省政府の政策調整と政策実施機構の出現、商人・官僚の個人的利害の一致などが認められるが、他方においては、⑴後期帝政の行政も漢口商界も決して統一された一枚岩であったわけではなく、むしろ各々が複数のレベルで競合し省政府の政策が中央政府・県政府の犠牲を伴ったり、商人間の利害がますます分化・階層化し、省政府がそのすべてを同時に充足できなくなったこと、⑵商人と行政官の目標は一致していても、その優先順位が異なり、商人は利益第一で社会の安定なぞは二の次であったが、国家は社会の調和と秩序のみならず租税の最大化をも求めたこと、換言すれば政府は商業を刺激するためにその統制を緩和したが、同時に社会安定を維持するためにもっと家族主義的な経済政策を遂行する必要があったが、その家族主義的政策は誰もが歓迎したわけではなかったこと、⑶政府は確かに商業活動を奨励したが、それに対する課税は諸刃の剣であり、増大する一方の税負担は外国の影響力を増大させると共に商人と国家の関係を緊張させ、商人側が不平不満を顕在化させることは滅多になかったものの、王朝最後の段階でついに全商界の忠誠心に作用したこと、これら三点を指摘して、清末期では「絶対主義的」な帝国政府と商業資本との結託よりは、むしろ対立の側面が顕著であったとしている。

ほぼ以上がロウの見解である。彼の研究は後期帝政期の政治と商業の関係を全面的に取り上げているが、その中で日本人研究者の業績をかなり広く渉猟して紹介するなど従来の欧米研究者のそれと比較すると、きわめて個性的であるといえよう。ともあれ、研究史上における個々の研究者の研究内容がロウの要約と指摘どおりであるかについてここでは検討する余裕がない。ただ次の三点のみを指摘しておきたい。一つは比較の座標軸の問題である。国家レベル（中央政府）の商業に対する政策と、省レベル（地方政府）のそれとでは必ずしも一致するとは限らないが、ロウはそれを一体としてみなして、国家レベルの政策を検討した従来の四つの研究法と、省レベルの漢口の事例を直接的に比較している点が疑問である。もっともロウ自身は最後の結論の部分で、政府の経済政策は決して統一されたものではないと触れているが、比較の座標軸を設定する仕方としては必ずしも適切とは考えられない。おのずから別個に検討した上で総合すべきであろう。中央政府の官僚と地方政府の官僚とは、同じ経済政策に従事する者としてピラミッド型の命令指揮系統に属し同一方向の指向を持つとはいえ、錯綜した権力と利害のネットワークの中で常に一体とは限らない。政策の実施にタイムラグや一部変更を生じる場合もあるだろうし、また対立して中央の政策が地方で骨抜きや換骨奪胎される場合も少なくない。現在の中国においても、「中央に政策があれば、地方には対策あり」とさえいわれるほどである。

その二は後期帝政期における一般的な商業政策ないし経済政策と、清末期の洋務運動（初期工業化政策[11]）とを同一視できない点である。西洋から移植された近代産業は、伝統的な産業の延長線上にあるものではなく、それを打破していく指向をもっているから、むしろ既存の保守的な商人層とは対立する側面が大であったと受け止めるべきであろう。清末期の初期工業化は伝統的な指向の官・商両者との戦いでもあった（輸入機械製品の販売業者と農村手工業者、およびそれぞれを管轄・保護していた官僚同士の対立など）。たとえ清朝末期に商業が保護されていたとしても、そのような既存の商業保護政策と、工業化に直結する近代商工業の育成政策とが整合するとは限らないのである。また経済全般の発展のためには各地域でバラバラな度量衡と貨幣の統一からはじまり、運輸交通・通信網の整備、さらに金融・通貨制度の確立などに至るインフラストラクチャーの整備が必要であるが、中国政府の側でそのような努力が払われたことはほとんどなかった。無関心・無反応が歴代の王朝と官僚の特徴である[12]。

最後の三点目はロウの結論の内容である。彼は政府と商人との結託説を否定し、対立説を打ち出しているが、これはどちらか一方を選択するという二者択一の問題であろうか。むしろ現実の官・商関係としては、官・商の結託と対立の両面が同時に存在し、両者の利害状況と相対的な力関係に応じて時々刻々と変化し、ある局面ではどちらかの側面がより顕在化するだけではなかったか。例えば、中国歴代王朝の家産国家においては、商人のいかなる経済活動も、また努力の結果として手に入れた成功の報酬も、制度的な保護と保証を与えられていなかった。近代的な意味における私有財産制度なるものがそこではまったくなかった。いや、過去だけでなく現在もない。いつ、どこで商人の行為に対して官僚の介入や圧迫が加えられるのか、また正規の課税以外の税をどれだけ負担させられるか、まったく予測もできなかった。商人の活動とその成果は、すべて官僚の恩恵と裁量の下にあった。したがって官僚との個人的な縁故関係が、その活動規模と取得する富の大小を決定していた。権力と癒着したいわゆる「政商」がいつの世にも再生産され跋扈する基盤がここにある。とりたてて官との関係をもたない普通の商人にとっては、社会が安定し経済活動が活発で自己の利益が極大化した時には、既存の官・商関係にあえて異論をとなえ、波風をたてる必要がなかっただろう。逆に不景気や恐慌など商人の利益が大きく損なわれた時や、負担能力以上の課税があった時、さらにまた政治上何らかの激動や支配体制の動揺がある時には、官・商間に利害の決定的な対立が表面化せざるを得なかった場合もあろう。したがって官・商関係の底辺では、つねに協調と対立の矛盾が潜んでいたと考えるべきではないだろうか。

筆者は、清末期における官・商間にはこのような協調・対立という相矛盾する両面をもつ、三つの重層する複雑な緊張関係があったと考えている。すなわち、官（政府）全般と商（民間）全般との間、その二は経済政策の立案・実施をめぐり、かつまた徴収した税の配分をめぐる官の内部における中央政府レベルと地方政府レベルの間（およびそれぞれの背後で関与・応援する商人群）、三つ目は民間における純粋の商人と私人として私的利益を追求する官（地元における郷紳・紳士層）の間である。第一の点は従来から指摘されているが、第二の中央政府と地方政府の対立は、直接的な官・商関係ではないために見落とされやすい。中央に強い権限を集中する開発方式と、地方政府に相当程度の自主的な裁量権を与える開発方式とでは、経済活動への影響は相当に異なってくるはずである。両者は同じく官主導の開発でありながら、概して後者が前者に比較して経済に刺激的であることはいうまでもない。地方政府の方が地元商界と利害を共通にしそれだけ関係が密だからである。近現代中国においてはとくにその傾向が強かった。地方分権の時期にこそ、旺盛な企業者活動の発露を見たのである。清末の洋務運動がその好例であろう。洋務運動失敗の原因は、前述のように中央政府の冷淡かつ保守的な姿勢にあったのではないか。ただし、中国では状況が複雑である。先述の第三の問題点が関連するからである。すなわち、中央政府の統制が緩むと、公的な経済活動と私的なそれとが混在して展開された。あるいは表面上公的な企業経営が、実質的には官僚の私的な財産形成であったりした。官僚によるいわゆる「営私舞弊」（私腹を肥やすために不正行為を働く）の横行がそれである。それは二〇〇〇年にわたって官僚が裁量行政を一手に引受け、かつまた租税徴収をも「請け負」ってきた家産国家の宿命であろうか。従来、清末期の盛宣懐から国民党の「四大家族」にいたるまで「官僚資本」の系譜が、この第三の問題点の象徴のように指摘されているが、国民党でその系譜が終わったわけではない。社会主義体制の下でも、「官倒」（役人ブローカー、官の不正商取引）、「下海」（公務員のビジネス従事）などの用語が広まるほどに、同様の現象が繰り返されていた。中国固有の政治文化が、官僚の特権化と腐敗を許容し、清末期と同じ官・商関係を、国民党、そして後には共産党の支配下においても絶えず再生産させていたと考えられる。このような官・商関係を念頭に置きながら、次に近代中国の企業家同士、また日中両国の企業家の比較を試みたい。

## 三　日中企業家の比較試論

本章で取り上げる張謇・経元善・周学熙・渋沢栄一たちは、巨視的に見て、東アジア固有の伝統文化（儒教）を再評価・再解釈し、それを精神的バネとして（中体西用と和魂洋才の変種・論語算盤）、近代産業を移植・育成して工業化の実現に努め、また経済以外の教育・社会・文化・政治など社会・福祉事業をも含めて幅広い活躍を展開した点で共通している。しかし、同時に多くの点で決定的に異なっていたことも認めねばならない。まず張謇について、筆者はこれまで彼を軸として、近代中国の多くの企業家の事績を比較検討してきた。[13] 例えば、買弁企業家の徐潤《じよじゆん》（一八三八～一九一一年）・唐廷枢《とうていすう》（一八三二～九二年）、官僚企業家であった盛宣懐《せいせんかい》（一八四四～一九一六年)・張之洞《ちょうしどう》(一八三七〜一九〇九年)、商人企業家の先駆となった上海電報局の経元善、民国期最大の企業集団、茂新・福新・申新をつくった栄宗敬《えいそうけい》(一八七三〜一九三八年)・栄徳生《えいとくせい》(一八七五〜一九五二年)兄弟などである。しかし、中国企業家の中でも張謇は彼らと多くの点でタイプが異なっていた。その理由は、彼が中国近代企業者史の上で果たした役割の特異性にある。彼は買弁商人でなければ、また官僚企業家でも商人企業家でもなく、すぐれて「紳商企業家[14]」であった点に独自性と歴史的な意義が存在した。

卑見によれば、中国近代工業化は、盛宣懐のような官僚企業家では発展せず、また張謇のような紳商企業家でも不十分であり、結局、経元善や栄家兄弟のような近代的な商人企業家が輩出し活躍して初めて本格的に発展することができた。ただし、清末の洋務運動の段階では近代的商人企業家の力量が未熟・弱体であり、その活動がきわめて制約されていたので、「紳商企業家」ができるだけ早く「設廠自救」ないし「実業救国」という「商」の指導理念を先んじて明示し、「官商之郵」(官民の連絡・調整)の役割を務め、「官」の圧迫から「商」の利益を保護しながら、同時に「商」を組織化し、彼らのために近代企業経営のための突破口を開く必要があった。換言すれば、「紳商企業家」の役割は、日清戦争後に官商の間に分散・分裂したままのモノ(設備・原料)・ヒト(人材)・カネ(資金)・情報・技術などの「経営資源」を有効に組織・統合化し、商人企業家のお手本を示し、彼らの活躍に適合的な舞台(経営風土)を設定することであったのである。

この経緯を簡単に確認しておこう。一八六〇年代初めに開始された洋務運動では、多くの洋務企業が「官弁」(官営)で設立経営されたが、政府資金が次第に枯渇し、また経営人材も補強する必要がでて、その経営形態は「官督商弁」に変更され、「官董《かんとう》」(官僚理事)の下に民間から多くの「商董」(商人理事)が抜擢された。そこで登場したのが買弁・商人企業家であった。しかし、一八八三年の上海金融恐慌を転機として、それまで活躍した買弁・商人企業家が損失や自己破産・公金流用の発覚で失脚して後退し(胡光墉《ここうよう》・唐廷枢・徐潤等)、代わって盛宣懐・聶緝槼《じょうしゅうき》のような官僚企業家が抬頭した。それにつれて「官董」の権限・支配力がより強くなって「商董」が腕を振るえる余地が少なくなり、衙門《がもん》固有の非効率な管理・支配の弊害も重なり、企業経営は腐敗し赤字を山積させたし、また官僚による企業の私物化も進んだ。日本の初期工業化における官営工場とその払い下げでもほぼ同様の経験を経ているが、工業化を一層進展させるためには、広く民間の知恵と活力を活用した「商弁」（私営）企業に転換しなければならなかった。しかし、中国の洋務運動では、官僚の利害がからみ、またその権限があまりに強大、他方で商人があまりに非力であって、「官督商弁」経営から「商弁」経営に転換させることが困難を究めたのである。

　そのような状況下で、商弁経営を目指して近代経営を推進しようとした先覚者に少なくとも次の人々が存在した。鄭観応《ていかんおう》、経元善、そして張謇の三人である。初めの鄭観応（一八四二～一九二二年）[15]は李鴻章・盛宣懐の部下として早くから洋務企業の経営に参画した買弁企業家であり、国家の勢強の本は商業にあり、中国の富強と自立のためには外国との「商戦」が必要であると主張した改革思想家でもあったが、しかし、彼の功績は主として言論（『易言』『盛世危言』などの著書）に尽き、企業経営では官僚追随による失敗が多く、また公金流用もあった。否、それどころか、彼は親友の経元善を裏切りその逮捕に際して官憲に協力する有り様であった。他方、経元善は言論（『居易初集』）だけでなく、行動でもその姿勢をはっきり明示した。

　当初上海で父のあとを継いで銭荘（旧式金融業）を営んでいた経元善[16]は、光緒の初め（一八七〇年代末）江南の紳・商をまとめて華北の災害援助を組織したことがあった。それで彼は有力官僚に注目され、洋務運動に誘われて種々の企業に関与した後、盛宣懐の下で上海電報局の経営に専念、ついに二〇年も従事してトップ（総弁）まで上り詰めたが、その間商人経営者の権利を保護したり、衙門風の経営を排して商人の合理的な経営を導入しようと懸命な努力をし、次第に官僚企業家に対する批判を強めて変法運動に接近していった。彼こそは中国最初の近代的な企業家であるといっても過言ではない。企業経営以外では、康有為の強学会に参加したり、自ら女子学堂を設立するなど改革運動を実施していた。しかし一八九九年、光緒帝を廃位させようとする西太后のいわゆる

「己亥《つちのとい》建儲」の陰謀の余波に巻き込まれた。すなわち、西太后が端郡王載漪の子を同治帝の皇太子として建て光緒帝に代えようとしたが、いち早くその情報に接した経元善が華中・華南の紳・商一二〇〇余人もの署名を集めて「建儲」に反対し光緒帝を守ろうとし、その行為が西太后の逆鱗に触れ、逮捕・家産没収令を受けるに至ったのである。経元善はいったん盛宣懐・鄭観応の援助を受けアモイに避難したが、のち鄭官応の裏切りに遇いポルトガル政府に逮捕された。しかし、政治亡命を申請し、ポルトガル政府の保護下で裁判を受け、イギリス香港当局・変法派の支援も受けて、義和団事件後に上海に無事帰った。が、すでに家産没収の憂き目にあい、失意のまま晩年を迎えた。彼が商弁経営の実現という志をとげることができなかったのは、時代に先んじすぎた「近代」企業家の悲劇であったであろうか。

次に登場したのが張謇である。彼は日清戦争直前に科挙試の状元（首席）に合格した後に企業経営へ転進し、南通・大生紗廠（綿紡績会社）の設立をめぐり、数年間（一八九六～九九年）にわたって、前述のように官・商の連絡・調整、地元商人の組織化と保護の要請、紡績機械の調達、資本の募集などで大変苦労した。大生の経営形態は元来「官商合弁」であったが、当時「官」に対する民間投資家の不信感が大変強く、「官」との合弁では民間資本の調達が困難であった。そこで彼が考え宣伝したのが「紳督商弁」という新しい形態である。一方で「商」に対して、彼は「紳」として「官」の支援を要求しつつ「官」の介入や圧力を防ぎ、他方で「商」を糾合し組織して事業を営ませ、監督するという意味である。そのような張謇の奮闘によって、一八九九年大生紗廠はかろうじて操業を開始した。張謇自身はその苦難の過程で経済知識や企業経営の実務を学び、鍛えられて、書斎の読書人から「紳商企業家」に成長していったのである。日清戦争後に登場した張謇は、工業化において必要な諸々の経営資源を組織化し事業化を行い、商人企業家たちのお手本を示したといえる。

また彼は紡績業経営に尽力して増資増設を実現、規模を拡大して事業の基盤を固めつつ、企業利潤の一部を教育事業に回したが、それは次の世代の経営資源（とくに人材と技術）を育成したという点で大きな意味を持っていた。ただし、彼の場合には二つの課題が未解決のまま残った。一つは諸々の経営資源の中で、資金調達が終始彼を悩ませ、金融問題が重い足かせとして残ったことである。しかし、それは彼個人の責任というよりも中央政府の経済政策全般、とくに金融政策の不備が背景にあった。もう一つの問題はもっと深刻な、彼自身の「紳商企業家」としての資質、ないし経済合理性の問題である。[17] 彼は紡績業はじめ商務についてよく学び理解したが、あくまで儒教的価値観に立つ「紳士」であり、純粋の商人企業家のように企業経営に専念して経営をいっそう合理化したり（例えば官利制度の廃止ないし縮小）、技術改善にさらに努力を傾注して、利潤追求と事業の拡大に邁進しようとはしなかった。「紳士」としての彼には、政治の改革（立憲運動・地方自治など）が目前の課題としてあって最後まで企業経営に専念できなかったのであるが、それだけではなかった。彼には企業家としての判断力に問題を残していた。開墾事業がその好例である。彼の着手したこの大事業は、伝統的塩業が衰退した淮北海浜（江蘇省北部）に開墾と植綿を実施することは荒地の開発という点で、また農業と工業を連結させる意味で着想としては素晴らしいものであった。しかし、それは私企業の資力と合理性をはるかに越え、本来政府が担当すべき大事業であった。彼は弱体非力な政府に代わって個人で始めてしまったのである。のちに民国後の大生紗廠が塩墾公司の負債に苦しめられたのはその高いツケであった。結局、彼は「紳商企業家」という自らの限界を越えたために、あるいはまた「企業家」に徹しきれなかったために、事業の失敗を招いてしまったといえるであろう。それは中国にとってきわめて残念な経験であり、中国工業化にとっての悲劇であったと思われる。

次に、周学熙の果たした役割について触れよう。[18] 彼は張謇と共に「南張北周」と併称されることが多いが、実は張謇とまったく違ったタイプの企業家である。権力と近い距離を保っていた彼は「官僚企業家」ともいうべきタイプであるが、盛宣懐とはちがって近代性・合理性を豊かにもっていた点で注目される。彼は科挙試において挙人の資格に留まったが、その父周馥《しゅうふく》が直隷総督李鴻章《りこうしょう》の幕下で長年築いた安徽省系北洋官僚と姻戚の人脈ネットワークに支えられながら、李鴻章の後任・袁世凱《えんせいがい》の部下の経済官僚として活躍した。そして開欒炭鉱・啓新洋灰公司（セメント会社）・京師自来水公司（北京水道会社）などの経営に携わり、第一次大戦時には軽工業にも手を伸ばし、華新紡織公司四社を天津その他に設立経営した。

張謇との大きな違いは、周学熙が多額の資本の必要な鉱工業からその活動を出発させ、資金がそれほど必要ではない紡績業など軽工業には、民国に入ってあとから着手した点を指摘できる。その背景には周学熙の活動に中央および地方政府の政策的な後押しがあり、政治権力と政府資金をフルに活用できたことに触れなければならない。張謇には権力も資力もなく、ただ「状元」という科挙試の栄誉のみが彼個人の経営資源であった。まだ官尊民卑の甚だしい当時は、科挙トップの合格者は世間から高い評価を受けていたのである。周学熙はその「状元」こそ取得できなかったものの、経済活動に必須で、張謇にない諸条件を有効利用できた点がその活動の速さ、活躍の場の広さ、経営規模の大きさとなって現れた。周学熙は洋務運動における盛宣懐とは明らかに違う近代的タイプの官僚企業家であった。しかし、一九二〇年代に入ると周学熙の活動を制約、あるいは企業経営を阻害する要因として、国内の軍閥混戦と外国、とくに日本の侵略があった。張謇の場合においても、南通土布の主たる販売先の東北（旧満州）市場が日本の侵略により打撃をうけ、それが間接的に大生の成績にも影響したが、周学熙の場合にも、同様に各企業の市場に内乱・戦争の影響が及んだ。このような政治・軍事の問題は企業家個人の問題をはるかに越えた問題であったといえるであろう。

以上は、「張謇になくて周学熙にあるもの」の説明であるが、次に渋沢との比較問題に入ると[19]、同様に「張謇と周学熙になくて渋沢にあるもの」は何か、自ずから明白になってくる。「張謇・周学熙にあって渋沢にないもの」は、儒教の重い伝統、弱体の中央政府、専制体制の桎梏、無能・腐敗した官僚層の支配、そしてまた外国（とくに日本）の侵略などマイナス要因のみであるが、その逆に「張謇と周学熙になくて渋沢にあったもの」としては、まず第一に企業家の環境ないし企業家を取り囲む「経営風土」の違いがある。すなわち、近代日本と近代中国の政治・経済制度の差異、あるいはまた経済社会の体質の格差である。その第一の条件が政府の近代的経済制度の整備・充実、実業保護育成政策の有無である。それはすなわち近代国家の形成の問題に直結する。日本では一八六八年に、まがりなりにも近代国家たる明治政府が実現したが、中国の辛亥革命（一九一一年）はそれより半世紀あとであり、しかも王朝体制という専制政治は打破されたものの政治・法律諸制度の近代化はまだ緒についたばかりであり、経済・社会体制の変革ははるかに遅れていた。

次に渋沢は近代経済活動を始めるためには、まず金融制度の確立が最重要であることをフランス留学時代にすでに喝破し、帰国後、明治政府の理解と支援を受けて、自ら近代銀行制度の創設に乗り出したうえで（一八七三年三四歳の時、第一国立銀行総監となる）、各分野の企業約五〇〇社を創設していった。この第一の条件と第二の条件は、密接に関連していた。少なくともこれら二つの条件を考えただけでも、渋沢の「経営風土」の有利さが明白であろう。もし渋沢が張謇と同じ時期、同じ場所、同じ環境で生まれたならば、はたしてどこまで活躍できたであろうか。張謇と同様の活動ができたか否か、だれも答えられない。渋沢が近代日本で生まれたことの幸運は明らかである。しかし、渋沢の場合、幸運だけではなかった。彼は埼玉の半農半商の豪農の生まれであるが、若年の時から合理的、批判的な考えをもち、周囲の不合理に挑戦しつづけた（代官の横暴な態度に対する有名な批判的姿勢はその例）。そのような合理性を追求する果敢な姿勢と努力が、農民でありながら武士に出世させ、またフランス留学の機会を獲得させ、また初期明治政府での活躍となり、そして退官後の多彩な企業者活動として結実したのであって、決して偶然ではなかったのである。彼は出来上がった近代制度の単なる享受者ではなく、近代制度の創造者の一員でもあった点を忘れてはいけないだろう。

そして第三に指摘しなければならないのは、その合理性な性格と合わせて、あるいは関連して、彼が金融制度の重要性だけでなく、同時に「ヒト」という経営資源の戦略的意味についても十分に理解し、早くから広く人材の発掘・育成にも力を傾注したことも看過してはならない大事な点であろう（例えば、一八七九年大阪紡績設立前、イギリス在住の山辺丈夫に対して紡績技術の習得を指示）。そして最後に、第四として、彼が多彩で長期にわたる大活躍のあとに、三井・三菱などと違って個人的な財閥を残さなかったこと、換言すれば、彼が終始一貫して公正・無私の精神で実業発展に貢献したからこそ、多くの人が彼の言動に注目し、その意見に従い、日本経済の発展をいっそう促進させた点にもとくに触れておきたいと思う。

## 四　権力との距離──まとめにかえて

清末期における官・商の間には、協調と対立という矛盾する両面をもつ複雑な緊張関係があったことを前に指摘した。商人の活動に対して官僚の側から保護する場合があれば、厳しく抑圧したり搾取する場合もあった。一方で商人にとって有力な官僚との縁故を持つことは、利益の大きい利権（官金の取り扱い一任や塩の専売など）と結びつき、巨富への近道になることが多かった。したがって中国ではいつの時代にも権力と癒着したいわゆる「政商」が跋扈する風土が再生産され、権力から離れて自らの創意工夫により新しい「革新」（イノベーション）を導入し成功を収める企業家を育てようとする社会的基盤がなかった。商人にとって官僚の徴税への協力や応分の負担は無論のこと、官僚への賄賂は必要経費ですらあった。他方において、毎年増大する一方の政府支出の財源を捻出すべく、税源を地租から商業へと比重を移していた清末の中国経済社会において、官僚にとって商人は単なる課税の対象でしかなく、よくてせいぜい徴税業務上の協力者であった。もし官僚が権力で商人を抑圧したら、貴重な税源を失うことになる。といって無法図に商人の手に富が蓄積されると、官僚中心の儒教秩序に乱れが生じ、反権力に増大する恐れが生じた。洋務運動期における買弁商人の扱いは、官にとって諸刃の剣と同じであっただろう[20]。

しかし、「生かさず、殺さず」という微妙なさじ加減を要求される商人対策に、官僚がつねに成功したわけではなく、むしろ失敗を繰り返しつつ、商人との摩擦や対立を増大させていったであろう。また官僚は故郷に帰っている時には、「紳士」の立場で個人的な事業や投資活動を行っていた。この私人として経済活動を営む場合、純粋の民間人ではなく、やはり官職の権威や官界での人脈を背景にその活動を展開していた。したがって、まったくの民間商人はそのような紳士との競争ではきわめて不利な状況にあった。官僚は公の立場と私的な立場を巧みに使い分けながら、その富を築いていたのである。官尊民卑の風潮は、中国において構造的にたえず再生産されていた[21]。

このような清末期の複雑な官・商関係で新しい政治問題として浮かび上がってきたのが、富裕な帰国華僑の扱い方であり、もう一つは洋務運動の中から成長してきた近代企業家への対応である[22]。前者は渡航禁止の法令を侵して出国し、そしてある程度の資金と近代的な経済知識・ビジネス経験をもって「故郷に錦を飾って」帰国した華僑であり、地元の官憲によって犯罪者扱いされて様々な口実で搾取されがちであった。彼らを保護してその保有する資金と経験を有効利用すべしという経済政策上の配慮が華南の有力官僚から提言され、政府でも検討され始めた。こうして高まりはじめた華僑優遇措置の一環として、一八九三年ようやく実施されたのが華僑政策の大転換である。すなわち、無視・放任政策（結果としての搾取）から積極的な保護への変更は、中国史上において、海外の華僑が国内の商界に企業家として初めて登場し、重大な影響を与える決定的な契機となったのである。

後者の近代企業家は、洋務運動に携わった買弁・商人企業家などから成長してきた近代的傾向の新しい「商人」階層であるが、従来の古い商人層とは違い、官僚に対して一方で協調しつつ、同時に他方において腐敗した「官場の習気」に厳しい批判の目を向け、新しい官・商関係の構築を提案しはじめた。その先頭に立ったのが鄭官応と経元善である。しかし、前述のとおり前者には実際の行動が伴わなかったし、後者は専制権力と正面から対決し、あえなく自滅してしまった。

同じく西太后および守旧派の政権運営に批判的であった「清流」の張謇は、西太后の権力に正面から衝突するようなことはせず、またその庇護をうけていた洋務派の巨頭李鴻章への批判も部分的にしか展開せず、かろうじて日清戦争後まで生き延びた。(23)そして日清戦後の激変期に、官僚としての立身出世をあきらめ、前述のように郷里南通で紡績会社を創立・経営し「紳商企業家」として再出発したのである。彼の場合、中央政府（西太后・守旧派）とは対立していたので、その援助や保護をもとより期待できず、かろうじて帝師・戸部尚書の翁同龢《おうどうわ》の個人的な信任を得、日清戦争直前の科挙試において試験監督を勤めた翁から状元の栄誉を得ることができたのみであった（以後、帝党・翁党の一員となる）。また地方では両江総督の張之洞・劉坤一《りゆうこんいつ》の個人的支援を受けるに止まった。張之洞は同じ「清流」の同士であり、劉坤一は清流ではなかったが、同様に強い儒教的価値観を保持し（西太后による「己亥建儲」計画に反対する見識を持つ）、共鳴するところが多かったのであろう。しかし、いずれにしても彼らは個人的支援に留まっていたので、張謇の活動に決定的に有利な作用を与えたわけではなかった。無論、清末の中国では、企業の設立に限らずすべての事業は官僚の認可なくしては実施不可能であったから、最低限、張謇はその許可を取得するだけの政治力を保持しただろう。しかし、紡績業の成否は、官僚との縁故・援助ではなく、張謇の不屈の精神にこそ存在したのではないか。一方で「官僚企業家」盛宣懐が権力に最も近く資金も比較的豊富であるがゆえに安易な経営（輪船招商局、漢冶萍煤鉄公司等）を繰り返していたのに対して、他方で権限と資金に最も遠い位置に置かれつづけた「紳商企業家」張謇は、地元の商人を糾合して「人の和」を達成し、綿産の豊かな自己の故郷における「地の利」を生かした紡績業の成就に全力をあげて取り組むほかに社会的に生き延びる途がなかったのである。

後発国工業化において展開される企業者活動は、政府・官僚と無関係ではそもそも存在しようもなかった。専制国家では政治問題で権力と正面から対決すると、経元善のように自滅するしかなかった。それでは、明治維新ですでに近代国家の建設に向かい始めた日本の渋沢栄一の場合、この点どうであったのだろうか。かつて日本近代経営史研究史上において、彼は三井・三菱と同様に政治権力と癒着した「政商」と分類された時期があった。(24)確かに渋沢の経歴を跡付ければ、武蔵野僻村の豪農から水戸徳川家の武士に出世し、維新直前幸運にもフランスに留学する機会を与えられ、後には成立当初の明治政府民部・大蔵官僚として四年にわたって活躍し、諸々の制度改正に関与・尽力した。長州閥の有力政治家・井上馨（一八三五～一九一五年）もその時の上司であり、井上とはその後一貫して親密な関係を保持した。井上を介して政府内部の情報を早く得たり、官庁の便宜を期待できた面があったであろう。また井上を後ろ楯に華族・富豪・銀行家などの信用を勝ち取り、投資を募ったこともあろう。かつて森川英正は「日本株式会社」の源流として、工業化過程における「政府と企業の密接な結合体制」を指摘し、「藩閥政府官僚の権威に圧倒されていた」企業人が「官僚と結びつくためには、藩閥政府の威光を背負った渋沢栄一のような特異な財界人の媒介機能[25]」が必要であったとしている。森川はまた「渋沢はこのような政府と企業の間の媒介機能が持つ権威を最大限に利用したのであった。媒介機能が権威を持ちえた理由は、一つには後進工業国日本における政府の絶大な保護者的役割にあったが、もう一つは官尊民卑の時代的風潮にあった[26]」とも指摘している。官尊民卑については冒頭でも言及した。森川の渋沢理解は、「政商」よりも一段進化した「財界人」あるいは「ビジネス・オルガナイザー」という概念である。これはヒルシュマイアのいう「ビジネスマンと官吏との中間的な存在[27]」という把握よりも進化したものであろう。しかし、「政商」にしろ「財界人」にしろ、いずれにしても政府・官僚と癒着していたという点がポイントとなる。

しかしながら、渋沢に限らず、「政商」か否か、あるいは企業家としての資質を決定する鍵は、権力と関係をもったか否かではなく、権力とどのようなかかわり方をしたか、その際、権力の保護なしでは自立できなかったか、企業家の側でどこまで自立・主体性を保持したかが重要ではないか。渋沢は三井・三菱のように権力の保護なしには発展しえなかったか、といえば規模こそ劣っていたであろうが、権力の保護なしでも自立できるだけの合理性・近代性を十分に備えていたように思われる（例えば合本主義の推進や鉄道・紡績業発展の指導的役割など）。

森川のいう「ビジネス・オルガナイザー」は、くしくも近代中国での「官商之郵」とほぼ同じ役割と判断できよう。張謇・渋沢両者のまず第一の役割はこの一語につきるのではないか。それはまた後発国の近代日中両国が等しく官尊民卑の甚だしい国家・社会であり、特権的な身分・地位・権限をもった官僚と、民間の商人・企業家との間に隔絶した身分差を維持したままであり、それゆえ民間の商人・実業家が企業者活動を十分に展開するには、政府・官僚の支援・協力を仰がねばならず、それには何らかの仲介を必要としていた事実を雄弁に物語るものであろう。ただし、張謇は江蘇という一地域における県・州・省という地方政府と民間商人との連絡・調整に尽力したに留まった。片や、渋沢は中央政府の応援を得て全国的な広範囲の活動を展開できた。役割は同様でも、規模の差異は明白であった。それは権力との距離による。

しかしながら、同時に張謇・渋沢両者の役割はそれに終わらなかった。この点がより肝要である。両者は重要度で劣らない、それぞれ別個の第二の役割を果たしていた。一方の渋沢はオルガナイザーにとどまらず、企業の発起・創立以降における経営の前線でもトップマネジメントを継続的に行い、近代的経営システムの確立に奮迅、株式会社制度の定着に大きく貢献した[28]。その渋沢に対して、他方の張謇は不幸にして企業経営に専念できる経営風土になかった。渋沢の場合、明治日本がいち早く旧体制から脱皮し近代国家として整備されたために、企業家としてその活躍の場を一層拡大できたのに対して、張謇の場合、中華民国の成立が半世紀も遅れ、また成立しても依然として新体制の建設が遅滞したために、その活動は著しく制約された。張謇は個人として清末期には立憲運動による王朝改革（変法ないし変事）に全力をあげ、結果において辛亥革命の勃発に協力し[29]、次に民国成立後は近代経済制度の樹立に政治家（紳）として余力を傾けねばならなかった。一九一三（民国二）年一〇月張謇は熊希齢《ゆうきれい》内閣に請われて農商部総長として入閣し（水利局総裁兼任）、一九一五（民国四）年四月に袁世凱の王朝復活に反対して辞任するまで経済政策の立案・実施に奔走した。その時「公司法」（会社法）はじめとする多くの産業振興の法律を制定したのである。例えば、会社設立の大幅な自由化は、日本では一八七八（明治一一）年形式上すでに実現していたが[30]、中国ではこの民国初めの段階で初めて実現した。あたかもその時期は第一次世界大戦が勃発した直後で、欧米各国からの機械製品の輸入が途絶した中国に空前の大好況が出現した。いわゆる「民族資本の黄金時代」が現出した背景には、張謇による法制上の施策が促進作用をはたしたことはいうまでもない。日中両国は同じ後発国でありながら、政治体制の変革に程度と内実の格差がありすぎたために、張謇は政治家（紳）としての役割を同時並行させざるをえず、企業家（商）として燃焼しつくせなかった。それは両者の企業家としての資質の違い以上に、両国の政治体制、ひいては経済社会の成熟度の違いが反映したものと考えるべきであろう。

## 注

（１）張謇・渋沢栄一の比較研究を志向する本稿の前提として、筆者は①『比較視野のなかの社会公益事業』報告集（二〇〇四年九月二四、二五日、東京開催のパネルセッション四）「同時代の社会事業思想との比較――中国」コメント「経元善・張謇・熊希齢三人の共通点と相違点」、②「張謇、周学熙、そして渋沢栄一――後発国工業化における企業家の役割」（二〇〇五年五月二二日、南通開催会議の基調講演、『中日近代企業家の文化事業と社会事業――渋沢栄一と張謇の比較研究』要旨集所収）以上渋沢栄一記念財団刊、という二本の論考を発表した。本論はそれらの延長線上に新たな論点を追加したものである。なお、張謇・渋沢の比較については、一九八七年八月南通で開催の最初の張謇国際学術研討会において、「張謇と渋沢栄一」と題する報告を行った。それが両者の比較検討を意図した世界で最初の試みであったのではないか。南京大学外国学者留学生研修部江南経済史研究室編『論張謇――張謇国際学術研討会論文集』（南京・江蘇人民出版社、一九九三年六月）、拙稿「張謇与渋沢栄一――日中近代企業家比較」、および拙稿「張謇と渋沢栄一――日中近代企業者比較論」（『一橋論叢』第九八巻第六号、一九八七年一二月、四三～五八頁）、拙稿「儒教文化圏における後発工業化の企業者エートス――日中近代企業者比較論のための覚書」（北海道大学・東洋史談話会『史朋』第二二号、一九八八年三月）、拙稿「儒教文化圏における企業者精神と近代化――張謇と渋沢栄一の比較研究」（平成元年度科学研究費補助金研究成果報告書（重点領域研究⑵）、平成二年三月、北海道大学文学部）を参照のこと。

（２）後発国とは、後進国とちがって先進国に対して必ずしも文化面での落伍を含まないという意味で使用する。中国語ではこのような意味の語がなく、後進国に一括されてしまうので、あえて注記する。

(3) 中国語の「商」とは、単に商業のみを指す言葉ではなく、経済行為に関連する幅広い概念である。したがって「商人」という語も行商や商店主から始まり、質屋経営者・ビジネスマン・企業家・銀行マン・鉱山主・工場支配人などが広く含まれる。

(4) 中国の官僚の行動様式を複雑にさせている問題は、「公人」と「私人」の両面を含むからである。「公人」であるはずの官僚が、民間人と同様に「私人」として私的利益を追求する点について、かつて村松祐次は中国経済を規制する「外部態制」の一つとして、「この国の政府と経済との関係」あるいは「中国の歴代の政府が、どのような態度を民間の経済に対して示しているか」、「経済に対する政府の態度の中国的『通念』とはどのようなものであるか」、次のように述べていることが大変示唆的である。すなわち、「中国の『政府』について何事かを述べようとすれば、まずふれなければならぬのは、そこに見られる徹底して復元的な形姿であろう。（中略）例外的な期間を除けば、各地に独立または半独立の省長・督軍が割拠し、甚だしい場合には中央政府の威令がほとんど都門を出でなかったというのが、考慮せられるべき第一の事情である。同時に中国の政府の組織には、清代以前から、きわめて統一的な中央集権的な外形の下に、甚だ復元的・分散的な傾向を包蔵していた。そしてそれは中国の『政府』——あるいは官僚制度のうちで、中国の個々の官吏が示す極めて個別主義的な、私人的な行動態様と結びついている、これが考慮せられるべき第二の事情である。（中略）第一の事態は王朝の崩落と、これに続く政治的混乱の結果である。第二の事態は必ずしもそのような政治的混乱によってもたらされたものでなく、中国の「官僚制度」の固有のあり方、それが近代国家の組成因子である西欧的官僚制度に対して、本来もっていた態制的特色である」云々（『中国経済の社会態制』（復刊）東洋経済新報社、初版一九四九年、復刊一九七五年、第三章「中国経済の外部態制」第一節「規制者としての『政府』——その経済に対する関係」一一〇～一一一頁）。

(5) 森川英正（責任編集）『日本の企業と国家（日本経営史講座四）』日本経済新聞社、一九七六年、第二章「渋沢栄一——日本株式会社の創立者」六七頁。もっとも森川は「渋沢は、さかんに官尊民卑を批判したけれども、皮肉なことに官尊民卑の風潮の恩恵によって初めてビジネス・オルガナイザーとしての影響力を発揮することができた」と鋭くかつ皮肉な見方をしている。

(6) 官・商関係については、拙稿『近現代中国における企業家精神と合股的経営体質』（平成一〇年度科学研究費補助金〔基盤研究(c)(2)〕研究成果報告書、平成一一年三月、筑波大学歴史人類学系）の一部を若干改定した。なお、清末期における中国の官・商間の複雑で重層する緊張関係について、Wellington K. K. Chan（陳錦江）, *Merchants, Mandarins, and Modern Enterprises in Late Ch'ing China*, Harvard University Press, Cambridge, 1977. からきわめて有益な示唆を受けた。また M. R. Godley, *The Mandarin-capitalists from Nanyang: Overseas Chinese enterprise in the modernization of China 1893-1911*, Cambridge University Press, Cambridge, 1981, p. 110 でも、華僑企業家の活躍の前提として、清末期の官・商関係が決定的に重要であったと述べている。

(7) この論文は、R・アムパラバナル・ブラウン編『華人ビジネス企業』全四巻所収のもので、編者の整理による。William Rowe, The state and commerce, *Chinese Business Enterprise*, edited by R. Ampalavanar Brawn, 4 vols, London, Routledge, 1996. Vol. IV, Part I, pp. 3-47. (Soarse: *Hankow: Commerse and Society in a Chinese City 1796-1889*, Stanford: Stanford University Press, 1984, pp. 177-210)

(8) 前掲(7)の漢口研究とその後の *Hankow: Conflict and Community in a Chinese City, 1796-1895*, 1989. の二部作。

(9) かつて角山栄は企業との関係において政府が果たす役割として、regulator, promoter, entrepreneur, planner という四つが重要と指摘したことがあるが、もとよりそれは欧米・日本など近代国家の場合であろう（『経営史学』第六巻第一号、一九七一年）。

(10) 例えば王業鍵（Wang Yeh-chien）の推計では、一七五三年の国家歳入の七四％が地租であったのに、一九〇八年にはそれがわずか三五％に減少していたし、また一八六四年の両江総督管轄下の地方政府歳入の七〇％が商業を源泉としていたという。

(11) 洋務運動の過程を企業家中心に論じたものとして、拙稿「近代中国の企業家精神」（土屋健治編『ナショナリズムと国民国家』〈山田辰雄・渡辺利夫監修『講座・現代アジア』第一巻〉東京大学出版会、一九九四年）がある。

(12) 洋務運動期の中央政府の対応について鋭い指摘をしたのが、D. H. Perkins, Government as an Obstacle to Industrialization: The Case of Nineteenth-Century China, *The Journal of Economic Histry*, Vol. 27, No. 4, 1967, p. 478. である。

(13) 近代中国の企業家について以下のような論考を発表してきた。前掲「近代中国の企業家精神」（胡光墉・経元善・徐潤・盛宣懐・聶緝槻・栄宗敬兄弟・穆湘槻等の活動研究）、拙稿（伝記分担執筆）「胡光墉・厳信厚・祝大

椿・朱其昂・唐廷枢・盛宣懐・徐潤・聶緝槼・経元善・張謇・許鼎霖・栄宗敬・栄徳生・栄毅仁」（山田辰雄編『近代中国人名辞典』所収、霞山会、一九九五年）。拙著『張謇と中国近代企業』（北海道大学図書刊行会、一九九六年、張謇を軸に盛宣懐・張之洞等を研究）、その他に拙稿『民国期の栄家企業集団（製粉・紡織業）についての総合的研究』（筑波大学、二〇〇二年）、拙稿「清末民初無錫栄宗敬、栄徳生兄弟与茂新、振新的経営」（『近代中国』第一五輯、二〇〇五年、上海社会科学院出版社）などがある。

(14)「紳商企業家」の「紳商」とは、太平天国前後に形成されはじめた新しい社会階層である。一方で紳士が官途を捨て経済活動に従事し、他方で商人が捐納により官位を取得し紳士身分に上昇した結果、混交して誕生した階層である。商業隆盛の風潮、人口膨張と科挙試験の合格者数の制限のアンバランスもあって、明末にも同様の現象がおきたであろう。「紳商」は「中国のブルジョアジー」として注目されている。

(15) 鄭官応ともいう。鄭観応は孫文と同じ広東省香山県（現中山県）の出身、洋務運動初期の買弁企業家である。彼は商業の重要性のみならず、洋務運動を越えて、議院の設立と民意の反映すらも主張した改良主義の思想家としても知られる。買弁については、前掲拙稿「近代中国の企業家精神」の徐潤の項の他、拙稿「買弁」（菊池敏夫編『上海・職業さまざま』勉誠出版、二〇〇二年、五六〜五八頁）を参照のこと。

(16) 銭荘経営者の経元善は、のちに捐納して「紳商」の資格を取得した。だから、形式的には彼は「紳商企業家」ではある。しかし、概して商人出身の紳商は、紳士出身の紳商に比べてその勢威は劣っていた。前掲「近代中国の企業家精神」、王爾敏「経元善之身世与思想及其上書保皇招禍経過」（前掲『近代中国』第一五輯、一八三七頁）等を参照。経元善は三人の中でもっとも年長であり家庭も商人の出なので、企業家になってもそのキャリアは他の二人に劣り、日本訪問の機会もなく、その活動も個人的な狭い範囲に限定されていた。

(17) 企業経営の合理化と技術改善に関心を払う企業家は、それだけでも近代的な指向を持ち、企業だけでなく社会や政治についても合理的な考えや改革思想を持つはずである。また国家の近代化全般についても深い関心を払うようになる。なぜなら効率的な企業経営の遂行、また経済の近代化は社会と政治の近代化とも密接に関連していたからである。したがって、近代的企業家が社会改革や政治改革に乗り出すのは決して偶然ではない。しかし、あくまで企業経営こそが本業であり、まずそれに徹するという気構えこそが企業家の本旨であることを忘れてはならない。我が国でも明治大正期、土地の名士がその資金と名望を武器に企業家として活躍した者が多かったが、しかし、その後政界に出て企業経営を放棄し単なる名望家企業家として終わった例も多かったという。

(18) 周学熙については、拙稿「中国近代製粉業史の研究――上海阜豊面粉廠と寿州孫家」（筑波大学、歴史・人類学系『歴史人類』第三二号、二〇〇四年、(三)〜(五二)頁)、郝慶元『周学熙伝』（天津・天津人民出版社、一九九一年）、宋美雲・張環『近代天津工業与企業制度』（天津・天津社会科学院出版社、二〇〇五年）などを参照のこと。

(19) 渋沢栄一についての研究は、土屋喬雄の伝記をはじめ枚挙の暇がないほどに多い。最近の研究に、渋沢研究会『新時代の創造――公益の追求者・渋沢栄一』（山川出版社、一九九九年）、坂本慎一『渋沢栄一の経世済民思想』（日本経済評論社、二〇〇二年）、周見『近代中日両国企業家比較研究――張謇与渋沢栄一』（北京・中国社会科学出版社、二〇〇四年）などがあるが、企業家としての渋沢を研究したものは意外と少ない。その点、最も新しい島田昌和『渋沢栄一の企業者活動の研究――戦前期企業システム創出と出資者経営者の役割』（日本経済評論社、二〇〇七年）は本邦はじめての本格的な研究書として注目に値する。

(20) 洋務運動期の買弁商人や近代的商人企業家とほぼ同じ状況に置かれているのが、現在の社会主義体制下における「私営企業家」である。共産党は法律改正を行い、私有財産制を認めるようなふりをして懸命に彼らの力を党内に封じこめようと努力している。もとより共産党が私有財産を公認するわけがない。一九八九年の天安門事件の際、抗議集団の中に一流若手企業家が多数参加し、事件後海外に亡命せざるをえなかった。「私営企業家」がいつ共産党による一党独裁の枠を突破するか、それが今後の焦点の一つになろう。

(21) 現在の社会主義体制下、共産党幹部の子弟が親の七光を背景に政・官・財界を牛耳り、「官倒」、「下海」を繰り返し大企業を支配して「太子党」を組織し、政権すらも世襲化しようとしている。

(22) 前掲『近現代中国における企業家精神と合股的経営体質』において帰国華僑の三事例、つまり蘭領インドネシア華僑の巨商・張弼士、日本華僑の南洋兄弟煙草公司の簡照南兄弟、オーストラリア華僑の永安公司の郭楽兄弟を取り上げた。

(23) 「清流」とは儒教重視の姿勢を保ち、とかく儒教を軽視し実利を重んじる洋務派を批判したが、西太后・守旧派と同じ陣営にあったわけではなく、むしろ西太后にも批判的で、国政改革を目指していたグループである。拙著『張謇と中国近代企業』第一章第四節「憂国の士『清流』」を参照のこと。翁同龢の門弟たちの中で早く出世した文廷式が、日清戦争直前に西太后・李鴻章の反撃に遇い、失脚した。

(24) 例えば、楫西光速『政商』（筑摩書房、一九六三年）、大島力他『人物・日本資本主義3　明治初期の企業家』（東京大学出版会、一九七六年、五～七頁）において、「政商」には三つの型があり、第一の型の近世特権商人の系譜、第二の幕末維新の混乱期に台頭した低階層出身の系譜、第三に明治政府の官僚から転化し財界の世話役として重きを成した型をあげ、渋沢を第三の典型としている。

(25) 前掲『日本の企業と国家（日本経営史講座四）』、〔総論〕「『日本株式会社』の経営史的研究」三〇～三一頁。おそらく藤井光男・丸山恵也他編著『現代日本経営史――日本的経営と企業社会』（ミネルヴァ書房、一九九一年）でもそれを踏襲して、官民協調の構造（システム）ないし政・官・財一体構造とよばれる国家と企業の癒着を強調している。

(26) 前掲『日本の企業と国家』、第二章「渋沢栄一」六七頁。なお森川が福沢諭吉との対比で渋沢の「思想的純度の低さ」に言及し、「渋沢の思想も儒教とは別物であった」、「儒教倫理などという大袈裟なものではなかった」（七一、七三頁）と指摘しているのは鋭いが、元来渋沢は行動の人で、思索の人ではなかったこともあわせて想起すべきであろう。張謇と康有為との関係もほぼ同様であろうか。最近、中国の儒教思想との関連性を追求しようとする向きが内外にあるが、渋沢の功績は論語の普及・通俗化にあり、解釈の独創性になかったことを再確認しておかねばならない。

(27) J・ヒルシュマイア著、土屋喬雄・由井常彦共訳『日本における企業者精神の生成』東洋経済新報社、一九六五年、一四六頁。

(28) 森川の段階（一九七〇年代）よりも研究が進展した結果判明したことであるが、前掲『渋沢栄一の企業者活動の研究』における「出資者経営者」としての幅広い活動の分析を参照。

(29) 義和団以降の「光緒新政」において張謇は実業・教育・政治各面の改革を精力的に実行し全国的な指導者となった。とくに教育改革（小中普通教育・職業教育の普及）は底辺の識字率を向上させ、当時の外貨ボイコット・利権回収運動とも呼応して若い世代のナショナリズムを喚起・育成し、立憲を目指した張謇の意図とは逆に結果において皮肉にも革命運動の勃興・拡大に寄与していったと思われる。

(30) 高村直助『会社の誕生』（歴史文化ライブラリー5）吉川弘文館、一九九六年、五一頁。同年府県官職制の制定があり、一般の会社は、「地方の常務」に属するものとして便宜処分した上で報告するだけであった。ただし、数年後深刻な不況で企業破産が続出、トラブルが発生したという。

# 第5章　渋沢栄一の経済倫理構想と徳育問題

沖田　行司

## はじめに

日本の近代教育における「道徳」ないしは「徳育」は、一つは変化する社会とそれに伴う伝統的な社会規範の弛緩または崩壊という、いわば新しい文化や価値意識の導入をめぐる反動としての言説と、国民国家を構成する国民としての意識ないしは国家意識を涵養する言説というふうに、大きく二つの系譜に分けることができる。これら二つの系譜が相互に補完しながら近代教育の柱として成立したのが「教育勅語」である。こうした道徳教育の系譜とは異なる次元で、近代産業社会に適合する商業と経済にかんする道徳の確立を主張する系譜も登場してくる。

伝統的な道徳観念によれば、徳の形成は利益の追求と相い矛盾すると捉えられていた。しかし、西欧の先進資本主義諸国と対峙しながら、短期間の間に近代国家を形成する必要に迫られていた日本にとって、富国強兵というスローガンの下に新しい産業を振興させ、国家をあげて積極的な利潤の追求を奨励することは、不可避的な選択でもあった。利益の追求と道徳的人格の形成という矛盾を国家という次元で止揚しようとするのが近代日本の道徳教育の一貫した姿勢であった。国家の意思または規範力の弱体化が露骨なエゴイズムを生み出すという現象はここに由来する。つまり経済的価値と利益の追求を何よりも優先する個々人の意識は国家が担保する道徳によって覆い隠されてきたともいえよう。こうした利益の追求と経済至上主義がもたらす弊害に着目し、経済活動と道徳を正面にすえて論じた渋沢栄一は日本における経済倫理の確立を目指した最も早い人物の一人である。

渋沢栄一は商業教育を振興させるとともに新しい商業道徳の確立を提唱した。経済利潤を優先する経済政策が人間と人間の関係を解体させ、国家と国家の対立を惹起させるという観点から、さまざまな社会事業を展開した。本章においては渋沢の商業道徳の確立と徳育教育の特質を、渋沢が支援した新島襄のキリスト教主義教育とのかかわりで考察したい。

## 一　教養形成と思想特質

渋沢栄一の少年期から青年期にかけては、日本海近海にはイギリスを始め外国船が現れ、やがてアヘン戦争の顛末がもたらされ、その危機感は黒船の到来とともに現実的なものになってくる。一方、国内的には幕藩体制の矛盾が噴出し、百姓一揆も続発する時期にあたる。渋沢の出自は農民であったが、金納郷士と呼ばれる身分に属す、いわば農村の指導者としての役割を担う家に生まれた。渋沢家は幕府の支配体制の末端を担う旧来の豪農階層というよりも、養蚕や藍玉の製造販売を手がけるなど、在地の生産者の中から成長してきた「新しい階層」と考えることができる。渋沢は父の代理として代官の陣屋に呼び出され、御用金五〇〇両を申し付けられた時に代官の不条理な対応に対して厳しい批判と怒りをあらわにしているが、こうした批判意識は、当時の農村の指導者層の教養を背景として、ある種の社会意識を形成させたのである。渋沢は読み書き算盤という、当時の庶民が共有した教育にとどまらず、農村事業に関する書物や論語等儒教の基礎的な知識に加えて、当時一世を風靡した水戸学の影響を強く受けた従兄の尾高惇忠について学んでいる。水戸学の特質は、外国に対して日本の特殊性を唱え、幕府支配の正当性の根拠を天皇に求めると同時に、学問の実用性を強く主張したところにあった。しかしながら、「志士」としての渋沢を規定したのは、水戸学が提供した尊王攘夷というようなイデオロギーよりもむしろ、開国によってもたらされた庶民の生活不安であった。とりわけ外国との交易が如何に上下の困窮をもたらしているかという実情の分析を尾高の『交易論』をとおして学ぶのである。渋沢栄一は後年、自分の半生を次のように書き記している。

生立は田舎の百姓で、二十二三までは、鍬鎌を持って田畑を耕し、余力に藍玉の小売を為せし身が、突然浪人突合《ママ》ひを始めて田舎を駆出し、京都に登りて一橋家に仕官し、維新の前年に民部大輔と云ふ人に随従して仏国へ行きましたが、是とても勘定方というと云ふ小役人の勤向きを持って居りましたから、中々学問などはする間合いもありません。明治元年の冬、日本に帰ってみると、御一新の騒ぎで、世間は一般に大混雑でありました。併し私は所謂亡国の臣と云ふ身分ゆへに、静岡へ引込み、慶喜公の御側で、昔の農業者となりて此世を経過する考えでありました処が、二年の冬、図らずも明治政府の役人に召出され、足掛け五年間大蔵省に奉職致しました。(1)

浪人との付き合いから、高崎城の乗っ取りや横浜外国人居留地の焼き討ち計画に参画するなど、過激な行動をとるのであるが、そうした「志士」としての意識が依拠したものは武士としてよりも、あくまでも生産者であり農村の指導者である生活者としての郷士であった。多くの志士が忠誠の対象を将軍から天皇へと移したり、または強烈な国家意識を形成するのであるが、渋沢にはそうした側面がそれほど強くみられない。

一八六四（元治元）年二五歳の時に京都に出て一橋家に仕官し、一橋慶喜が幕府最後の将軍に就任すると幕府の家臣となった。一八六七年、将軍の弟である徳川昭武のパリ万国博覧会遣欧使節団に随行して一年間ヨーロッパに出かけている。ここでは渋沢の西洋体験について論じることが目的ではないので、重要な論点だけを指摘しておきたい。渋沢も述べているように、「勘定方」という仕事、つまり財政を担当するものとして出かけたという事実は重要な意味を持っている。例えば、徳川昭武を留学させるために資金の工面として公債を買っている。

渋沢はこの時の様子を「其時初めて会社といふものの仕組みと公債といふものは斯様にして成立つものである、又売買されるものである、何程か資本を蓄積するには最もよい方法であるといふことを会得して、自分の国にはまだ斯ふいふものはなかったといふことを発明致しました(2)」と回顧している。その他多くのカルチャーショックを受けるのであるが、ベルギーの国王が「直様御商売に関係」して鉄の売買を命じたことについては、最初は野蛮な禽獣に近い行為とみなしていたが、よくよく考えてみると、それはもっともな行いであると感心している。日本の伝統的な価値観からすれば、商売は卑賤の人間が従事するものであるという観念が一般的であったが、ここでは経済や商業行為が人間の社会にとって如何なるものであるかを実感したと述べている。

一八六八（明治元）年に帰国してみると幕府が崩壊して、新しい明治政府が成立していた。徳川将軍家は静岡に引きこもることになり、渋沢もこれに同行した。静岡では当局から資金を借りて、一八六九（明治二）年に商法会所を設立して商業活動を開始することになったが、同年大隈重信の推挙によって明治政府に出仕した。しかし、一八七三年には当時所属していた大蔵省を辞職し、民間での経済活動に身を投じている。渋沢の大蔵省辞職に関しては様々な説があるが、明治維新政府の財政政策が民間の経済活動を圧迫するものであり、渋沢がヨーロッパで見聞し、自ら取り組もうとした民間の自主的な経済活動を抑止する方向にあったことを、「租税」を担当する側から渋沢がどのように考えたか、そしてかつて幕府に身をおいていた立場が明治維新政府の中でどのように位置付けられていたか、さらに言えば幕府時代と変わらない「官」尊と「民」卑の風潮が、辞職の大きな要因になっていたのではないかということを指摘するに留めたい。つまり、明治維新政府の近代化構想と、渋沢がヨーロッパで実際に体験した近代との落差が大きな影を落としていたのではないかと考えられる。こうしたことは、その後の渋沢の方向性を如実に物語っている。

## 二　「近代」化と実学

渋沢が文明開化をどのように捉えていたのかという問題を明らかにすることによって、渋沢の近代構想を考えてみたい。

幕末にヨーロッパに渡り、パリの万国博覧会を見た渋沢は、「巧智を究め奢靡を尽くした」西欧文明国の物品に目を見張り、「実に西洋の開化文明は承及候より弥増し驚入り候事共而已、真に天下の気運所詮人知の知り得る処にこれ無候[3]」と、西洋文明をその目で見て、かつての師匠で水戸学を学び、横浜外国人居留地の焼き討ちを計画した尾高に次のように述べている。

当節御議論は如何御坐候哉、愚見は所詮深く外国へ接し、其所長をも相学び、我裨益と為より有之間敷、是則天理所依来と被存候、先年とは反復之様に候得共、中々独立閉鎖杯思ひもよらぬ事と被存候[4]。

これによれば、外国と交流する中でその長所を学び、外国の秀でた長所を学んで日本の益とするしかなく、これがすなわち「天理」に則った行為であり、尊王攘夷のように外国の影響を遮断してしまうようなことは思いも寄らないことであると言い切っている。その中でも渋沢が着目したのは商業である。渋沢は、商業活動を次のように位置付ける。

貿易商売するを指して商業と為し、其職とするものを指して商人と云ふはまことに天賦の美名にして、唯一人一個生計を営むが為の名にあらず、能く此趣意を心得大に商売の道を弘むれば、小にして一村一郡、大にして世界万国の有無を通し生産もまた繁盛し、遂に国家の富盛を助くるに至らん、是商の主本要義にして凡そ商売を為すもの心を此に留めさるべからず[5]

すなわち、これまで私利を追求する「賎しい営み」とされてきた商業が、実は社会の繁栄と密接に関連していて、世界万国の繁栄をもたらす基となると述べている。つまり、「商業は一国盛衰貧富の関する所なり、国家之により て栄え之によりて衰ふ[6]」というように、商業は国家の盛衰のかかわるものであるという認識を明らかにしている。さらに「この文明を進めて往くものも何に拠るかと言ったら、則ち商売や工業であって、之を除いては、文明とか富強とか云ふことは那辺に求めるでございましょう[7]」と述べているように、文明開化の実体が商業や工業の実学によって支えられていると見るのである。とりわけ、富強の具体的な進度は「学理と実際の応用が進んでる程度[8]」によって測ることができると述べている。したがって、各国との競争や世の中の進歩を押し進めるのは政治でも軍備でもなく「実力・実益」と捉える。「学理と実際の応用が行き届いて居る程其国の進化力が強いと云ふ事が明かに知れるのであります[9]」というように、文明を進歩させるのは、「学理とその応用」からなる実学に他ならなかった。このように、渋沢は一国の「実力・実益」を構成するものこそ「商工業」に他ならないと主張するのである。渋沢はこうした商工業にかかわる学問の確立を提唱するのである。

渋沢によれば、日本の商業は学問とか教育や道徳という領域とはまったくかかわらないところで発達してきた。こうした渋沢の指摘が妥当であるかどうかは今は問わないことにするが、渋沢は商業や工業を中心として成立する「近代」という新しい時代に相応しい商業や工業のための学問・教育の普及を提唱する。こうした認識は新しい学問観を導きだす。渋沢は「実理と応用」を軽視してきた従来の学問に対しても厳しい批判を展開している。とりわけ、「役人や教員」など「官」につながる職種を重んじ、実際の工業や産業の発展につながる方向性を持たない当時の大学教育に対して批判の目を向ける。明治一〇年代の日本の最高学府は言うまでもなく東京大学（後に東京帝国大学）であった。東京大学に対して渋沢は次のように述べている。

国民の租税を以て是丈の教育をして呉れと云ふのは、国家を裨補する為に違ひない。国家を裨補するにはお役人さへ造れば日本の国が大変強くもなり、富もすると云へぬ事は弁を待たずして明かである。然るに此所で学ぶお人達が、左様に実際の商売若しくは工業に付いて働くと云ふ事を卑しめ、且つ嫌ふと云ふ風があ

った日には、一体此の学校は何の必要になる[10]

この東京大学に対する批判は二つの意味を持っている。一つは学問が応用と結びついていないことに対する批判と、官（役人）を重んじ民間を軽視する風潮があることに対する批判である。このように、明治一〇年代に至るまでの渋沢の主たる関心は学問の応用、つまり実学の提唱であった。

しかし、明治一〇年代の教育界の主たる関心は知育と徳育に関する論争であった。一八七九（明治一二）年に天皇側近の元田永孚が知育に傾く教育を批判して、国教を確立して徳育を重視すべきであるとする内容からなる「教学大旨」を書き、天皇を通して伊藤博文に提示した。知育を中心とした教育の推進によって日本の近代化を図ろうとする伊藤は井上毅に「教育議」を書かせ、徳育よりも知育重視の教育の必要性を唱えた。とりわけ一八八二（明治一五）年以降には日本の徳育の根拠を何処に求めるのかという議論がおこってくる。実学を提唱した福沢諭吉は、儒教的な徳育論に対しては厳しい批判を寄せた。渋沢の徳育重視はこうした動向を背景に展開されるのである。

## 三　徳育と実業

渋沢が商業道徳を唱える背景には、一つに商業そのものの観念を変化させることによって、商業の自立を目指そうとする志向があったことはいうまでもない。渋沢は商業道徳について次のように述べている。

> 商売人の心掛けは、能く信用を厚うし志操を極《ご》く堅実にし、且つ高遠の気性を以って学問を進め、公利と私利とを弁別するようにと望むならば、どうしても此徳義を重んずると云ふ心をば養成する、即ち徳育と云ふことをもう一層商工業者に於いて勉めねばならぬと思ふのです[11]。

地位が低く仕事が俗なために卑しみを受ける恐れがあるために、商工業者は一層商業道徳に励まなければならないというのである。いうなれば、商人の地位向上に繋がるものとしても想定されている。渋沢が『論語』に基づいて商業道徳を提唱したというのは周知の通りであるが、儒教と徳育の関係についてももう少し考えてみたい。渋沢は江戸時代に普及した宋学を総括して、次のように述べている。

　宋朝の学は一種の禅学でありまして、詰り悟道に異なりませんぬ、故に朱子という人の仁義道徳を釈《と》くに、道とは虚霊不昧とか愛の理、心の徳とか虚称して、全然日常の事柄とは遠く懸け離れてあるものの如く考えられました故に、道徳が進む程其人は倍々社会より縁遠くなり、社会生存上の業務は俗なるものの如く想はれ、一家の生計とか営業とかは極めて不必要の事の如くなりました。否之のみならず寧ろ此等の俗勢を離れませぬければ、学者とか賢人とかにはなれませぬ有様であったが、此れは実に大いなる誤謬であらふと存じます[12]。

朱子学ばかりではなく、「修身斉家治国平天下」という個人的な徳目を天下を治める行為へと連動させる儒教に特有の道徳観を否定している。したがって、渋沢が『論語』を引用する際には、これら儒教的な思惟や発想から離れてある地平から読み直しているということに留意しなければならない。ある地平と言ったのは商業を通した営利活動である。渋沢の言葉を借りれば「理財と道徳の一致」である。「理財と道徳の一致を勉めて、人の品格を高め、公共の利益を図るか道であると考えます、古来の考えにては道徳を尊崇するものは実業を採る事を卑しみ、商工業を取扱ひまするものは学問だの徳義だのは不必要と心得て居りましたが、右様なる野蛮の考えは全く破りたいと存じます[13]」。このように、むしろ「理財と道徳の一致」を求めることが野蛮に対する文明的な行為であると捉えた。この理財と道徳を一致させるものが「公徳」であった。渋沢によれば日本人が欧米人に批判される所がこの「公徳の欠如」であった。

　日本の一体の有様が欧羅巴の有様と異なるのも此公私の分界である。成るべく丈此公徳を修める様に、多くの人間の集って事の行届くといふ仕組みは、我と彼とでも、大いに彼が進んで居る、我は之を学ぶと申さねばならぬのですから、べつに我の優ることもありませんけれど、右等の善い事は成るべく丈子供の中から追々修養せしむるやうにありたい。即ち公徳を修める様に、共同一致の観念に素養を作るように、偏に教育家の御注意が欲しいものであると斯う思ひます[14]。

公共もしくは公徳という観念は渋沢によれば日本人に希薄な観念だと言うのである。一八九〇（明治二三）年には日本の教育の原理であり道徳教育の標準とされた「教育に関する勅語」が発布されているが、渋沢の徳育論や商業道徳ではほとんど言及されていない。これは一体何を意味するのであろうか。

渋沢は同志社の創設者である新島襄が没して間もない頃、同志社で興味深い講演をしている。渋沢によれば、学問は理化学や医学、工学、農・商学などの有形的学問と哲学、歴史、文学、政治・法律などの無形的学問に分けられるが日本においては、どちらかというと、後者の無形的学問に流れる傾向にあると指摘した上で、「其有形と無形とを問わず、其目的とする処は、畢竟するに唯実用如何といふに帰着し去るべし[15]」と述べ、実用を主眼とする学問を重視する方向に発展するべきであると主張している。そうした上で、文明開化期以来、知育を中心として徳育が軽視される状況の中で、「予が最も特に此同志社に望みを措く所以のものハ、決して智育にあらず、決して奇才子を得る為めにあらず、智才固より必要なるが、猶此上に支那にて所謂仁義忠孝といふ如き徳育を加え、正直にして且つ確固不抜の精神ある人物を生ずるに在り、之れ実に新島先生の素志にして、亦予が諸君に望む所のものなり[16]」というように、新島の主張した徳育論に賛同を示しながら、次のような言葉で講演を閉じている。

同志社の生徒は社会の実用に応ずるにハ如何なりや、予之を知らず、唯予ハ将来に向て大に望みを嘱せんと欲するなり、故に予が今日諸君に望む所は、立派なる教員或は官吏となれとにあらず、唯智あり徳あり、殊に徳ある実用的の人物となられんこと是なり、此の如く智徳兼ね備はれる実用的の人物なり、務めて同志社の功能を天下に発表しなば、一は以て新島先生の志をなすべく、又予の望をも満たすことを得て此上もなき仕合と思ふなり。[17]

実用の重視はややもすれば智育の重視に偏る傾向にあったが、とりわけ利益の追求を主とする商業を日本の近代化の基盤にすえる上においても、徳育の必然性、とりわけ「公徳」が不可欠であった。渋沢の徳育論は学問の実用化もしくは実理の追及と表裏一体の関係にあったことが明らかとなった。それと同時に「公徳」が日本の国民道徳とは異なる次元で説かれたことは注目に値する。渋沢と新島襄およびその同志社教育との接点を明らかにすることによって、渋沢の徳育論のベクトルを考えてみたい。

## 四　渋沢栄一と新島襄

新島襄は一八九〇年（明治二三）一月に大磯において四七年の生涯を閉じるのであるが、その臨終に際して、次のような渋沢栄一に宛てた遺言状を残している。

謹で告別申上候、是迄同志社大学の為一方ならざるご高配を下され候儀、感佩《かんぱい》奉り候、小生没後も行末長く御心に懸け下されたく、此上ながら懇請申し上げ候

明治二十三年一月二十一日[18]

渋沢栄一殿

同志社大学創設に関する募金活動に多大の協力を受けた渋沢に感謝の念を述べると共に今後の同志社への支援を依頼している。新島が遺言で渋沢に同志社の行末を託しているところから考えて、渋沢に対する深い信頼があったものと思われる。

新島は周知の通り、一八六四（元治元）年、函館から国禁を犯してアメリカに渡り、アマースト大学とアンド

ーバー神学校に学び、一〇年のアメリカ滞在の後、一八七四（明治七）年に帰国して翌年京都に同志社英学校を創設した。新島の畢生の事業はキリスト教主義を徳育の基本とする大学の創設であった。新島の後半生は大学創設のための募金活動に費やされた。

新島と渋沢の出会いは、一八八八（明治二一）年四月に井上馨邸で開かれた会合に遡る。新島は会合半ばにして体調を崩して席を退いたが、後に会合に参加した人々に感謝の手紙を出している。これに対して渋沢は次のような返書をしたためている。

専門学校御設立之件に付而は曾而陸奥氏より種々承知せし事も有之、先頃来井上伯（はく）よりも更に御思惟する処、縷々《るる》申し聞かされ候次第に付、及ばずながら相応之御助力申上候覚悟に御座候、其上小生も曾而心学上之事には聊か苦慮いたし、少々愚説も有之候に付、其中（そのうち）拝光夫にて申上度と存知候。[19]

これによると、渋沢は新島の大学設立に賛同して資金募集に協力する旨を新島に約束しているが、それには明確な理由があった。渋沢は「心学上の事」について多大の関心を寄せており、自分でも考えるところがあるので、そのうち面会して話をしたいと書いている。「心学上の事」というのは人間の倫理上のこと、もしくは道徳上のことを意味している。つまり、渋沢は新島の大学設立に関して、新しい西洋の知識教育よりも、徳育に強い関心を示していたのである。渋沢は東京における寄付金の取り纏めをするとともに、集まった資金の運用に関しても公債の購入を勧めたり、高い利息で第一国立銀行の定期預金として引き受けるなど献身的な協力を惜しまなかった。

それでは、新島はこのような渋沢の行動をどのように受け止めていたのであろうか。新島は最初「商法上の大王とも称せらるる渋沢栄一[20]」というように渋沢を表現している。つまり、新島にとっては自分とは対極の立場に存在すると思っていた渋沢がこのようにキリスト教主義の教育を主張する新島の企てに賛同したことについて、「実に驚くべき明治時代のフィノミノン（現象）と云ふとも決して誣言《ふげん》にあらざるべし[21]」というように、驚きを表明している。

## 五　徳育と智育

新島は、当初は何故渋沢がこれほどまでに新島の大学設立運動に関心を持ち協力的であるのかについて、十分に理解していなかったようである。新島が逝去して二カ月後に、渋沢は同志社を訪問して学生に次のような講演をしている。

予が嘗て新島先生に見《まみ》えし時、近来西洋の文明入り来たりしより、智識上においては頗る進歩せるものの如く見ゆれども、道徳上に於いては少しも進歩せざるのみならず、却って退くものの如く、今や徳気殆んど地を掃ふに至るは悲しむべきことなりと述べしに、先生大いに慨嘆して、君の言えるごとく、予は常に之を憂ひ居る所なり、予は予の学校を以って此等のものを改革せんと欲するなり、君の言誠に関心の外なきなりと、涙を含んで仰せられたることなり。(22)

西洋の文明を導入して始まった日本の近代化の過程で、知育の進歩に比べて、徳育が軽視されているというのが両者の共有する認識であった。渋沢の求める新しい経済倫理の確立と、新島の説く新しい知識に相応しい徳育の確立という教育理念との出会いである。

新島の見た近代に向けての日本の学問の変容は「道徳又歴史等の学問は唯志操を高尚にして、其丈の実学に乏、自ら大丈夫と云、大丈夫の見識なき人あり、之を一足の学問と云て大に進歩する能わず、故に維新以来の学問は唯学術技芸のみ限と見做し、古聖人の道徳学を廃し、道徳は不用と見做せり(23)」というようなものであった。つまり儒学から西洋学への転換は、実学を持たない道徳学から、道徳学を持たない実学への交代に過ぎなかった。この結果、道徳的な頽廃が生じ「学問は唯々糊口利己主義に流れ、天下は如何なるとも深く憂へざるの極におちいれり[24]」というような状況が出現したというのである。例えば、自由民権運動も確固たる道徳を伴っていないときには、そこで主張される自由も「我が儘」となってしまい、やがては国家の滅亡にも繋がるものであるとも警告している。新島は文明開化がもたらした知育に偏《かたよ》った功利主義的な教育・学問を重んじる学校教育は「便宜と智術」のみを主張し、利益追求を何よりも優先する風潮を惹き起こしたと指摘した。そこでは、教育も生活の手段を得ることをだけを目的として、社会の指導者となるべき人々も単に自己の利益や名声の獲得が学問の目的と考えるようになり、このような考え方が社会に浸透して「徳義」は省みられなくなって、利益追求のみを競う社会風潮を作り上げたと新島は分析した。新島の同志社大学設立の趣意書の基底に流れる一貫したテーマは、このような風潮を克服する「徳育の復権」であった。

こうした新島の主張に対して、渋沢は心から賛意を示し、新島の同志社に徳育と智育の両者を兼ね備えた人材の育成をみたのである。渋沢の言葉によれば、「智徳兼ね備はれる実用的の人物[25]」の養成こそ、渋沢が受け止めた新島の「素志《こころざし》」にほかならなかった。

渋沢が同志社を支援したもう一つの理由は、何事も「官」を優先し「私」を低く見る「官尊民卑」の風潮に対する批判である。渋沢はかつてフランスに行き、最も強烈なカルチャーショックを受けたものの中に、フランスにおける官と民の対等な関係があったと述べ、次のように回顧している。

欧羅巴の風習は日本とは違う、若し彼が文明であって、我が野蛮であるならば、文明の国は官尊民卑でなくして、野蛮の国が官尊民卑であると云うことは、是は智者を俟たずして理解できるのであります[26]。

渋沢によれば、こうした「官尊民卑」の風潮が日本の教育を支配して、「学校といふものは唯政府が造るものだ、国家の権力を握るものが学校の制度を定めるものだ[27]」という考えが一般的であった。国家の富強は商工業の発達を前提とし、それは民間活力を活性化することによらなければならないと考える渋沢にとって、官に頼らずに民間の力によって私立大学を設立することの意義を説いた新島の私学論こそ、近代日本になくてはならないものであった。

渋沢の徳育に関する観念や世界観は、儒教的教養を背景として形成されてきたことは周知の通りである。一般論として考えれば、幕末から明治にかけてキリスト教が布教されてくると多くの儒教的徳育論は反キリスト教へと転じるのであるが、これまで見てきたように、渋沢はむしろキリスト教倫理からなる新島の徳育論を評価し支援しようとしている。その理由の一つとしては経済人としての渋沢の合理的思考をあげることができるが、何よりも渋沢の内に「倫理の普遍志向」が確立しつつあったことがもっとも大きな理由と考えられる。次に、こうした倫理の普遍化が実際どのような形で具体化されていったのかという問題について考えたい。

## 六　国民道徳と国際主義

渋沢の時代認識の特質として、国際的視野のもとで日本を考えるという思考があげられる。「官尊民卑」の風潮を野蛮の国の陋習と言い切るところは、明治初年の啓蒙思想家を髣髴とさせる。また、自ら国家官僚の立場に身をおかず、国家とは一定の距離を保ちながら民間の経済を活性化するという役割に徹したその「在野性」も、フランス留学の成果とも考えられる。

大正期になると、渋沢は意識的に国際社会の存在を主張するようになる。渋沢は過去の日本は何事においても国内で事が足りたのであるが、これからの時代は何事においても「世界的」であることが問われてくると考えた。渋沢によれば、国際社会においては政治、経済、商業、軍事とあらゆる分野において常に進歩発展があり、それに伍してゆく絶え間ない努力が「国際化」であった。こうした国際化のなかで日本が看過してきたのが実業教育であると渋沢はとらえた。明治維新後、こうした実業教育に関する関心が高まったが、渋沢の見るところによれば「せくがまま、急ぐがままに、理・知の一方にのみ傾き、規律であるとか人格であるとか、徳義であるとか言ふ事は少しも観られませぬ[28]」と言うようなありさまであった。渋沢によれば、明治維新以来の学問の進歩は「科学の進歩、所謂物質的方面の学問のみの進歩」であり、「人格とか修養とか云う精神的方面の進歩[29]」を伴ったものではなかった。この結果、国民の間には「己一人都合が宜しければ他を顧みない」利己主義が横行し、「正義の観念、犠牲的精神」に価値を置かない人間が社会の多数を占めるようになったと述べている。渋沢にとって、こうした事態を招来したことは近代の学問の「大いなる弊害にて、吾れ人ともに憂へざる可らざる事」であった。

このころ、成瀬仁蔵から「思潮界改善の方法」について、様々な宗教や思想を持った人々からなる研究団体の結成にかんする話が持ち込まれた。一九一二（明治四五）年四月に、第一回の会合が渋沢の召集によって開かれた。これには、井上哲次郎や宣教師のシドニー・L・ギューリックをはじめ、中島力蔵、浮田和民、成瀬仁蔵などが参集した。この団体は「帰一協会」と名称された。

「二十世紀の文明は、全世界を打って一団となし、通商交通の上は勿論、精神上の問題に於いても、人種および国家の差別を打破せんとする勢いをしめせり[30]」という表現から始まる帰一協会の意見書は、経済の利害対立や人種感情の対立からくる国際紛争が人類の平和を脅かしている現実を鋭く指摘している。こうした状況において、「国民相互の友誼を増進し、国際の道義を擁護するには、世界諸国民、特に東西両洋人民間の同情を増進せざるべからず[31]」というように、渋沢らが目指した課題は、日本の一国の徳育問題にとどまらず、国際的な平和融合を視野に入れたものであった。「帰一」という言葉の意味として、それぞれの国民および個々の宗教がその特質を発揮することによって、「世界の人文」を豊かにし、「人類理想の大合奏」にかかわろうとすることであると説明している。さらに、この意見書では世界各国はそれぞれの固有の発展と歴史をもっているが、近代文明が世界に波及浸透するとともに、共通の問題に逢着していると説いている。この共通の課題として、例えば「個人主義と国家的団体」や「経済問題と社会政策等の問題」、「実証主義の気風と宗教的理想主義」であるとか「社会の現実に応ずべき教育と道徳[32]」をあげているが、これらの問題は「世界的文明の難関」である以上、「世界的の解釈」

を経なければ、十分な解決策を得ることができないと述べている。

以上のような目的を達成するために、帰一協会では宗教・哲学・道徳・社会・教育・文学等に関する論文や評論を掲載する雑誌を刊行して、内外の研究者の交流や国際会議および講演会等の開催を積極的に開催した。しかも、このような趣旨に賛同する人々に対しては、思想家・教育家・政治家・宗教家・実業家などその職業を問わず、あらゆる分野から人材を募った。渋沢の熱心な勧誘もあって、政財界は言うに及ばず宗教界とりわけ日本のキリスト教の指導的な立場にあった宣教師や日本人キリスト者の代表的な人物が集まった。

## 七　国際平和の実現と道徳

第一次世界大戦が勃発すると、渋沢の関心は国際平和の実現に向けられる。「時局に対する国民の覚悟」と題したその頃の講演において、渋沢は個人および一国内においては、十分に効力を発揮できる仁義道徳に基づく「信義」も国際社会においては武器にとって代えられる現実を目の当たりにして、「何とか国際の道徳を帰一せしめて、所謂弱肉強食といふことは、国際間に通ずべからざるものとなさしむる工夫がないものであらうか[33]」というように、「弱肉強食」が支配する国家エゴイズムを克服する方向を模索し始める。

一九一〇年代になると、アメリカのカリフォルニア州において日本人移民に対する排斥運動がおきた。排日土地法案の上程など、排日運動が強まると渋沢の関心は日米間の友好親善という具体的な問題に焦点があてられるようになった。一九一五（大正四）年には渋沢は三回目のアメリカ旅行を行いウイルソン大統領やランシング国務長官など政財界の首脳と会見し、日米の相互理解の重要性を改めて認識した。帰国後、渋沢は日米両国間に横たわる誤解と軋轢を解消し、友好関係を図る目的で、日本の主要な財界人を中心に日米関係委員会を設立した。アメリカにおける排日運動をきっかけとして、日米開戦論も囁かれる状況にあって、渋沢は「軍備に頼って平和を保つと云ふ言葉が能くありますが、軍備を進めて即ち進み進みした暁は平和ではなく、禍乱の生じたのはもう数年前の有様が歴然と証拠立てて居ると申しても宜しからうと思ふのであります[34]」と、軍備ではなく国際間の道徳を確立することによって平和を実現すべきであると主張した。

国際平和の実現を目指した渋沢の国民道徳構想とそれに規定された国際交流の思想は、多くの人々に多大の影響をもたらしたが、そうした渋沢の思想に大きな影響を与えた人物こそ新島襄に他ならなかった。新島の同志社大学設立運動は渋沢によって支えられた部分が大きい。それは単なる基金募集という財政的支援に止まらず、新島の教育理念が財界や政府の要人に理解されるさいの大きな人的媒介としての役割を果たすものであった。

渋沢の実業の道徳はキリスト教主義に立脚した新島の良心教育と出会うことによって、さらなる発展を見せたのである。日米相互理解のプログラムについてみるならば、同志社総長を務め、渋沢と新島の両方の影響を受けた原田助のように、日本で実現できなかった国際主義教育の可能性をハワイの日系二世教育において推進しようとした人物も輩出した。渋沢が構想した国際交流や国際平和論のあるものは志半ばにして実現されないままに歴史の片隅に追いやられてしまったものもある。渋沢が目指した「世界の正義」に基づく国際主義教育こそ、まさに新島の同志社教育そのものに他ならなかった。

近代日本の道徳教育が国民国家の枠内で語られ、国家の限界を超えることができなかったことは周知の通りである。その中において、渋沢の説いた商業道徳と経済倫理は国家の枠組みを超えて世界と結ぶ方向を辿るのである。しかし、こうした経済倫理を基盤とした道徳はついに日本の道徳教育の主流となることはなかった。

## おわりに

近代日本の道徳教育言説は、ある時には個人を否定して国家に収斂してゆく方向を強く有するものであった。

こうした道徳教育が何をもたらしたかは記憶に新しいところである。「公《おおやけ》」の名のもとに、個人の人権が抑圧され、さらに国家に閉じ込められた道徳は他国家の国民に対してはまったく有効性を持たないどころか、人間性を否定する残虐な行為を犯す結果ともなった。個人の自由と権利と平等が保障された新しい憲法のもとで、道徳は進歩と改革をとどめる障壁にならない程度に語られてきた。学校教育で教えられる道徳言説が日本の社会現実においてはまったく効力を持たないものであることは、その教育を受ける子どもたちが誰よりも的確に身をもって体験してきているのである。「ゆとり教育」とは裏腹に、子どもたちは時には幼い生命を脅かされるほど厳しい状況におかれている。

現代日本の教育を規定するものが、より良き人間の育成でも豊かな心をもつ人間の養成でもなく、一定の経済的価値を獲得する諸能力を修得することであることは、もはや自明の理である。父母にとって子どもへの教育は経済投資の意味合いをますます強めている。教育にとって経済というものが決定的な位置を占めてきていることは誰の目にも明らかである。しかしながら、経済に関する明確な倫理を確立しないままに、子どもたちに株式投資の仕組みを教え、架空の株の売買で利益を競うことが何の疑問もなく行われている現実がある。高等教育では、起業家の育成と称して在学中に会社を興して、ひたすら利益の追求が奨励される。このこと自体は必ずしも否定されることではないが、問題は、経済倫理の破綻が社会と教育にもたらす影響であろう。明確な倫理や道徳を持たないままに、学校教育において、こうした状況を無条件に肯定して受け入れることによって生じる教育そのものの変容は決して小さくはない。職業や労働に関する高い倫理意識と、経済に関する倫理の確立が、何よりも必要とされているのではなかろうか。何のための教育か、何のための学問か。あらためて問い続ける必要があるのではないだろうか。渋沢が目指そうとした経済倫理や商業道徳の確立は、今もなお切実な問題として私たちの前に存在する。

注

(1) 『竜門雑誌』第五六八号、一九三六年一月(『渋沢伝記資料』二六巻、一二〇頁)。
(2) 『竜門雑誌』第一六八号、一九〇二年(『渋沢伝記資料』二七巻、九六頁)。
(3) 「尾高惇忠宛渋沢書簡」一八六七年八月二日(『渋沢伝記資料』別巻三、三一三頁)。
(4) 同前。
(5) 「立会略則」(明治文化研究会編『明治文化全集』第一二巻、経済篇、日本評論社、一九九二年、一一三頁)。
(6) 「東京商業学校沿革演説」、『東京経済雑誌』第二七六号、一八八五年一月(『渋沢伝記資料』二六巻、五七五頁)。
(7) 「商工業者の志操」、『竜門雑誌』第一一三号、一八九七年一〇月(『渋沢伝記資料』別巻六、二一六〜二一七頁)。
(8) 同前。
(9) 同前。
(10) 「実業と学問との関係」、『竜門雑誌』第四五号、一九一二年二月(『渋沢伝記資料』二六巻、一三五頁)。
(11) 前掲「商工業者の志操」。
(12) 「商業道徳及び欧米視察談」、『竜門雑誌』第一七九号、一九〇三年四月(『渋沢伝記資料』二六巻、四九三頁)。
(13) 同前。
(14) 「青淵先生の実業教育談(下)」、『竜門雑誌』第二〇七号、一九〇五年八月(『渋沢伝記資料』別巻六、二一四〜二一五頁)。
(15) 『同志社文学会雑誌』第三三号、一八九〇年五月、九頁。
(16) 同前。
(17) 同前。
(18) 「渋沢栄一宛新島襄遺言」一八九〇年一月二一日(新島襄全集編集委員会編『新島襄全集四』同朋舎出版、一九八九年、四一八頁)。
(19) 「新島襄宛渋沢書簡」一八八八年五月二日(前掲『新島襄全集九』上、一九九四年、四〇八頁)。
(20) 「下村孝太郎宛新島書簡」一八八八年八月一一日(前掲『新島襄全集三』一九八七年、六二〇頁)。
(21) 同前。

(22)『同志社文学会雑誌』第三三号、一八九〇年五月、一〇頁。
(23)「学問之説」一八八〇年一一月六日（前掲『新島襄全集一』一九八三年、三五三頁）。
(24)同前。
(25)『同志社文学会雑誌』第三三号、一八九〇年五月、一〇頁。
(26)『竜門雑誌』第三三〇号、一九一五年一一月（『渋沢伝記資料』四二巻、五〇二頁）。
(27)『竜門雑誌』第二七二号、一九一一年一月（『渋沢伝記資料』四六巻、一九九頁）。
(28)「輔仁会雑誌」第九三号一九一四年七月（『渋沢伝記資料』四六巻、二三二頁）。
(29)「拾周年記念号入間学友会」一九一五年四月（『渋沢伝記資料』四六巻、一九二頁）。
(30)「意見書」、『帰一協会会報』帰一協会、一九一三年二月、一七頁。
(31)同前。
(32)同前。
(33)「時局に対する国民の覚悟」、『竜門雑誌』第三二八号、一九一五年九月（『渋沢伝記資料』四六巻、五八二頁）。
(34)「銀行通信録」第七二巻、一九二一年一〇月（『渋沢伝記資料』三三巻、一九四頁）。

# 第Ⅱ部　社会と公益

# 第6章　張謇の社会事業と日本

呉　偉明

## はじめに

これまで学者たちは、近代中国の社会事業の思想の起源について論じる際に、中国の伝統および近代西洋の模式を中心として着目してきたが、日本の影響についてはあまり言及していない。[1]歴史上、中国政府および民間では、高齢者・障害者・寡婦・孤児そして難民や被災者等に対して、救済の機制を設け、臨時措置を取ってきた。また一方で、近代西洋の政府および宗教団体は、孤児院や養老院等の各種の組織を設立し、社会事業を広めてきた。

近代中国の社会事業が、上述の両者の影響を受けていることについては論ずるに及ばないが、明治日本（一八六八～一九一二年）の経験が、清朝末期から民国初期にかけての中国の社会事業に対して、直接深く影響を与えてきたことは軽視されてきたようだ。[2]明治日本の経験には、多く西洋からの、そして、中国の伝統からの影響もある程度含まれている。しかしながら、日本の社会事業の模式は、国情にあわせて、中国と西洋、そして日本のものに対して、削除と増補が行われ、独自の特色を具えた一つの模式として作り上げられている。そして、それは、近代化の過程にある東アジア諸国の関心を惹きつけた。明治年間におけるアジア各地からの留学生、訪日の政治家と学者、中国と韓国への旅行者、顧問や「教習」（教育者）といった日本人の様々な経路によって、日本の模式は、伝播されていった。

本研究は、張謇を例として、日本が近代中国の社会事業の発展に対して演じてきた重要な役割について検討し、いかに日本の経験が受容されてきたかということを述べたものである。この研究は、日中関係史において欠けているものを補うことだけではなく、近代中国の社会事業および日本との複雑な関係についての理解を深めることを可能にしている。

張謇は、清朝末期から民国初期にかけての民間企業家、教育家、そして慈善家である。張は、企業の営利を利用して、南通地区を中心として、教育事業を展開し、慈善活動を行ってきた。張が興した教育事業および社会公益事業の中で、七、八割は明治の日本を模範としたものである。これらの多くは、当時の中国には存在せず、明治日本ですでに普及していたものであった。章開沅は、張謇の一生涯に渡る事業に対して、かつて次のように評価している。「もし、彼が行なった事業に最大の影響を与えた相手を言うならば、それは一個人ではなく、一国家——日本である」[3]。張は五〇歳の時に（一九〇三年）訪日し、日本の文教のあり方を重点的に見学し、その見聞である『癸卯東游日記』を、改革の手本として祖国に紹介した。張は、帰国後、自らもそれを実行し、南通地区において、日本の模式を参考にして取り入れた教育および慈善事業を発展させた。

本章は、張謇による『癸卯東游日記』および『張季子九録』などの原史料から、張の思想と行動はいかに日本からの影響をうけてきたのかという点と、日本の近代中国の社会事業に対する役割を考察することを目的としている。

## 一　張謇の思想と日本

張謇は親日派ではない[4]。張は、内心では、中国に対する日本の野心を警戒しながらも、理性をもって、中国が日本の近代化の経験を参考にすべきことを主張し、「日本は近いので、日本に学ぶべきである。日本はドイツに学び、イギリスを参考にしている」と述べている[5]。政治体制においても、明治憲法が立憲君主制と内閣議会制を施行していることを、中国は参考にすべきであり、教育および社会公益上においても、明治時代の日本から学ぶものが多いと主張した。

また、日清戦争（一八九四〜九五年）は、張謇の思想における一つの転換期であると言える。日清戦争による深い反省を経て、張は、中国が現代化し、独立した強国になるためには、日本や欧米などの列強から学び、経済と教育を発展させる必要があると考えるようになったからである。張は「日清戦争後、経済と教育は相互依存するものであるという考えを持つようになった」と述べている[6]。

日清戦争後、張は、状元（科挙の中でも最も上級のランキング）を得たが、官僚の道に進まず、実業界に入った。「下関条約」（一八九五年）で、日本が中国に工場を開設することが認められたため、彼は、日本および外資企業が中国に進出する前に、民族企業を立ち上げ、それらに対抗することを目的とした「商戦」を標榜し[7]。そして、南通地区に多くの企業を創設した。その中でも、一八九九年に通州に設立した大生紗廠（紡績工場）の規模は最大で、影響力は最も強かった。その目的は「以夷制夷」、外国の技術で外国人と競争することにおいた。すなわち、日本の技術を導入して、中国へ進出している日系の工場と競争しようとし、同社は日本人を顧問として採用した。張による他の企業でも、積極的に日本人技師や日本の技術を取り入れた。例えば、同仁泰鹽業公司（製塩会社）は日本式の製塩方法を使用し、日本人に工場の指導と考察を依頼した[8]。また、南通通燧火柴廠も日本から機械を購入した。

張謇の傘下にある企業は、国内販売が主要であり、中国市場を保護することを目標として、一部を海外に輸出していたが、例えば、南通広生油廠（製油工場）と復興面廠（小麦工場）は、それぞれ綿の種子と小麦粉を日本へ輸出をしている。

一九〇三年は、張謇のもう一つの転換期になったといえる。[9] 彼は、日清戦争の後、「東へ見学しに渡ることを以って参考とする」という考え方をすでに持っており、駐江寧（南京）領事の天野袶太郎の招きを受け、大阪で開催された第五回勧業博覧会に自ら出席することになった。[10]

そして、一九〇三年に、張は、大阪勧業博覧会を参観するために日本へ渡った。それは張の人生の中で唯一の外国訪問であったため、印象は非常に深いものであった。二カ月余の訪日期間中、日本各地を訪れ、自ら大阪市の幼稚園、小学校、中学校、高等師範学校、女子師範学校、高等工業学校、医学校、農学校および商業学校など、三五校を訪問し、明治日本の教育および公益事業における発展を目の当たりにした。張はまた、日本の教科書を集め、日本人の友人である竹田嘉納に依頼して、中国南通にて教学できる日本人を探した。彼はさらに、盲唖院、図書館、博物館、赤十字会、堺水族館、朝日新聞社、織物株式会社、水力発電所などを訪ね、日本の公共施設および社会事業についての考察を行った。

帰国後には、日本の模式に調整を加えて、中国に取り入れた。彼はまた南通翰墨林印書局を作って、日本の憲法、政治、教科書に関する日本語の書籍を翻訳して出版した。[11]

近代中国企業の現代化を進めるにおいて、張謇の影響力は、盛宣懐（一八四四〜一九一六年）には及ばないと言える。しかしながら、清末民初において、企業家の身分で、教育および社会公益事業に対して多大な貢献をした人物について語る際には、張謇をおいては他にはいない。[12]

この点でいえば、張謇と明治の実業家である渋沢栄一は酷似している。[13] 両者はともに、中央政府の指導者との関係が密接であったが、平民の身分で実業、教育および社会事業に従事していた。彼らは、傘下の企業の一部の営利を教育および社会公益事業を推し進めるために運用したのである。主な相違点は、渋沢が欧米モデルを参考したのに対して、張謇は日本モデルを手本にした。張謇と渋沢はともに、社会公益に心酔した企業家であり、彼らはともに国家の前途のために模索していた。張の南通のモデルは、日中欧米のハイブリッド化した現代化の模式を混ぜ合わせたものであり、後世に大きな啓発を与えた[14]。

## 二　教育家張謇と日本

張謇の教育政策は、清政府のものとは異なっていた。政府は大学教育を重視していたが、張謇は最も基本的な師範教育および小学教育から始めるべきであるということを強調して、教育事業を行った。この点をみても、明治の教育と酷似していると言える。彼は、経済と教育は中国の現代化に対する二大原動力であり、それらは相互扶助の関係にあると考え、「父が教育を行い、母が経済を担う」という主張を打ち出した。産業を行うことは、教育を興すためであり、教育を興すことによって産業が強化されることになり、それは最終的に近代国家が立ち上がることにつながる。

張は、毎年、大生紗廠の一割の営利を師範教育の推進に利用した。そして、一九〇二年、中国で最初の民間による通州師範学校を設立した。それは南通地区の最高学府を代表するものであった。同校は、日本の公立学校の建築を模倣し、張が自ら設計と資金調達を行った。学校の建築設計およびその運営は、羅振玉と上海東文学堂の日本人教員が助力した。教室と窓の面積、机といすの形状と高さといった細かい部分さえも、日本式によるものである。張は『年譜』にて以下のように述べている。「師範学校を設立する際に、完成図の作成から、施工まで、日本の学校の建築法を採用した[15]」。通州師範学校は、充実した設備の他に、清潔、勤勉、倹約、忠実などを校訓としていた。校舎の完成は一九〇四年である。成立当初、教員の大半（八名）は日本から招聘した[16]。例えば、理系担当の吉澤嘉寿、地理担当の遠藤民次郎、日本語担当の木造高俊および農学担当の照井喜三などがいた。彼らの多くは、日本の大学を卒業したばかりの若者であった。校内には、日本人教員のために通訳が配備されていた。日本人教員を重用した理由は、彼らが西洋の長所を吸収しているだけではなく、文字や価値観が中国に近いからである。また、欧米人より安く雇用できた[17]。張謇は、森田政子を自分の息子の家庭教師として日本から呼び寄せたのであった。

通州師範学校は優秀な卒業生を日本留学させて、将来通州師範学校の教師にすることも目的していた[18]。この種の契約性の派遣制度は、清政府および一部の省による公費留学の方法を参考にしたものであった。通州師範学校は模範学校となり、国内外の政治家や学者の視察の対象となって、日本の学術団体や学者もまた、交流のために立ち寄った[19]。

通州師範学校は、小学校教員を養成することを目的として設立されており、その課程は、日本の師範学校を参考にして、必修科目と選択科目とを分けた。必修科目には、修身、歴史、数学および体育が含まれており、選択科目には、政治経済、農学、化学および英語などが含まれていた[20]。日本の師範教育の方法に従い、学生への訓練も相当厳しいものであった。寮生活が定められ、毎日、粗茶に粗食、校舎の掃除も義務付けられ、その上に軍隊式の体操もしなければならず、軍事訓練のような雰囲気さえあった。張謇は、日本とドイツを例にあげて、師範学校の訓練は辛くて苦しいものではあるが、その価値は十分にあり、国家のための人材を養成できるということ以外にも、教員の待遇も非常に恵まれていると考えた。日本の小中学校教員は、六〇歳まで仕事を続けることができ、退職時には更に退職金などの福利まである。それは、志のある青年たちの師範への入学を後押ししたのである。

この他に、張謇は、一九〇五年に、中国の私立女子師範教育の先駆けである南通女子師範学校を設立した。同校は、幼稚園および小学校教員を養成することを目的としており、課程では、一般知識と実用技能（裁縫など）に重きを置いた。一九〇三年の訪日で、日本の女学校も参観しており、そこから啓発を受けたと考えられるが、さらに、二〇名の女子学生を日本へ派遣し、速成師範クラスに学ばせた。

張謇は、小学校の義務教育は、国民の素質を高める必要措置だと考えていた。清政府は、早くも一九〇三年に、六～一〇歳の児童に対して、四年の義務教育を受けさせる法令を発布したが、資源の不足によって、積極的には実施されていなかったので、張は、民間の力で小学教育に取り組み、一九〇二年より、南通地区において、小学校を設立した。張の努力の下で、その二〇年後には、南通地区では三五〇校余にまで、小学校は増加した。江蘇省は、張謇の建議を受け入れ、税収の一部を小学校の普及に当てた。張は、小学校の計画および課程の作成に関して、明治日本の方法に従った。張は、各地区が人口比率によって小学校を設立し、義務教育を行うことを建議した。小学校の課程は、日本の尋常小学校と同様であり、修身、国語、算術および体操を必修科目としていた。伝統的な読経に替わって、東西の偉人による言行を集めたものが修身科目の主題となった[21]。教科書の一部は日本の教科書の翻訳であった。中国の新式小学校の日本化傾向は、非常に明らかであった。

張謇の教育理念は、徳智体の三者に重きを置いていた。国民の質を高めるために、師範および小学教育では、基本知識だけではなく、道徳と体育がともに重要視された。南通地区の各師範および小学校には、すべて運動場が設けられており、各種体育活動や訓練が行われた。張は、訪日時に、大阪市の小学校を参観した際に、小学生が運動場で、一糸乱れず行進している姿を見て、大きな感動を受けたという[22]。彼はまた、北清事変時の八カ国連合軍の中で、なぜ日本の規律が最も厳しく、最も辛く苦しいことに耐えられたかという理由として、子供の頃から受けてきたこの種の厳格な国民教育によるものであると述べている[23]。中国は自ら強くならなければならず、そのためには小学校から着手する必要があると考えたのである。

師範および小学校教育の他にも、張謇は職業教育も非常に重視した。日本および欧米列強は、農、工、商、医、軍事、海運および建築などにおいて、全面的な職業教育を行っていた。清の中後期では、「自強運動」の後、高等教育機関としての職業学校の設立が試みられた。張は、職業教育もまた国民教育と同様に、初中級レベルから開始するべきであると考えた。彼は、南通地区に、巡査教練所、交通警察養成所、監獄学伝習所、河川海域工事測量士養成所などを含めた多くの各種新式職業訓練学校を設立した。その多くは日本での経験を参考にしている[24]。

彼は、訪日中に、漁業と航海能力は、国家の国際的な影響力は非常に深く関係していると感じ、南通に、漁業会社および商船学校を設立した[25]。また張謇は、大量の日本人および日本留学帰国者を各種職業教育の教員として採用した。例えば、一九〇六年に、日本から招聘した河川工事の専門家によって、実地測量の技術が伝授され、近代中国における第一代の河川海域工事測量士を輩出した[26]。

一方で、張謇が設立した農学校もまた、日本の農学校の影響を強く受けている。彼は、日本と朝鮮に人材を派遣し、日本人の綿花栽培について学ばせ、南通地区に実験的な農園を作り、その土地に適した綿花栽培に成功した。中でも、一九〇三年に、日本から取り入れた鶏脚綿の成功が最も代表的なものである。それによって、南通地区は全江蘇省の中でも、最も綿の生産量の高い地区となった[27]。彼はまた、南通紡織学校を設立し、日本人およびアメリカ留学経験のある中国人を教師として採用し、紡績工場の中国人技師を養成した。彼が設立した南通医科専門学校と、日本およびドイツは、密接な関係を有していた。その学校の責任者は千葉医学大学出身の熊輔龍で、ほとんどの教師は日本留学組の中国人だった。また、日本とドイツの医師が講師として招聘され、学生たちは日本語とドイツ語を学ぶ必要があった。成績が優秀な卒業生は、日本へ推薦留学できることになった[28]。南通医科専門学校もまた、教員や学生を日本に派遣し、東京大学、大阪医学大学、そして神戸医学大学を訪問させた。

以上のことから、張謇の教育思想および施設は、日本と互いに密接な関係にあるということができる。日本における教育考察は、通州の教育改革の青写真となった。日本は、唯一の参考対象ではなかったが、最も重要な構想の元となっていた。若干の調整の後に、明治時代の日本の師範、小学校、そして職業教育を中国に取り入れたのである。

## 三　慈善家張謇と日本

張謇は慈善家でもある。この方面でいえば、同時代で彼と同じレベルで論じることができる人物を見つけ出すことは難しい。彼は、南通地区に各種の文化施設や公共施設（博物館、図書館、公民館、公園、体育館および監獄など）のほか、慈善組織（盲唖学校、貧民工場、乳児院および老人院など）も設立している[29]。多くが日本の経験を参考にし、日本人専門家や日本留学経験者から力を借りていた。彼は、訪日の際に見学した関連施設についても、強い印象を持っており、帰国後、社会公益に身を投じ、晩年はさらに積極的になった。その目的は、人民の生活と文化水準を引き上げることだけではなく、地方自治を促進することでもあった[30]。

南通博物苑は、張謇が行った多くの社会公益事業の中で、最も規模が大きいものの一つである。彼は、訪日時に、博物館も見学しており、帰国後、両江総督である張之洞（一八三七～一九〇九年）に対して、北京に大型の博物館を設立し、文物を保存し、人民を教育することを建議した。博物館の目的は、人民に対して文化と知識の窓を開くことと、補助教育であった。彼は、日本の博物館制度が各国よりも優れており、中国が模倣するに値すると考えた。彼は「日本帝国博覧館の建設、その制度は他国に勝っており、他国が及びもしないものである。国が歴代内府の所蔵を国民に対して公にし、そして、国民も自分の所蔵を公表して、陳列することを許可していることは、素晴らしいことである。わが国も、その方法を参考して採用すべきであり、北京にて、帝国博物館を建設すべきである」[31]と述べている。

ところが、清廷が猶予し決定できなかったため、張はやむなく、自力で南通博物苑を創設した。それは、中国で最初の民間の博物館である。南通博物苑は、四〇ヘクタールの広さで、その中には、歴史博物館、自然科学館、天文館および動物園が含まれていた。その規模および設計は、東京の上野公園に似ている。張は、元通州師範学校の優等生であり、日本留学から帰国した孫鉞を南通博物苑主任に任命した。また、日本人の木村忠郎が植物科を担当したように、中日の専門家を招聘して、文物の鑑定や分類および標本工作に当たらせた。南通博物苑の運営が始まって間もなく、通州師範学校の学生が公共物を破壊する事件が起こった。張謇は日本の方法を参考にして、参観者の規則を作ることにより、公民道徳の向上をはかった(32)。

張謇が南通地区に設立した公民施設には、他にも図書館、劇場および公園などがある。南通図書館は、中国で最も早く現代化された、開放式の図書館の一つである。中英日の蔵書を有しており、学生は無料で閲覧することができた。一般住民は、利用の際に形式上の費用を払うだけですんだ。現代的な劇場である更俗劇場は、俳優や観衆に対して、痰を吐かない、騒がない、西瓜の種を食べないなどといった多くの文明的な規定を設けた。彼は日本留学組の呉我尊を編集者として雇用し、『公園日記』を出版し、劇場改革を提唱していた。また、日本の劇場の視察から戻ったばかりの欧陽予倩を、俳優養成所の主任に任命し、舞台人材の訓練の責任者とした。

張謇はまた、南通公園を造園し、東区は老人の休憩場所、南区は児童の遊び場、西区はプール、北区は球技場、そして、中区は花壇というように、その中を東西南北中の五区に分け、人々が各種の活動を行えるようにした。後に、公園内に、中国で最初の公民館の一つである南通民衆教育館が建てられた。公園を教育と文芸のセンターとしたことは恐らく日本の影響であろうと考えられる。

張謇は、南通地区に各種の慈善組織も設立している。その中でも、南通私立盲唖学校は、中国人が設立した最初の盲唖学校である。学校では、盲人が点字や手話だけではなく、按摩・彫刻・タイピングおよび手工芸などの職業訓練を受けることができた。それは、障害者が特技を生かして、自力更生できるようになり、社会に貢献することを目的としていた。これらは、彼が、訪日期間中に見学した大阪の盲唖学校から啓発を受けていると考えられる。張は、大阪盲亜院について以下のように紹介している。「盲唖院に到着すると、盲人教師が、盲人に文字、計算、按摩、音楽、歴史地理を教えている。聾唖の教師が、聾唖者に、絵、裁縫、刺繍、手話、体操を教えている」[33]。救済から自力への道は盲唖学校の精神であり、近代社会事業の特色にも合致した。張は京都の盲唖学校を見学し、「彼らは無用の民だったが、教えることによって、役に立つようになった」[34]と述べた。彼はまた、南通に乳児院、老人院、障害者施設、病院および公共墓地を作った。駒井徳一は南通を数回見学して、張謇の教育と慈善活動を高く評価して、南通の成功を日本人に紹介した。

民族主義および人文精神は、張謇の公民および救済活動の中で混ざり合った。その価値観は主に、伝統的な儒教思想および「士大夫精神」（封建時代の官僚層や読書人の精神）から来たものであるようだが、具体的な制度は、明治時代の日本の経験を参考にしたものが多かった[35]。

## おわりに

張謇は実務に励む行動派であり、その文学においては系統的な思想が比較的少ない。その言行を通してみると、その教育および社会事業が、明治日本からの影響を受けていることは明らかである。それらの多くが、制度上、日本のものに調整を加え取り入れられた後、南通で試行され、中国の近代化に貢献した。

しかし、張謇の日本に対する認識は、深いとは言えなかった[36]。彼の知識は主に訪日時の見聞および書物からのものであった。日本の模式を参考にすることを成功させるために、彼は、日本人を招聘し、教学や顧問に当たらせた。

実際に、日本の模式は、欧米の模式のアジア版であると言ってよい。欧米の模式は、すべて整っているものの、行政と財政上、多大な支持を得ることや、思想と教育上の準備も必要であった。清末民初の歴史条件からみれば、近代化が遅い地域であった中国では、欧米の模式すべてを取り入れることは不可能であった。

一方、日本の模式では、基礎的なもの（小学校と師範教育および基本的な社会施設）が強調され、それらに伝統的な価値観（忠君愛国、目上の者を敬うこと、刻苦勉励など）が加えられており、財政および思想上の障害が大幅に軽減されている。これは、日本からさらに遅れを取っている中国やアジア各国からすれば、欧米の模式に遜色がないくらいの魅力を持っているものであるといえた。

張謇の貢献は、教育および社会事業において、日本の模式を取り入れ、さらにそれを中国化したことであった。南通地区は、日本の模式を現地化する実験場となり、その後、中国各地が注目し、参考とする対象となったのである。

張謇の本当の抱負は、中国の中央政府による社会事業の推進への希望であったが、政府は産業および海運のみを発展させることに集中し、社会事業に対しては関心を示さないだけではなく、財政の負担になるとさえ考えていた。彼はやむなく一人の力で、自らの故郷において社会事業を推進した。この種の挫折は、かえって彼に自主権を持たせ、中央政府からの牽制や官僚による汚職や腐敗からの影響を受けることはなく、民間の市民社会からの力量を発揮させることになったのである。

### 注

（1）中国近代社会事業思想は、中国の歴史的伝統的な考え方からくるものであると強調されている。詳細は、周秋光・曾桂林『中国慈善簡史』（北京・人民出版社、二〇〇六年）を参照。西洋の教会がいかにして近代中国で社会事業を展開していったかということについては、顧長声『伝教士与近代中国』（上海・上海人民出版社、一九八一年）を参照。

（2）明治時代の日本の、清末民初の中国に対する影響については、学界でも公認となっている。例えば、Kamachi Noriko, *Reform in China・Huang Tsun-Hsien and the Japanese Model*, Cambridge: Council on East Asian Studies, Harvard University, 1981. および Douglas R. Reynolds, *China, 1898-1912 The Xinzheng Revolution and Japan,*

Cambridge: Council on East Asian Studies, Harvard University, 1994. それぞれが、日本の模式の、近代中国に対する影響について述べているが、それらの論は、社会事業について限定されたものではない。日本がいかに近代中国の社会事業に影響を与えたかという研究や考察は、学界では現在に至るまで、非常に少ないといえる。

（3）章開沅『開拓者的足跡――張謇伝稿』（北京・中華書局、一九八六年）、雷暁宇「張謇・失敗英雄」（『中国企業家』第一七期、二〇〇六年、一一二～一一五頁）より引用。

（4）彼は何度も義和団事件および日清戦争による敗戦に対して、痛恨の意思を表明している。彼は、南通において、倭寇を撃退した南通人である曹頂を記念して、曹公祠を建て直した。また、民国成立後、孫文が漢冶萍鉄道の半分の権益を日本人に譲渡することに反対し、日本政府が提示した二十一ヵ条要求に対して抗議している。この種の日本人の中国に対する野心を憎む気持ちと、日本に学べという主張の矛盾は、清末民初においては非常に普遍的なことであり、張之洞（一八三七～一九〇九年）および黄遵憲（一八四八～一九〇五年）もまた類似する態度をとっていた。

（5）「為時政致鉄尚書函」、張怡祖編『張季子九録』冊一「政聞録」、台北・文海出版社、一九六五年、巻三、九頁。

（6）張謇『癸卯東游日記』杭州市・杭州大学出版社、一九九九年、五三九頁。

（7）商戦は、清末において、外国からの衝撃の下で生まれた民族主義の色彩が強い思想であり、一種の「師夷之長技以制夷」（魏源）の思想の延長線にあるものである。詳細は王爾敏「商戦観念与重商思想」（同『中国近代思想史論』台北・華世出版社、一九七七年）を参照。

（8）「塩業整頓改良被阨記」、曹文麟編『張嗇菴実業文鈔』台北市・文会出版社、一九六九年、巻二、七〇～七三頁。また、張謇研究中心編『南通地方自治十九年之成績』（南通市・張謇研究中心、二〇〇三年、一一頁）を参照。

（9）訪日は、その事業・教育および政治思想すべてに対して、深い影響を与えた。詳細は、蔣国宏「張謇癸卯東遊日本及其影響研究」（『河南師範大学学報』第四期、二〇〇〇年、四八～五二頁）を参照。

（10）王紅「張謇癸卯東遊日本原因探析」、『四川理工学院学報』第一九巻、第一期、二〇〇四年、二一～二六頁。

（11）例えば、『日本憲法義解』『日本議会史』『日本国会紀原』『地方自治綱要』『日本統計学五百例』および『新訳国際公法』は日本語の中国版であった。中国の統治階層および知識分子に衝撃を与えた。

（12）盛宣懐の商工企業は、清末における中央政府の全面的な支持を得ていたため、規模や影響力は張謇を上回っていた。しかし、盛宣懐は社会事業に対しては、功績を残していないだけではなく、「士大夫（官僚）」の身分を捨てることもできなかった。詳細は、丁离『中国商父盛宣怀』（北京・当代世界出版社、二〇〇一年）、久保田文次『近代日本化の開拓者・盛宣懐と日本』（中央公論文化事業出版社、二〇〇八年）。

(13) 二人の相似点は、日中の学者からの関心を引いたことである。両者の比較については、周見『近代中日両国企業家比較研究・張謇与渋沢栄一』（北京・中国社会科学出版社、二〇〇四年）と中井英基『儒教文化圏における企業者精神と近代化――張謇と渋沢栄一の比較研究』（文部省科学研究費報告書、北海道大学、一九九〇年）を参照。論文については、胡令远「試論渋沢栄一与張謇研究的当代意義」（『日本研究』二〇〇五年、第三期、六七〜七四頁）および馬敏「中国和日本的近代士商――張謇与渋沢栄一比較観」（『近代史研究』一九九六年、第一期）を参照。

(14) Qin Shao, *Culturing Modernity: The Nantong Model, 1890-1930*, Stanford: Stanford University Press, 2004.

(15) 『年譜』、張怡祖編『張季子九録』冊六・専録外録、台北市・文海出版社、一九六五年、巻七、一一頁。

(16) その八名の日本教習は吉沢寿之丞、森田政子、木造高俊、遠藤民次郎、西谷虎二、照井喜三、宮本幾次および木村忠次郎である。李明勛他編『開拓与発展・張謇所創企事業今昔』南京市・江蘇人民出版社、一九九三年、七〇頁。

(17) 日本の教習の清末民初における中国での活動および影響については、汪向栄『日本教習』（北京・三連書店、一九八八年）を参照。

(18) 例えば、李元蘅、王福基、樊璞、繆文功は日本宏文師範、そして、尤金緘および于忱は早稲田大学へ留学した。

(19) 張謇『歓迎日本青年会来通参観演説』、張孝若編『張季子九録』冊一・政聞録、台北・文海出版社、一九六五年、三二八〜三三一頁。

(20) 「通州師範学校議」、張怡祖編『張季子九録』冊三・教育録、巻一（台北・文海出版社、一九六五年）、一〇頁。この他に、張生馨『張謇教育思想研究』瀋陽市・遼寧教育出版社、一九九五年、一〇五〜一〇六頁。

(21) 前掲『張謇教育思想研究』一二六〜一二七頁、前掲『癸卯東游日記』五四二頁。

(22) 前掲『癸卯東游日記』五四二頁。

(23) 「師範学校開学演説」、前掲『張季子九録』冊三・教育録、巻二、二九頁。

(24) 前掲『南通地方自治十九年之成績』一二二〜一二三頁。

(25) 行人『近代実業的開山鼻祖・張謇伝』石家庄市・河北人民出版社、一九九五年、一四〇〜一四一頁。

(26) 例えば宮本幾次は一九〇七～〇九年までの三年間、南通で測繪と土木工程技術を伝授していた。
(27) 張は、農業学校畢業生である王陶、于国梁と観瀾を日本の棉生産について日本へ調査に送った。
(28) 例えば、一九一九年に一〇名以上の学生は日本的三井病院、順天堂病院と上井医病院で実習を行った。前掲『開拓与発展』八一頁。
(29) Samuel C. Chu, *Reformer in Modern China, Chang Chien, 1853-1926*, New York: Columbia University Press, 1965, Chapter 8, pp. 162-175.
(30) 地方自治の考え方は、訪日後に形成された。伍貽業「張謇与南通近代化模式」(繆亜奇・唐愛平編『論張謇』南京市・江蘇人民出版社、一九九三年、四二頁)を参照。
(31) 「上南皮相国請京師建設帝国博覧館議」、前掲『張季子九録』冊三・教育録、巻二、八頁。
(32) Ibid. *Culturing Modernity: The Nantong Model, 1890-1930*, pp. 149-150.
(33) 前掲『癸卯東游日記』五四九頁。
(34) 同前、四九八頁。
(35) 趙有梅は、張謇の慈善思想が、伝統的な儒教仏教道教思想に基づいたもので、外国の理念を取り入れたものであるということを指摘している。詳細は、趙有梅「張謇慈善思想探析」(『南京林業大学学報』第五巻第三期、二〇〇五年九月、六九～七二頁)を参照。
(36) 前掲『近代中日両国企業家比較研究』一八三頁。

# 第7章　環境保護に対する張謇の功績について

張　廷栖
訳＝尾﨑　順一郎

張謇と渋沢栄一は、ともに近代中国と日本を代表する「士商」である。彼らは儒学の薫陶を受けたことで、基本的な価値観と考え方とが極めて似通っていた。まず、両者は「天人合一」や「中庸の道」を信条として、事業の経営と信用第一の追求に取り組むことで、利益に対する正義優先という理念を実践した。そして、社会奉仕の強調と公共事業への関心から、強烈な社会的責任感をも抱いていた。さらには、「時宜をわきまえて獲得し、節度を守って利用する」という自然の法則を尊重して、生態環境の保護を主張するのであった。

渋沢栄一によると、「孔夫子が『罪を天に獲れば、祷るところなし』（『論語』八佾）といわれた言葉のうちにある天とは…（中略）…天命の意味で」あり、「天の命は…（中略）…自然に行われてゆくものである」という。つまり、彼の言う「天命」とは自然のことわりであって、現代の言葉では自然の法則と言い換えることができる。このことから、彼は「人間は天命にしたがって行動せねばならぬ」のであって、もしも自然の法則に背くならば、「必ず悪い結果を身の上に受けねばならぬ」という結論を導き出すのであった。[1] 張謇にしても、「天地はすべてが一から始まる[2]」、「万物は一体である」といった観念が、「調和を保って中庸を得る」ことや生態バランスの維持につながると考えていた。張謇が環境保護において顕著な功績を残したのは、こうした思想に導かれたからに他ならない。

## 一　環境保護の意識に基づく都市建設

張謇は、新たに事業を起こす時から生態環境の保護を意識していた。このことは、第一に工場の建設地選択に現れている。一八九五年、張謇は張之洞から「通州一帯の商業を統括せよ」と言い渡され、大生紗廠の建設準備に着手した。この時点で、すでに張謇が工業生産の環境に対する影響を意識していたことは、工場の建設地選択という事実から確実に論証することができる。

まず、人口が密集した通州市街から六キロ離れた農村、つまり唐閘を工場の建設地とした点である。張謇は、唐閘を工場の建設地に選んだ理由として、その「土地が長江と運河に挟まれて」、交通の便が良いからであると語っている。おそらく、それが主な理由ではあったろう。ただ、南通の人間であれば誰もが知っているように、当時、市街地の西北にあった大埠頭が通揚運河のほとりにあって、やはり長江と運河の間に位置していた。そして、そこは長江沿岸の任港から二キロと離れておらず、水陸の要所として交通事情がさらに優れていた。にもかかわらず、なぜ近場に工場の建設地を選ばなかったのか、という点が問題になる。これには、他の理由があったと言わねばなるまい。その理由とは、彼は工場が都市環境の汚染につながると考えていたからではなかろうか。でなければ、なぜ近場ではなく遠方を選んだのかが説明できない。

つぎに、工場を都市の西北に配置させた点である。このような場所を張謇が選んだのは、決して偶然ではなかった。南通は海に面して海洋性気候に属しており、夏場は東南の風が多い。そのため、工業排気による都市の大気汚染を回避できた。われわれは、伝統的な習慣の中から、そこに秘められた内在的な関連性を探ることができるのである。すなわち、海門や啓東の農村では、ブタ小屋や便所が基本的に母屋の東北や西北といった風下に建てられ、風上に建てられることはなかった。海門の常楽鎮に生まれた張謇が、農村におけるこのような習慣的なエコロジーの知識を持たなかったはずがない。したがって、工場の建設地も、こうした伝統的なエコロジーの考えに基づいて選択されたと考えられる。

さて、張謇の環境保護の意識は、第二に一都市に対して三つの郊外を設けるという都市構造に現れている。唐閘では大生紗廠開設の成功が、補助産業や関連産業の勃興をもたらして、一〇数社もの企業が次々と建設され、それによって新興工業区域を形成して近代的な民族工業の重要な拠点の一つとなった。

一九〇〇年以降、大生紗廠で原料となる綿、製品、機械、その他の物資の仕入れと販売を行う必要から、張謇は交通運輸事業を興して、通州―上海間の水上運輸に投資した。すなわち、一九〇二年には通州の西方七キロ先にある天生港に大生輪船公司を創設し、一九〇四年にはさらに大達輪歩公司を設立するとともに、天生港において「通源」「通靖」という二大埠頭の建設に着手して、これらを天生港大達碼頭と称した。このことは、張謇が次第に、天生港を通州の貨物が出入りする港湾都市として確立させようとしていたことを示している。しかも、後にはさらに発電所を建設して、エネルギーを供給する基地とすることまで計画していた。

さらに、張謇は一九〇五年に「沢生外港水利公司」を設立し、天生港と唐閘の間の河道を浚渫、開拓、整地するとともに、その土を利用して道幅二・四丈からなる道路をつくり、中国最初期の道路の一つである港閘公路を設けた。その後、一九一〇年には城閘公路をつくって市街地と唐閘工業区を結び、一九一二年には城山公路をつくって市街地と狼山風景区を結び、一九一三年には城港公路をつくって市街地と天生港の港口を結んだ。これによって、一都市に対する三郊外、つまり都市と農村を組み合わせた都市空間が形成された。このような配置は、現在の都市建設においても追求され、奨励されている。具体的には、次頁の図を参照されたい。

張謇が計画と建設を行った都市構造は、都市と農村を組み合わせ、都市と郊外の間に農村というオアシスを設けることで、自然界そのもののはたらきを通して、工業生産がもたらす汚染を浄化し、生態環境を保護するという目的を達成できた。このことは、イギリスの都市理論家であるエベネザー・ハワード（Ebenezer Howard）の

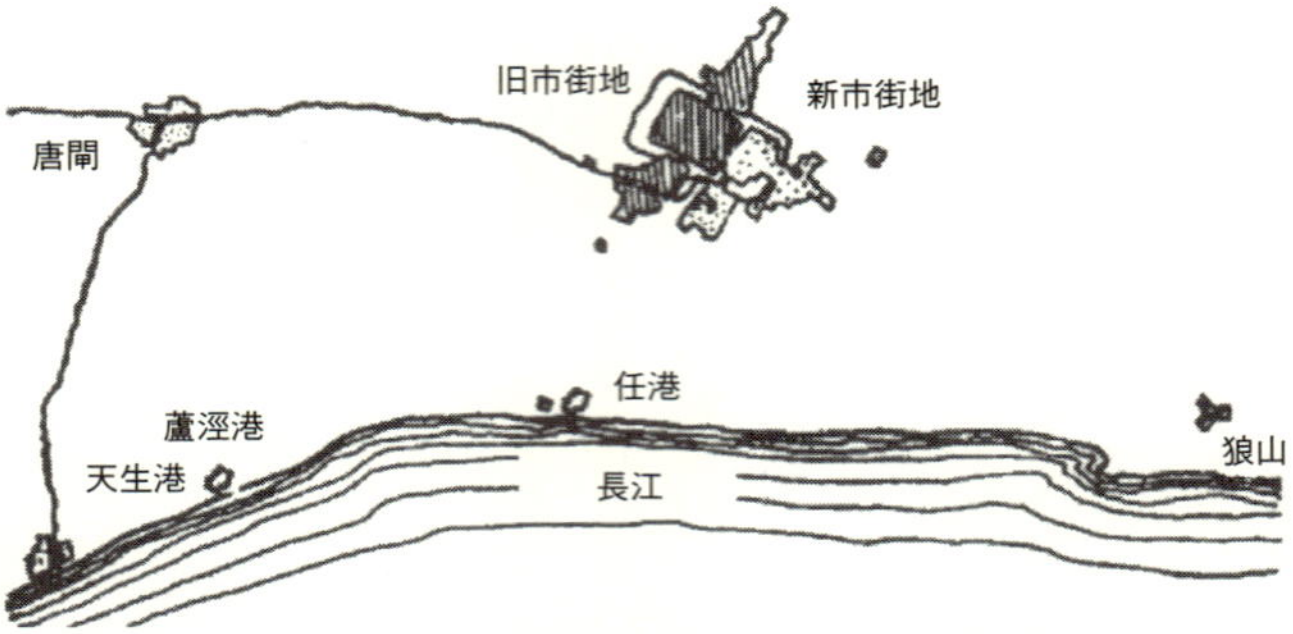


【図】1910年代の南通における一都市三郊外の都市構造（于海漪『南通近代城市規劃建設』〈北京・中国建築工業出版社、2005年、27頁〉に拠り、文字の表記等はこれを改めた。）

田園都市理論と図らずも一致し、そればかりか彼よりも三年ほど早く南通州で実践していた。さらに、南通の都市建設の過程においては、都市と郊外に明確な機能づけをしたことで、経済と文化そして教育が足並みをそろえて進展し、社会全体が連動して近代的な都市建設の模範を示すことになった。そのため、中国の建築計画学界の泰斗である呉良鏞院士は、「中国近代における第一の都市」と命名した。張謇が行った当時の南通経営は田園都市理論と合致し、その実践の成果は、この地方に工業化によって生じる人口過密、貧民集落、環境汚染、生態破壊などの都市建設による通弊をもたらさなかった。それは、彼が強いエコロジーの意識を抱き、環境保護のために傑出した功績をあげたことを意味している。

## 二　環境保護を目指した生能的産業体系の構築

循環経済とは、資源の利用率向上を根底に、資源の再生や再利用そして無公害といった方法で生態環境の保護を目指し、経済の持続可能な発展を推進するものである。もっとも、昨今の循環経済は依然として発展の初期段階にあり、地球上の人口増加と経済の恒常的発展に伴って、生態環境は徐々に経済発展の制約的要素となりつつある。だが、それは必ずや将来の人間社会における新たな経済形態となるだろう。

とはいえ、一世紀ほど前に、――それは強権主義者による人種差別、民族紛争、武装侵略、環境破壊などの反人類、反文明的な猿芝居が歴史の表舞台で日々苛烈に演じられた時であり、また物欲の横行した世の中で人間性が日増しに滅びつつあった時であり、そして生命の源である地球に対して耐えられないほどの負荷が掛けられた時である——張謇という英知を備えた人物が登場し、人間と自然の関係が調和と協調を伴って発展するように心を砕いていた。そして、彼の創業による企業相互の関連性に着目するならば、直ちにその特徴を見出すことができるのである。それは、ある企業の製品ないし廃棄物が、往々にして別の企業の資源となり、次々と産業の連鎖を形成していたことである。

南通はもともと南通州と呼ばれ、長江沿岸で海に面すという優れた自然環境の下にあり、長江河口の豊かな江海平原として、良質な綿花、稲、麦そして繭玉の生産が盛んに行われていた。一八九五年、張謇は事業による国家の救済、教育による国家の救済という壮大な理想を抱いて「新世界の雛形」という志を打ち立てるや、現地の資源を利用して、真っ先に株式制の導入によって融資を行い、綿花を原料とする大生紗廠を創設した。その後、幾多の困難を迎えるものの、一八九九年の生産開始以来、成功を収めることができた。ちなみに、ここで生産された綿糸製品は、通州の都市や農村の機織工に供給され、かの有名な「通州土布」を生産して広く国内外で販売された。

一九一五年、織機を輸入して織布工場を開設した。綿花は加工されると、繰綿が紡績工場で原料として用いられる以外に、実綿が取り出された。その実綿は種として保存しておく以外に、大量に貯蔵して植物油の原料としても活用された。このため、張謇らは、一九〇二年に株式を募って広生油廠を設立し、翌年には生産を開始した。そこでできた食用油は付近の都市や農村に提供される以外に、「残りはすべて常州、江寧、上海などで販売し、場合によっては上海にいる各国の洋商を介して欧米でも販売した。油粕は南通と上海ですべて販売する以外に、残ったものはすべて上海にいる日本の商人を介して日本各地で販売し(3)」ていたように、綿花という資源を有効に利用したのである。

また、広生油廠では食用油を生産する以外に、食用油から廃棄物となった油粕も排出した。この油粕は、石鹸を製造する際の原料とすることができる。そこで、張謇は、一九〇二年に株式二万元を集めて唐閘でも油粕を原料とする大隆皂廠を開設し、石鹸で作られた蝋燭を生産して庶民に生活必需品を提供した。

この他にも、紡績工場と織布工場では、どちらも「繰屑綿」という廃棄物によって大気と環境を汚染していたが、それは工業製紙の重要な原料でもあったことから、張謇はそこに目をつけて回収利用を行った。そこで、一九〇八年には工業の中心地である唐閘でさらに二万元の資金を集め、通州の竹園紙坊から譲り受けた旧式の製紙設備をもとに、紡績工場で排出された繰屑綿を原料とする大昌造紙廠を開設した。大昌造紙廠が生産した紙は、一九〇二年に創業した翰墨林編訳印書局に原料を提供し、企業で用いる帳簿の印刷や、学校で使う教材の印刷出版、そしてメディアや社会文明の発展に必要とされる新聞雑誌や各種書籍の印刷に活用された。大昌造紙廠は、原料の価格高騰によって経営困難に陥ったので運営期間こそ長くはなかったが、産業構造において資源の合理的な調整や効果的な利用を重視した、エコロジカルな産業連鎖の形成を反映していたのである。

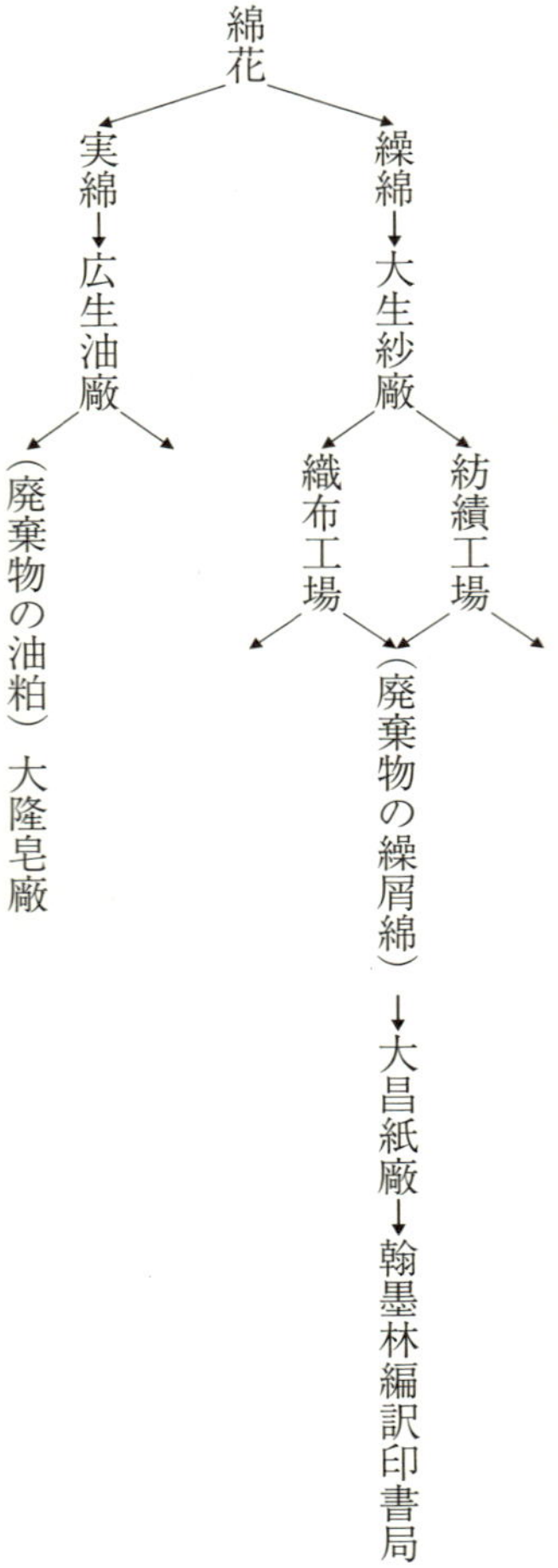


この他の資源についても同様のことが言える。南通では小麦の生産が盛んだったので、一九〇一年にそれを原料とする大興機器磨面廠を創設し、一九〇四年に生産を開始した。そこでは小麦粉製品の生産以外に、麦かすも

産出した。麦かすからは、グルテンとでんぷんを抽出することができ、グルテンは食用に供給し、でんぷんはノリの原料として織布工場に提供された。また、南通州では繭玉を生産していたため、一九〇三年に唐閘の河岸に二〇畝の土地を購入して、それを原料とする阜生蚕桑染織公司を創設し、糸繰り、絹織り、漂泊や染色などの業務を行った。そこで製造された品物は女工伝習所に供給し、刺繍用の生地と絹糸にする以外に、市場にも供給して産業の連鎖を形成した。要するに、小麦は大興機器磨面廠から大生紗廠、織布工場へと循環し、繭玉は阜新蠶桑織染公司から女工伝習所へと循環したのである。

このような産業の連鎖の中から、唐閘の工業企業では、ある産業の製品ないし廃棄物が往々にして別の産業の資源となり、連続生産ないし回収再生産を行っていることを確認することができる。まず、南通州の工業生産に環境の浄化とともに、天然資源の節約と総合利用を伴って、未熟ながら生態系との相互調和に向けた進展をもたらした。そして、このことは循環経済において求められる、企業が縦方向に生産の連鎖を延長し、製品の生産から製品の廃棄までの回収処理と再生産を行うことと一致する。また、このことは伝統工業の成長スタイルが、単純に経済成長を追求するだけで、自然循環の法則を放棄していたのを打開した。要するに、伝統的な経済活動の「資源消費から製品化、そして廃棄物処理へ」といった開放的物流モデルを乗り越えて、「資源消費から製品化、そして資源再生へ」という循環経済における閉鎖的物流モデルに合致していたのである。

張謇は自然資源の活用という面で、すでに潮汐発電の導入を考えていた。張謇の没後四〇周年を記念して、宋希尚が著した「五十年来的回憶」という文章によれば、かつて張謇は出国前に際して、検討すべき事柄を次のように委嘱したと言う。「どうにかして、一日に二度生じる干満の衝撃力を発電に利用することはできないものだろうか。長江以北と旧黄河以南、運河以東の沿海地帯にある大平原の製塩区域において、大量かつ廉価な水力発電によって商工業を発展させ、その経済的繁栄を飛躍的に促進させたならば、この上ない幸福をもたらすことになるだろう」。そして、宋希尚はこのことについて、「今日、たまたま欧米の雑誌で、イングランドの某所で潮力発電の初歩的実験が成功したのを報じるニュースを見た。だが、半世紀も前に、この老人の頭の中でかくも偉大な理想を温めていたのだから、その人並みはずれた先見の明には感服せざるを得ない(4)」と感激した。張謇は当時、エコロジー技術やエコロジー工芸を採用して伝統産業を改造することはしなかったが、資源の利用や産業構造における尽力によって、科学的な産業連鎖を形成したことは、今日における循環経済の理論と図らずも一致する。こうした進歩的な理念がすでに一世紀も前に存在していたことは敬服と感嘆に値しよう。

## 三　植林の提唱による生態環境の保護

張謇による近代的な都市建設には、ある重要な意義が込められていた。それは、人間本位の観点から、居住環境の改善や自然界の生態系保護を強調することである。張謇は幼い頃から農村で生まれ育って、自然に親しんでいたことから、かねてより植林に対して特別な思いを持っていた。そこで、事業が一定の成果を挙げてからは、居住環境の改善に関心を寄せたのである。

まず挙げられるのは、植林による生態環境の保護である。

森林は大自然の調整機器であり、それは人間と自然が共存共栄する根幹である。森林資源を保護することは、経済社会の発展を維持および推進することであり、人類の財産を保護することである。このことについて、張謇は一定の理解を得ていたからこそ、近代的な森林建設において一連の功績を挙げることができた。

それは第一に、既存の森林に対する保護を行ったことである。張謇は農林・工商総長に就任すると、中国で林業が集中している東三省（遼寧、吉林、黒竜江）に対して、林政が崩壊し過度に伐採が行われている現状の改善に直ちに着手した。一九一三年一二月に「東三省林務局暫行規程」を立案ならびに公布し、後に「東三省林務局分科規則」を立案して、専門の林業機構が既存の限られた森林資源について能率的な管理を行えるようにした。

そして、一九一四年五月一日には農業部の名目で各省区に向けて、国有森林の伐採を禁止し、山林の処理に関する事項については、必ず本部に照会するよう訓令を出した。ついで、五月三日には全国の山林に関する計画方案を大総統に上申した。この全国山林規画方案の主な内容には、全国の水源の豊かな区域には保安林を設けること、東三省では林区の測量調査をするとともに、官営の伐木事業を行って全国の林政費用に充てることが盛り込まれ、さらに以上の方案の主旨、機関、組織、経費と実施方法などが詳細に述べられた。彼が森林資源の能率的な保護に務めたことは道理にかなうものである。

第二に、水源を維持して土砂の流失を防止するために、保安林を設けたことである。張謇は、当時「国内の森林が尽く伐採され、木も草もないはげ山が至るところで見られる」ほどに自然環境が悪化していた状況に対して、「先ずは全国の広大な地域に保安林を設ける」ことを主張した。その際、「黄河や揚子江、珠江は、実のところ地表を流れる大河に過ぎない。この三河では、堆積した土砂がぶつかり合って、年内に何度も災害を引き起こしている」という事例を挙げ、その原因として、上流の水源地域に「水源を維持する森林がないため、…（中略）…ひとたび洪水が起こると、水瓶を傾けたかのような勢いで水が流れ出てしまう。流れの早い場所では、土砂を含んで激しい勢いで流れるが、屈曲した場所に来ると、流れはやや緩やかになって、土砂が堆積して流れを阻むことになってしまう。…（中略）…水の量が多ければ、それだけ災いも酷くなってしまう[5]」と語っている。そこで彼は、まず黄河保安林、長江保安林、珠江保安林を設けた上で、三河の沿岸に黄河、長江、珠江保安林の編裁局を設け、既存の森林を保護し、種の購入、苗の育成と植林などを管轄させるよう提案した。この方案は、一世紀近く経った今日でさえ、なおも現実的な指導理論としての意味を持っている。

第三に、森林に関する法律を制定ならびに公布したことである。張謇は、あらゆる事柄には基準が必要で、「法律が存在してこそ基準が生まれる。…（中略）…だから、先ずは法律を定めなければならない[6]」と考えており、植林についても同様の考えを持っていた。すなわち、一九一四年一一月、張謇のはたらきによって中国で最初の「森林法」が公布された。[7] この「森林法」は全六章三二条からなり、国有林、保安林、奨励、監督、罰款などの内容に及んでいる。さらに、彼はみずからの経験をもとに、一九一五年六月に二〇条からなる「森林法施行細目」を制定し、全国で森林保護を実施する際の基準を提供するよう努めた。

第四に、民間の植林を支援し、奨励したことである。張謇は、「官有の荒れた山地や開墾に適さない土地について、個人ないし団体で植林を申し出る者がいる場合には、一切の地代を受け取らないことを許可して、…（中略）…十分に報奨を与えるべきである」と主張し、これに対して政府も適切な支援を行った。たとえば、一九一五年八月に、彼は義農会南京分会が紫金山で植林したいと要請するのを許可するとともに、役人を派遣して「この会に常駐して支援を行い」、林業に関する指導や苗木を提供して、毎月一〇〇元の補助を割り当てるほか、さらに江蘇省民政長と協議して、毎年一万元の資金援助を獲得した。そして、張謇自身も南京に赴き、こうした植林に関する式典を取り仕切った。このように、紫金山の緑化工事は、政府と張謇の支援を得たことで、注目すべき成果をあげることができた。現在、このことは、「紫金山の中山陵は草木が青々と生い茂り、四万五千数畝の土地を占めており、そこには張謇の幾許かの貢献があった」[8] と伝えられている。また、これと対応する「造林奨励条例」[9] があり、植林面積や生育期間そして樹木の経済交易価値に基づいて、それらを六等級に分けて援助を行い、民間の植林を推奨して、祖国の山河を緑化した。南通では、張謇が長江の河川敷を保護するために保坍会を組織して、オランダの水利工事師を招聘して堤防を建設し、さらに江岸に桃や桑を植えて防護林として、南通の人々を水害から守ったのである。

第五に、育苗を試験的に実施し、苗木畑を造営したことである。張謇が「植林の奨励と試験的な育苗は、必ず並行して行うべきである」[10] と言い、「それを望むのなら、まずは試してみよ」[11] と語ったのは、林業を発展させるには、まずは育苗の試験場を創設する必要があると考えていたからである。そこで、張謇は農商総長に就任した一九一四年三月に、林祖光を天壇跡地の林芸場に派遣して整理を行わせ、空地二七〇数畝を開拓して育苗を展開し、第一林業試験場を造営した。一年目は、ドイツ産の槐の種子を導入して、天壇と西山一帯の乾燥地帯で八〇%にも及ぶ発芽率を記録し、七〇万株の育苗に成功した。これは、国外の種子を導入したことで成功を収めた事例である。また、この年の七月には、「改めてドイツに槐の種子を七百数ポンド発注したところ、すでに北京に届けられていました。北京で種を播いても、まだ三百数ポンド残ります。…（中略）…余ったドイツ産の槐の種と添付された説明書を、貴部から各省に送って播種し、林業を振興させて下さい[12]」と申し出た。一九一五年三月、張謇はまた山東省青島長清県五峰山一帯で、陳訓昶を場長として派遣し、土地を購入して第二林業試験場を造営した。一九一五年八月、張謇はさらに「林業試験場暫行規則[13]」全一一条を制定し、林業と植林に関する事項の管理を職責とすること、試験場では苗木畑を個々に設営することや、職員の定数などの事項を定めた。彼が経営した南通では、つとに一九一二年に五山地区で苗木畑をつくり、苗木を提供して、緑化と植林に取り組み、さらに森林事務研究所を設立して、林業の研究を行った。

第六に、植樹節を制定し、学校での植林を開始、組織したことである。張謇は、かつて青島林務局長の赫司による、植樹節と民国記念日には国民一人一人に一株の木を植えさせるという建議を受け取り、清明節を全国の植樹節と定めるだけでなく、国民それぞれが一株の木を植えることについて、「管轄官庁は各省に対して法令に従って実行するよう通達」した。さらに翌日には、三番目の兄である張督に、「南通の各学校の記念日にも、各省に通達した内容に沿って植樹を行わせて下さい。そして、学校の諸君にもこのことを伝えて下さい」という書翰をしたためた上で、「学校周辺の道路に面した空き地や、未整理の荒れ果てた塚にも木を植えて下さい」との要請も行った。こうした方法を採用したのは、全国の森林資源の拡大を図るだけでなく、「国民が森林を豊かにしようとする観念を育むことができる」と考えたからである。このことは、張謇が国民の植林に対する観念と生態環境に対する意識を育むことを、明確に意識していたことを物語っている。結果的に、南通では彼の指導と推進の下で、それぞれの学校林が造営された。たとえば、軍山には南通師範学校林がつくられるとともに、この学校の川の東側には二三・四畝の農場を区画して農芸部と園芸部が設けられた。そして、園芸部はさらに花草園芸と果樹園芸に分けられ、そのうち果樹園と苗木畑のほか、特に三畝を開拓して小学校のモデルキャンパスを設立した。これら四つのモデルにはそれぞれの実例を設けて師範生に対して生態教育を進めたことで、彼らは卒業後にそれぞれ各地の学校でエコロジカルなキャンパスを設計することができた。こうした新しい工夫と入念な計画は、誠に感服に値しよう。

第七に、的確な措置を講じて、木々を保護したことである。南通の五山、とりわけ狼山と軍山には、どちらも一面に広がる木々があり、張謇はこれらの木々が人々による身勝手な伐採から保護するために、わざわざ山を巡る小川を切り開いた。一九一五年、張謇は狼山の南に綿花栽培試験場を設置するとともに、「山の北に土地を購入し百六〇余丈の小川を拓いて、他の港や山の南方まで続く水路を通し、さらに耕地を谷川の外側と定め、かつて樵夫が毎朝危険を犯して通ったところに境界を設けた。…（中略）…小川を拓くことは林にとって大きな利点があることから、林渓と名付けられた」。狼山の東側には軍山があり、張謇は軍山の一面に広がる木々を保護するために、一九一九年に「土地を買って河を拓いた。四方から山麓を取り囲み、弧を描いた内側では、柔らかい場所は補強し、かたい場所は掘削し、あたかも半円の玉器のように見立てて、山の周りには畑を設け、畑の周りには渓や河を設け、河の周りには堤を設け、堤の上には外路を設けた。これらはどれも買い上げと整理の賜物である。…（中略）…森林の保護については」、これによって山林が効果的な保護を得ることができた。また、張謇は古樹名木を珍重していた。一九一四年、軍山の頂上に新たに気象台を設ける際に、一本の古い銀杏の木が邪魔な場所に立っていた。張謇はそれを知ると、他省にありながら、わざわざ事務員に手紙で連絡を取り、気象台の場所を前に移動させて、その木を守った。張謇が守った、この大きくて古い銀杏の木は、今でも気象台の北側にしっかりと立っている。さらに、美談として伝えられるのが、民国初年に東岳廟の道観が南通農校に改められる際、観内の道士が樹齢四百年にもなる古い銀杏の木を大工に売り払って、その大工が今まさに大工が斧で伐りかかろうとした時に、そこを通りかかった張謇が伐るのを止めさせ、七〇銀元で木を買い取り、古びた銀杏を虎口から救う、という出来事があった。一段落すると、張謇はいたく安堵し、その思いを次のような詩につづって学生を励ました。「同類であればいつでも年かさが論評の対象となるので、それに相応しいこの木を学園の林に植え替えるよう手配した。これを道士から買い取ったのは、老いぼれの真心である。…（中略）…諸君らは愛護に務め、この木の下で食事や休息を取りなさい」。以上のことから、大自然の木々に対する張謇の思い入れを看取することができるのである。

第八に、都市の美化と道路の緑化を行ったことである。張謇は、道路交通事業を発展させるとともに護道林を植えた。このことについて、張謇自身は次のように述べている。「わたくしが道路を開通させる際には、必ず目印として木を植え、どれも同じくらいの背丈のものを選ばせて、『わたくしは南通の新たな草木を秩序あるものにしたい』と告げた」。張謇が南通を経営していた時期には、全長およそ五〇余里、道幅三丈からなる石畳の道路をつくり、南は狼山、北は唐閘、西は天生港へと及んでいた。沿道には三・六メートルごとに、柳やニセアカシアなどを植えて護道林を設けた。また、全長数百里からなる泥で固めた道路をつくり、南通各区を縦横に結んだ。さらに、如皋、海門や各墾牧公司にまで伸びていたので、自動車を走らせることもでき、沿道にはヤナギが植えられていた。旧市街の南方には新市街を作り、新たに建設した博物苑路、公園路、模範路、南吊橋路、啓秀路、桃塢路や古い城壁を壊して建設された環状線には、沿道に木を植えて緑化していた。当時のこうした道路の緑化状況を描写したものとしては、「両側はヤナギに挟まれており、春夏の境目には、ヤナギが木陰を作り出す。そっと風がひと吹きすれば、ゆったりと揺れて、とりわけ豊かな風情を感じさせる」という記述が残っている。

さて、次に挙げられるのは、公園の造営による都市環境の改善である。

これについては、つとに一九一三年に労働者が暮らす唐閘工業区で、通揚運河の東側に、唐閘公園を建造し、労働者と住民が余暇を過ごせる場所を提供している。ある人は、当時の公園の様子を次のように描写する。「釣り糸を垂れるせせらぎ、のんびりできるあずまや、腰かけの石、つかまることのできる藤、可憐な草花、味わい深い茶、寄りかかれる欄干、のどかな散歩道、厳寒の折にも枯れない松や柏、泥中に生えながら汚れないヒシや蓮、さらにゆったりと揺れるヤナギがあり、チッチッとさえずる鳥もいる。どれも目を楽しませ、心を穏やかにするものばかりで、耳目の楽しみを極める品々は何でも備わっている」。そして、張謇自身は「公園は人情の苑であり、事業の精華である。そして教育の指標でもある」と考え、公園をつくって人々の余暇に提供した理由を次のように語っている。「事業と教育は疲れと苦しみを伴う事柄であり、公園は安らぎと楽しみを得る場所である。疲れを安らぎで埋め合わせ、苦しみを楽しみで埋め合わせようとするのは、人としての感情である。安らぎを疲れから手に入れ、楽しみを苦しみから手に入れるのは、人としての道理である。わずかな人々の疲れと苦しみによって多くの人々の安らぎと楽しみを得ることは、私に止まらず公を目指すもので、それは人としての天である。多くの人々の安らぎと楽しみで多くの人々の疲れと苦しみを励まし、それを無数の人々の安らぎと楽しみとするのは、小公から大公に進むもので、それは天としての人である」。

このことから、張謇は一九一六年に旧市街の西南にある水路一帯に、自然の地形と河川を利用して、まずは北公園を造営した。そこは、造営後に空前の盛況を博したようで、「大きなビリヤード場や魚が飛び跳ねる音を聞いて楽しむ聴魚所、鍛錬を行うためのトレーニング場が遊覧客の遊技場として提供された。左手には草の生い茂った野原が七・八畝にわたって広がり、傍らには枝垂れ柳が植えられている。春と秋の晴れ渡った日、夕日が西に沈む頃には、いつも着飾った男女が長々と列を成して柳の陰に歩を進めては、流れる水音に耳をそばだてている。人は溢れかえり、車馬はひしめき合っている。ここでの楽しみはこの上ない。野原の左手には、空気銃を撃てる建物がある。その建物の後ろには公園随一の橋があり、橋を渡ると（観）万流亭に辿り着く。かの亭は八角形で上下二層に分かれている。…（中略）…四方は池に囲まれているので、この橋だけが唯一の通り道である。周囲には数本の枝垂れヤナギが植えられ、あたかも西湖の湖心亭のようである。…（中略）…（観）万流亭からは五山を望むことができ、亭の側には常に一艘の船がつながれている。『蘇来』と言うからには、蘇州から購われた船だろう」、その船は遊覧客が花と月を鑑賞しながら遊覧して中公園まで辿り着くのに供された、と言われている。それからまもなくして、東公園、西公園、南公園、中公園、と全部で五カ所の公園がつくられた。

張謇は、これら南通市街地の様子を次のように描写する。「江淮の水郷たる南通はなんと素晴らしいのか。公園と堀は整然として、東西南北から中央を包み込む。北の公園では球場や射的場で腕を比べ、東の公園では女性や子供が歓楽を極める。南の公園では将棋を指したり酒を酌み交わしたり、西の公園では池で泳いだりボート遊びに興じる。楼閣や亭台は中央に聳え立ち、木漏れ日は水面に映えわたる。魚は気ままに泳ぎ、鳥はチッチとさえずりする。ここでは家族が揃ってくつろぎ、その楽しみを思って再びはたらく。南通の素晴らしさとは、この上ない」。これら六つの公園を運営する以外に、一九〇四年には市街地の南に植物園を建造し、二年目には南通博物苑に改修した。博物苑所蔵の文物と庭園を組み合わせたことは、中華第一と称される南通博物苑の大きな特色であり、自然界の草花樹木に対する彼の特別な感情を現している。張謇は江東の県城で、人口はわずか一一万四八六八人に過ぎない場所に、このような公園を多く建造した。これは、当時の中国一七〇〇県の中でも、並ぶものがなかったほどである。

張謇の都市建設における空間的配置と産業構造は、生態系の保持と確立を目指して、あらゆる手段を尽くして環境汚染を減らそうとするものであった。また、森林資源の保護と植林は、あらゆる手段を尽くして生態バランスを維持しようとするものであった。そして、都市の緑化と公園の造営は、人間本位の観点から居住環境を改良する一連の営みであった。これらは、決して個人的な関心や趣味、職業上の営みではない。そうではなく、このことは渋沢栄一と同様に、中華文化における内在的精神を汲み取って、人間と自然の調和を追及し、道は自然を模範とすることを信じ、自然の法則に従い、天と人との合一を探求して、衆生の平等を願うものであった。彼は、生命の安全と文明の営みが生み出したエコロジーに関心を抱いて、強烈な環境保護の理念を形成した。それによって、彼は中国早期の現代化という実践の中で、環境保護のために伝統的な工業とは異なる数多くの超克と革新を行ったのである。もし、彼らが生きた時代のこうした進歩的なエコロジーの理念が広く発揚されていれば、中国の現代化は西洋のように汚染したら処理するといった方向に進むことは避けられたかもしれないし、高く重い代償を支払うこともなかったに違いない。一世紀前の張謇と渋沢栄一の環境に対するエコロジーの意識を検討することは、昨今の世界における深刻な生態危機に対して、今世紀の重要な役割を果たすことになる。つまり、生態環境を保護し、環境保全技術に基づき、経済の持続的な発展を実現し、生態系と調和した文明が進展する道程を歩むという目標に対して、独特な模範的意義を有しているのである。

## 注

(1) 渋沢栄一『論語与算盤』北京・中国青年出版社、一九九六年、七頁。〔翻訳には、「天は人を罰せず」、『論語と算盤』国書刊行会、一九八五年、六頁を利用した。なお、「天の命は…（中略）…自然に行われてゆくものである」とは、同書「人事を尽くして天命を待て」二四〇頁に見える言葉である。筆者は「天命是以自然的配置方式表現出来的」という訳文を引用するが、それに対応すると思われる文章は「天は人を罰せず」に見当たらなかったので、「人事を尽くして天命を待て」に依拠して翻訳した。また、本章で引用されている資料と指定されたテキストで文字の異同が確認された場合は、後者に依拠して翻訳したことを、あわせて附記する。〕

(2) 『周易音訓句読』巻上、『張謇全集』五巻上、二〇頁。

(3) 張謇研究中心『南通地方自治十九年之成績』南通・翰墨林印書局、一九一五年（二〇〇三年重印）、六〜七頁。

(4) 宋希尚「五十年来的回憶——張嗇公逝世四十週年而作」、李通甫編『南通張季直先生逝世四十週年紀念集』台湾・文海出版社、一九六六年。

(5) 「条陳全国山林計劃辦法呈」、『張謇全集』二巻、二二七頁。

(6) 張謇「請解除農商総長職専任全国水利局総裁給大総統呈文」、沈家五編『張謇農商総長任期経済資料選編』南京・南京大学出版社、一九八七年、四〇七頁。

(7) 張謇「森林法」、前掲『張謇農商総長任期経済資料選編』三四八頁。
(8) 沈家五「序言」、前掲『張謇農商総長任期経済資料選編』一三頁。
(9) 張謇「造林奨励条例」、前掲『張謇農商総長任期経済資料選編』三五四頁。
(10) 張謇「規劃全国山林辦法給大総統呈文」、前掲『張謇農商総長任期経済資料選編』三四一頁。
(11) 「致金邦平函」、『張謇全集』二巻、三三二頁。
(12) 張謇「関於贈送徳国槐樹種子給冀魯等十六省咨文」、前掲『張謇農商総長任期経済資料選編』三四二頁。
(13) 張謇「呈報提前開辦綿糖林牧各試場情形及各場暫行規則」、前掲『張謇農商総長任期経済資料選編』三七七頁。
(14) 「為地方植樹致三兄函」、『張謇全集』二巻、二三三頁。
(15) 「新辟林渓記」、『張謇全集』五巻上、一七〇～一七一頁。
(16) 「東奥山荘記」、『張謇全集』五巻上、一七五頁。
(17) 張孝若『南通張季直先生伝記』第三編「民国元年壬子（一九一二）――十五年丙寅（一九二六）」・第八章「識見操行」・第四節「嗜好二種」北京・中華書局、一九三〇年、三七一頁。
(18) 「南通県図志雑紀」、『張謇全集』五巻上、一八五頁。
(19) 陳翰珍『二十年来之南通』下編、通通日報編輯部、一九三〇年、七八頁。
(20) 同前、一四六頁。
(21) 「南通公園紀」、『張謇全集』四巻、四一三頁。
(22) 前掲『二十年来之南通』一二〇頁。
(23) 「南通公園歌」、『張謇全集』五巻下、二一二頁。
(24) 前掲『南通地方自治十九年之成績』一六六頁。

# 第8章　「中国女学堂」の設立から見る経元善の社会公益事業

石　暁軍

## はじめに

経元善（一八四一～一九〇三年）の主導のもとで設立された「中国女学堂」（「経正女学」とも称せられた）は、わずか二年の存続期間（一八九八～一九〇〇年）ではあるが、中国人の手による最初の女学校として知られている。関係の研究蓄積が多く、中国女性史や中国女子教育史に関する論著には、よく経の「中国女学堂」が取り上げられている。虞和平（一九八八年）・杜学元（一九九六年）・夏暁虹（一九九八年）・小野和子（一九九九年）諸氏の研究によって、「中国女学堂」の全体像はおおよそ明らかになってきている(1)。

ところが、今までの研究と紹介は、ほとんど女子教育や女子解放運動という視点からのものであり、「中国女学堂」の創立者である経の社会事業については、必ずしも注意が払われてこなかった。そればかりでなく、「中国女学堂」の設立・運営・教学などに関する基礎的な状況についても明確にされていない部分が少なくない。

本章では、先行研究を踏まえつつ、経元善関係史料(2)に即し、彼の人物像や「中国女学堂」の関わりの事実を明らかにし、これを通じて、試みにその社会公益事業の一端を考察してみたい。

## 一　経元善の生涯とその事績

近代中国における紳商の代表人物として、経元善は、張謇（一八五三～一九二六年）・熊希齢（一八六九～一九三七年）と比べると一般には必ずしも著名な人物ではなく、それゆえ関係研究とりわけ日本国内において経元善に関する専論は非常に少ない。(3) したがって、本節ではまず経元善の基本状況を紹介しておきたい。(4)

経元善（JING Yuan-shan）は、渋沢栄一より一年四カ月遅れて、一八四一年八月二九日（道光二一年七月一三日）浙江省紹興府上虞県三都郷駅亭村の一商人の家庭の長男として生まれた。(5) 字は蓮珊（蓮山ともいう）、号は居易子、または居易居士。晩年の号は剡溪聾叟。そもそも経家は農家であり耕読（半農半学）の生活をしていたので、けっして裕福ではなかったが、一八一八（嘉慶二三）年、経元善の父である経緯（JING Wei　字は慶桂、号は芳洲。一八〇四～六五年）は一五歳の時、家庭の経済事情で上海へ出稼ぎに行って、商売見習いから数十年の奮闘で一八四〇年代以降、上海で仁元銭荘という銭荘を経営し、茶の貿易等で巨富を築いた有名な富商となった。それと同時に社会慈善事業に携わり、同仁輔元堂や育嬰堂などの善堂の運営にも力を入れていたので、清朝政府から「候補知府」という名誉職の肩書を贈られている。(6) このような環境のもとで、経元善は二歳から上海に送られて父のもとで啓蒙教育を受け、四書五経を学び一二歳まで上海で育てられた。後に小刀会の乱が起こったため、一時、余姚県に避難した後、故郷の上虞県に戻り、一六歳までの二年間を私塾に通い、伝統的な読書人生活を送った。その後、一七歳となった一八五七（咸豊七）年に、彼は父の事業を継ぐため再び上海に赴いたのである。

少年時代以降については、大きく区切れば、次のような時期区分に分けられる。

### (1) 実業家でありつつ社会慈善事業に関与した時期（二〇代から三〇代後半）

上海に赴いた経元善は、数年間にわたって父のもとで商売や経営について修業をした。科挙で進士となった張謇・熊希齢および同時代の多くの紳商とは異なり、経は一度も科挙を受けたことがない[7]。しかし彼は幼い時から四書五経の注にいたるまですべて暗誦できたほど伝統的な学問に夢中であったと伝えられている[8]。二五歳の時（一八六五〈同治四〉年）、父の死去に伴い、長男としてまず父の社会的地位の象徴——清朝廷から贈られた「候補知府」の肩書を、さらに一八七一（同治一〇）年には、経家の家業である仁元銭荘を引き継いだ。このようにして、経は而立の年に上海金融業界の一人前の紳商となった。さらに彼は上海商業界や金融業界における父の人脈も受け継ぎ、その後の一八八三（光緒九）年には上海南市銭業公会の董事（取締役）に、一八八九（光緒一五）年には上海北市銭業会館の董事に選ばれ、名実ともに上海金融界の重鎮となったのである。

このような背景のもとで、経元善が父の慈善事業を一層発展し、より広い範囲で大規模な社会慈善活動を展開した際に直面した、最初の本格的な試練は一八七七（光緒三）年の黄河水害救済事業であった。当時三七歳の彼は、河南省をはじめ北方四省の水害のニュースを聞き、すぐさま上海在住の紳商・実業家数人とともに中国初の民間救済機構である「上海公済同人会」を創設し、上海財界に広く呼びかけ寄付金を集めた。さらに自分の経営する仁元銭荘を収納機関として、友人の経営する善堂である果育堂を通じ、救済活動を展開したのである。その後、家業の仁元銭荘を廃業し、救済本部として「協賑公所」を設置し、水害救済事業に全力を注ぐこととなる。

清朝政府の救済事業を遥かに上回った民間人によるこのような大規模の救済活動は、これまで類例を見ないものであった。しかもそれまでの個人的・小規模的な「善挙」とは異なったため、直ちに全国各地ないし海外の華僑の間に大きな反響を呼んだ。なお、この上海の「協賑公所」の支部は、江蘇省・浙江省のほか、北は山東省の煙台から、中部の漢口・九江、南の福州までの中国各地、さらにはアメリカのサンフランシスコや日本の横浜・長崎に設置されるに至った[9]。この水害救済事業を通じ、経は一躍社会救済事業の主唱者あるいは社会慈善家の代表人物として広く知られるようになったのである。

## (2)　主に洋務企業の経営に関与していた時期（四〇代）

水害救済活動のなかで、経元善の現した組織化の力や運営能力などの才能は、洋務派官僚に注目されることとなった。一八八〇（光緒六）年、四〇歳の経は鄭観応と同時に、李鴻章の要請で「官督商弁」（官僚が監督し民間の実業家が運営すること）の洋務企業である上海機器織布局の会弁（専務）に任命されたが、まもなく上海機器織布局の無能な官僚たちの干渉と排斥を受け、やむを得ず退局した。その翌年には先年の水害救済活動以来の友人である上海電報局の商董・謝家福の推挙で同局の会弁に任命され、さらに翌年、「官督商弁」に改められた電報局上海支局の総弁（局長）に昇任した。これ以後の二〇年間、経の主宰する上海支局は、官僚からの干渉が比較的少なかったため、洋務企業のなかでも最も成功した範例として社会に注目されていったのである。

この間、経は電報局以外の洋務企業の経営に参画してもいる（例えば一八九〇〈光緒一六〉年、張之洞に請われて漢口へ赴き、短期間ながらに湖北織布局の経営に参画した）が、上海機器織布局の体験と同じように、いずれも無能な官僚の干渉・腐敗によって失敗してしまった。

## (3)　洋務企業経営と教育事業に精力を傾けていた時期（五〇代）

水害救済活動を通して、とりわけ「官督商弁」の洋務企業の経営に携わっていた際に、経元善は洋務企業における無能な官僚の専横状況について身をもって体験したため、腐敗した官僚層や洋務企業に大きく失望し、彼の思想も変化していった。経は、救急よりも救貧が重要であり、救貧よりも人材を育成するのが急務であることを痛感し[10]、改めて社会公益事業の方向性を模索し始めた。

彼は一八九四（光緒二〇）年以降、まず日清戦争に際しては積極的に義兵や資金の募集に尽力し、続いて上海強学会の組織化や梁啓超を中心とする『自強報』の刊行などの当時の変法運動に協力した。これ以外に彼が一番力を入れたのが教育事業であった。学校の設立を中心とする経元善の教育事業活動については、次の三つの出来事が注目される。

まず一八九三（光緒一九）年に資金を集めて、彼は上海城南の高昌廟付近で「経正書院」[11]という私塾を創設している。梁啓超や王敬安らの維新派知識人を招聘し、中国と西洋の学問を併せて教授するという教育方針を採っていたこの書院は、一八九六（光緒二二）年に経費調達が困難になったために盛宣懐の南洋公学（上海交通大学の前身）に合併されたが、これは経が学校を設立する第一歩であったとも言えよう。

つぎに彼は、一八九七（光緒二三）年の秋から、中国に女子学校を設立することを企画し、厳信厚・鄭観応・施則敬・陳季同・康広仁・袁梅・梁啓超ら七人の著名人とともに、上海の商業界・実業界をはじめ各界に呼びかけた。かくて半年以上の資金準備や校舎建設を経て、一八九八（光緒二四）年五月、上海城南の高昌廟桂墅里に、中国人の手による史上最初の私立女子学校「中国女学堂」が創設されたのである。[12]

第三に、「中国女学堂」は開校後の一八九八（光緒二四）年の夏、経元善は故郷の上虞県と余姚県にそれぞれ「農工学堂」を建設しようと計画した。しかしこれは最終的に政局の変化や彼の病気で計画自体が流産してしまった。しかし、その前後、彼は再び精力的に社会人教育事業に力を入れ、上海紳商の勉強会である「経正集会」を組織し[13]、さらに上虞県と余姚県で庶民のための勉強会である「勧善看報会」の設立に尽力したのである。[14]

### (4) マカオ亡命と晩年生活（六〇歳から六三歳まで）

戊戌百日維新失敗後の一九〇〇年一月二四日（光緒二五年一二月二四日）に、西太后の圧力により光緒帝が病気で退位し九歳の「大阿哥」を立てる詔書を発表した（「己亥立儲」）。上海電報局の総弁（局長）としての経元善はいち早く詔書の内容を知っていたため、彼は早速上海在住の知識人や紳商一二三一人の署名を集め、一九〇〇年一月二六日（光緒二五年一二月二七日）に詔書に反対の意を表明する電文を北京の総署（総理各国事務衙門）に送る。

しかし三日後、経はそのため清政府に指名手配され、齢六〇にしてイギリス船に乗り、香港経由でマカオに逃亡せざるを得なくなった。この「己亥立儲」反対事件によって、彼は一躍全国的にその名を知られるようになった。マカオに逃げた彼は鄭観応の密告で、ポルトガル当局にいったん逮捕されたが、梁啓超らの救援活動のために保護され事なきを得た。この二年数カ月にわたる亡命生活（一九〇一年の秋から香港滞在）を経て、清政府に赦免され、一九〇二（光緒二八）年五月、ようやく彼は香港から上海に戻ることができた。

家産も社会的地位も失い、健康と精神状態とも落ち込んだ経は、上海に帰った後、社会活動などにはほとんど参加せず、自宅で読書生活をしながら、前年に香港で出版された著作集『居易初集』の増補と修訂などをしていた。しかし、ついに翌一九〇三（光緒二九）年の秋、病気で六三年の生涯の幕を閉じたのである。

## 二　「中国女学堂」の設立

洋務企業に参画することを通じて、経元善が人材を育成する必要性を痛感したことは前節に述べた通りである。しかし、女子学校の設立に着手したきっかけは、維新派の女子教育に関する言説の影響であった。[15]とくに一八九七年四月から五月（光緒二三年三月から四月）にかけて梁啓超が『時務報』の二三冊および二五冊に、その「変法通議」の一部として「論女学」[16]を連載し、富国強兵を達成するためには、女子教育が重要であることを論じる論説は経に大きな影響を与えたようである。[17]彼は、清朝政府の理解と同意を得るため、さらに順治帝の欽定による『礼記』の「内則」注釈書である『内則衍義』に見える「八大綱」に基づき、「女之有学、此我祖宗之家法也」と結論し、女子教育が中国の伝統に合致することを強調している。[18]このような理論武装を経て、同年の秋から経を中心に、女子学校設立が準備段階へと進んだのである。

「中国女学堂」の草創期の記録を収める経元善編『女学集議初編』(一八九八年)によれば、「中国女学堂」の創設のため、一八九七(光緒二三)年一〇月、一一月の一カ月足らずの間に四回にわたって準備会議が開かれている。四回の記録ともに完璧に残されているので、その状況は今日においても知ることができる。ここではこれらの史料に則して、簡単にその概要を紹介しておこう。[19]

第一回会議は、一八九七年一一月一五日(光緒二三年一〇月二一日)に上海の有名な西洋レストラン「一品香」で開催された。[20] 経元善をはじめ約五〇名の紳商や官僚が出席し、主に資金募集・管理、校舎の建設地・建物様式・予算などの議題について協議した。経は比較的に地価が安い上海城南の高昌廟桂墅里に、「中西合璧」風の校舎を建築し、翌年三月の完成を目指し、校名を「中国女学堂」と定め、教師となる人材を育成し、数年後順次に中国全土に普及させることを提案し、出席者全員の賛成を得ている。

第二回の会議は、一八九七年一一月二一日(光緒二三年一〇月二七日)に上海城南の高昌廟桂墅里の池上草堂で開催された。今回の集会は呼びかけ人を中心とした七人だけで出席した小規模な集まりであり、具体的な問題について協議し、女学堂の規約やカリキュラム設置の方針は中国式と西洋式を併せたものでなければならない、との経元善の提案が承認された。[21]

第三回の会議は、一八九七年一二月一日(光緒二三年一一月八日)に、前回と同じように桂墅里で開催されたが、男性だけの前の二回の集会とは異なり、このときの出席者は女学堂設立関係者の夫人や令嬢などの女性一四名ばかりであり、呼びかけ人の一人である陳季同の妻・フランス人頼馬懿の名前も見られる。この会議は女学堂の設立に、女性自身も参画していたという点において重要なものであった。彼女たちは意見を交換し、とりわけ康有為の娘である康同薇が、中国の古来の女子教育の伝統や欧米諸国・日本の女子教育と比較し中国における女子教育の必要性と緊迫性についての発言が出席者に深い印象を残した。[22]

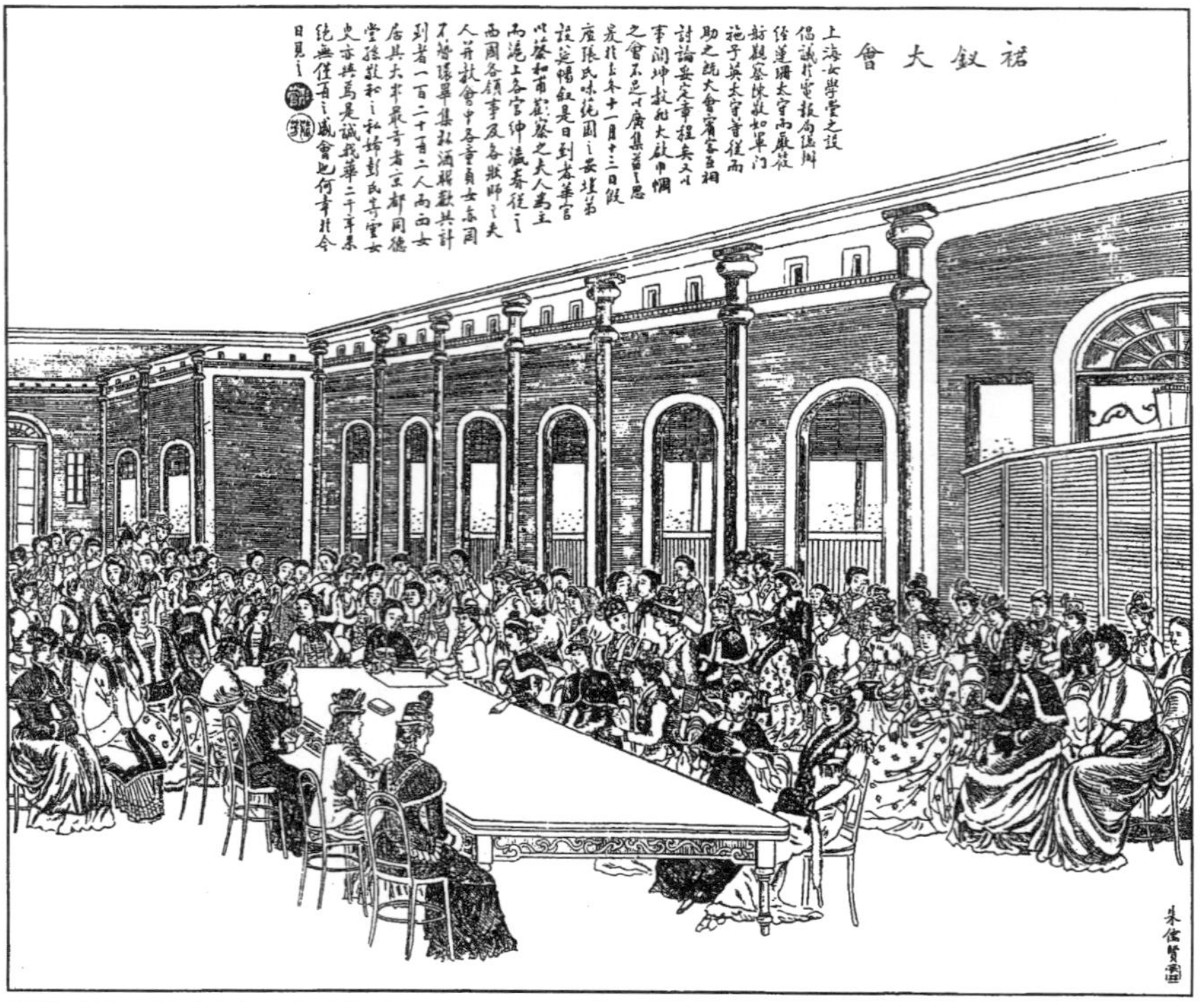


【図】上海の張氏味蒓園安塏第（Arcadia Hall）で開催された中国女学堂創設の第四回集会（1897年12月6日＝成立大会）に関する報道（『点石斎画報』利五38b-39a・「裙釵大会」、1898年2月）。

第四回の会議は、一八九七年一二月六日（光緒二三年一一月一三日）に上海の名園である張氏味蒓園で開催された[23]。この会議は女性が本格的に参加することを目的とした大会であったため、その二日前に『申報』には大会開催の通知が掲載された[24]。出席者は総勢一二二名の女性で、十数名の外国人女性（上海在住の外国領事・宣教師・弁護士の夫人か娘）を除いて、ほとんどは女学堂の設立に関与した世話人たちの家族（母・妻・娘および妾・姪など）であった[25]。会議は経元善夫人魏瑛、梁啓超夫人李端蕙、内定の女学堂の華提調（中国人教頭）沈瑛、洋提調（外国人教頭）頼馬懿および沈瑛の甥の妻章蘭らを中心に進められ、「女学堂内規七条」が提出され、出席していた内外の女性に評議が求められた。この大会の様子は当時の新聞各紙――絵入り新聞『点石斎画報』を含む――に大いに報道されている（【図】参照）。

上記の四回の準備大会を通じ、紳商などに女学堂の開設経費と運営費を募集し、その寄付額は新聞にも公開された[26]。しかし寄付された金額だけでは開設には不十分であったため、経は当時の電報総局の督弁（総局長）である盛宣懐、および南洋大臣・北洋大臣に、女学堂の建設が水害救助と同じ善挙であるから、電報総局の管理下にあった水害救済基金の利息分から毎年銀三〇〇〇両を援助してもらいたいという申し出をしたが、当該基金がすでに水害救済に用いられており、回収できないという理由で断られた[27]。そこで経元善は自分の妻・妾をはじめ女性たちに寄付を呼びかけ、半年間に一〇二名の女性からの寄付金があり、あわせて六一三〇元の開設費と五七五元の年間運営費が集まった[28]。こうして「中国女学堂」の校舎は計画通りに光緒二四年三月（一八九八年四月）に落成し、同年四月一二日（一八九八年五月三一日）に開校するに至った[29]。

【写真１】中国女学堂の成立大会会場――上海の張氏味蒓園の推定地＝現在の南京西路の南側、石門一路の西側、泰興路の南端周辺（石暁軍撮影）。

## 三　「中国女学堂」の運営と終焉

「中国女学堂」開校後の運営、カリキュラム、教員組織、学生の構成などについては、梁啓超の撰述になる「上海新設中国女学堂章程」（一八九七年一二月）、内定の女学堂の華提調（中国人教頭）沈瑛と洋提調（外国人教頭）頼馬懿が起草した「中国女学会書塾章程」（一八九八年四月）[30]、および当時の新聞記事や広告などによることでその全体的な状況を復元することができる。

一八九八（光緒二四）年七月一日、高昌廟桂墅里の新校舎で八歳

【写真２】「中国女学堂」の所在地――上海旧城南の高昌廟桂墅里＝現在の上海市西蔵南路の最南端・高雄路と半淞園路の交差点周辺（石暁軍撮影）。

から一五歳までの女子生徒二〇数名参加の入学式が行われた。「中国女学堂」の所在地である上海旧城南の高昌廟桂墅里の位置については、だいたい現在の上海市西蔵南路の最南端・高雄路と半淞園路の交差点周辺にあったと推定する。筆者がかつて現地で踏査したことがあるが、今何も残っていない（【写真2】を参照）。関係史料によれば、当時の校舎の外観は中国風、内装は西洋風の二階建てであり、教室の他、学生寮・食堂・庭園も置かれていた。

カリキュラムの構成は、校舎の建築様式と同じように「中西合璧」で、「算学」「医学」「法学」「師範」の四教科のほか、外国語の科目が全体の半分を占め、西洋式の体操・裁縫・音楽も設けられた。それと同時に、国語科目としては、伝統的な啓蒙読本（『女孝経』『女四書』『幼学須知句解』『内則衍義』）および一三経・唐詩・古文の学習のほか、隔日で女工芸・図画・医学があった。春学期の授業は、午前七時三〇分から一二時まで、午後一時から五時三〇分までであり、秋学期は午前八時三〇分から一二時まで、午後一時から四時三〇分までであった。毎週の日曜日を休日に設定し、真夏の午後は授業がないので、休みたい者は帰省して一カ月休むことができた。

教職員については、すべて女性を雇わなければならないと規定されていた。当初は、華提調（中国人教頭）一人・洋提調（外国人教頭）一人の他に、教習四人（国語と外国語二人ずつ）を募集する予定であったが、内定の提調二人（沈瑛・頼馬懿）と外国語教師二人（アメリカ留学帰りの康愛徳・石美玉）は様々な事情で着任できず、結局、国語担当二人、医学担当一人、女工芸担当一人、外国語担当二人の構成となった。なお、それぞれの氏名は次の通りである。劉可青（提調を兼任）、林梅蕊（アメリカ人。外国語総教習）、蔣芳、龔慧蘋、葛瑞星、徐賢梅[31]。教員の待遇は、当時新聞に掲載された女学堂の教員募集広告によれば、「中学」系の科目担当教員の月給がそれぞれ一〇元（初級・入門）、一四元（作文指導）、二〇元（哲学・歴史地理）であり、それに対して「西学」系の科目担当教員の月給はそれぞれ二〇元（初級・入門）、三〇元（翻訳）、四〇元（物理・化学）で、「中学」系担当教員の倍になる。[32] この給料の差を通じて「中国女学堂」の教育方針の一端が窺えるであろう。

学費については、「西洋の学校規約を倣い学費を減免する」という方針のもとで、学生一人に、毎月にわずか一元だけを徴収していた。また、学生寮の宿泊は無料で、開校当時の経済状況によって一日三食の場合は食事代三元、昼食だけの場合は一元と設定されると同時に、今後学校の財政が余裕あれば、さらに減免すると約束もしている。[33]

このようにして開校された「中国女学堂」では、生徒の人数が徐々に増え、一八九八（光緒二四）年の年末に四〇数名まで増加するにともない、上海城内の淘沙場で分校が置かれ、教員も補充された。[34] その後、各地からの入学希望者が殺到し、一八九九（光緒二五）年の六月頃には入学希望者が七〇数名に達したという。[35] ところが、規模の拡大と同時に、寄付金にしかその財源を持たない女学堂の運営はますます困難になり、さらに戊戌維新の失敗からの打撃や、とくに一九〇〇年初に「己亥立儲」反対事件で創立者である経元善のマカオ亡命によって、「中国女学堂」は苦境に迫られ、わずか二年間で廃校となったのである。

## おわりに

以上、事実関係を中心に、経元善の社会事業とりわけ「中国女学堂」の設立を絞って考察してきた。終生、社会慈善公益活動に深く関与し、中国の慈善事業および社会事業の領域において大きな足跡を残した経の社会事業の実践を通じて、その社会事業思想と慈善公益観の特質を窺い、位置付けることができたと思う。

経元善の社会公益事業としてあげられるものとしては、前期の水害救済事業と晩年の学校設立事業があるが、この二つの方面はいずれも彼の一貫した社会公益事業思想の反映であった。すでに述べたように、経は「善堂」の慈善事業・水害救済事業や洋務企業の経営に対する反省を通し、救急よりは救貧、救貧よりも人材の育成が急務であるという認識を持つに至った。このような考えに基づき、彼の社会事業の中心も災害救援から学校設立へと変化していったのである。

注

（1）虞和平編『経元善集』〈章開沅主編　辛亥人物文集叢書②〉武漢・華中師範大学出版社、一九八八年、一～二九頁「前言」、杜学元『中国女子教育通史』（貴州・貴州教育出版社、一九九六年、第二編第三章第三節）、夏暁虹著・藤井省三監修・清水健一郎・星野幸代訳『纏足をほどいた女性たち』（朝日新聞社、一九九八年、三九～五八頁）、夏暁虹『晩清社会与文化』（武漢・湖北教育出版社、二〇〇一年、二六一～二七二頁）、小野和子「経元善と中国女学堂」（京都橘女子大学『女性歴史文化研究所紀要』第八号、一九九九年）を参照。また、羅蘇文『女性与近代中国社会』（上海・上海人民出版社、一九九六年、第四章）、閻廣芬『経商与弁学――近代商人教育研究』（石家荘・河北教育出版社、二〇〇一年、一三一～一三六、二一九～二二三頁）、李長莉『晩清上海社会的変遷』（天津・天津人民出版社、二〇〇二年、第五章第六節）にも関係の論述がある。

（2）経元善の基本史料としては、経元善の自著『居易初集』（全三巻）上海同文社、一九〇二年、同編『女学集議初編』（一八九八年）、同編『趨庭記述』の他に、『古虞駅亭経氏宗譜』『上海協賑公所往来信稿』および『申報』など当時の新聞に散見している関係記事があるが、そのほとんどは前掲『経元善集』に収録されているため、本章では主に『経元善集』を参考にした。

（3）管見の限りでは、経元善の生涯について日本語によるものは前掲「経元善と中国女学堂」に関係記述がある以外、中井英基氏による経元善伝記（山田辰雄編『近代中国人名辞典』所収、霞山会、一九九五年、三六〇～三六一頁）しかないようである。

(4) 経元善の生涯については、主に前掲『経元善集』に収録されている「前言」と「経元善年表」によるが、前掲中井英基氏による経元善伝記、前掲「経元善と中国女学堂」をも参考にした。
(5) 今までの関係論著には、経元善の故郷については、たまたま寧波府上虞県とされているが、実際には清初から清末までに上虞県はずっと紹興府の属県であった。『浙江通志』巻四を参照。
(6) 経緯の慈善事業については、夫馬進『中国善会善堂史研究』(同朋舎出版、一九九七年、第一〇章第二節)を参照されたい。
(7) 清末民初における「紳商」の詳細については、中井英基『張謇と中国近代企業』(北海道大学図書刊行会、一九九六年、第Ⅰ部第二章)を参照されたい。
(8) 経元善「五誓斎記」(前掲『経元善集』二三八頁)に「余年十七、即奉厳命服賈於滬、従未応過試、惟四子書幼読頗熟。三十歳前、従大学之道起、至無有乎爾、経注均能黙誦。故終身立志行事、願学聖賢、不敢背儒門宗旨。」とある。
(9) 『申報』一八七九(光緒五)年四月八日記事。
(10) 経元善「拟辦余上両邑農工学堂系啓」に「民生困窮、日甚一日、豊年啼飢、況於歉歳。災患無窮、資力有窮、荒年之飢民有限、豊年之飢民無限。語云救急不救貧、不知不救貧、則貧亦変急。譬之元神不培、而恃敷薬、則敷無已時、而医者與病者、必至相為終始、則善後之法、所宜極講矣。其法若何、一曰興農開荒、一曰課工教藝。」とある。前掲『経元善集』二四五頁。
(11) 「経正書院」の「経正」は経元善の姓名からの命名ではなく、「常道に帰る」という意味(『孟子・盡心下』の「経正則庶民興」参照)からのである。これについては経元善「募修陳公祠又啓・附経正集条規」(前掲『経元善集』二六二頁)に「経正二字、無所頃附麗、窃用不安、故特移於此集。法可変、道不可変、不変者経之謂也。表章先賢、聯合同志、其事甚微、其所関係甚大。名以経正、庶幾扶聖教而正人心。忠孝節廉、可以弗泯乎。」を参照。
(12) 中国における最初の女学校は、一八四四年にイギリス人宣教師 Alder Say 女史が寧波で設立した女塾であると言われている(『中国基督教教育事業』上海・商務印書館、一九二二年、第三巻第一二章)。
(13) 経元善「募修陳公祠又啓・附経正集条規」(前掲『経元善集』二六一〜二六六頁)を参照。
(14) 経元善「余上勸善看報会説略章程」(前掲『経元善集』二六七〜二六九頁)を参照。

(15) 維新派の女子教育論については、『中国近代学制史料』(上海・華東師範大学出版社、一九八六年)第一輯下冊、を参照。

(16) 梁啓超「変法通議・論女学」、『時務報』第二三冊、一八九七年四月。また前掲『中国近代学制史料』第一輯下冊所収。

(17) 経元善「女学集説附」に「中国宜開女学之議、吾友香山鄭陶斎観察已於盛世危言発之極透、元善服膺非一日矣。新会梁卓如孝廉時務報第二十三冊、二十五冊刊登女学論、有未経人道之処、読者咸服其精詳、滬上女学之設導源実筆於此。且撰公啓、倡捐助、皆出孝廉大手筆、文理密察、学有本原嶺海多才、益深宗仰。」とある。前掲『経元善集』二一六～二一七頁。

(18) 経元善「中国女学堂縁起」に「女之有学、此我祖宗之家法也。敬告中国四万万人、幸共聞之。謹案女学一事、古先哲王興道致治莫不以此為要図。」とある。前掲『経元善集』一八二頁。

(19) 中国女学堂の設立経緯について、前掲「経元善と中国女学堂」にも詳細な考察があるので参照されたい。

(20) 経元善「滬上創弁中国女学堂一品香会議第一集」(前掲『経元善集』一八六～一八八頁)を参照。「一品香」は清末上海において有名な西洋レストランであり、上流社会の社交の場として知られ、四馬路(現在の福州路)に位置した(『上海通史』上海・上海人民出版社、一九九九年、第五巻『晩清社会』五一一～五一四頁を参照)。

(21) 経元善「滬南桂墅里池上草堂会議第二集」を参照、前掲『経元善集』一九五～一九六頁。ちなみに、前掲「経元善と中国女学堂」にはこの集会の時間を一〇月一七日とされているが、誤植であろう。

(22) 経元善「内董事桂墅里会商人公宴駐滬中西官紳女客第三集」には、康同薇が欧米と日本の女子教育について「西国即不然、女子六歳必入学、不則罪其父母。教之之道、自写・読・算・画・女範・天地・医藝、無所不具、故明大義、能樹立、此外国男女　所以平等也。日本新開塾、而女子生徒二百二万三千五人、教習一千八百六十人、女子工芸学校二百四十所、高等師範学校十所」と称えた。前掲『経元善集』一九六～一九七頁。

(23) 「内董事張国安塏第公宴中西官紳女客会議第四集」(前掲『経元善集』一九九～二〇三頁)を参照。張氏味蒓園は張園とも言い、清末無錫の張鴻禄が西洋人の別荘を買収し作った清末上海の名庭園で、安塏第(Arcadia Hall)は張園の中のメイン建物で集会の名場所としても知られる。張園は一八八五年に開放、一九一五年頃廃園となり、一九一八年以降住宅地となる。場所は現在の南京西路の南側、石門一路の西側、泰興路の南端あたりである(熊月之監修『上海通史』上海人民出版社、一九九九年、第三巻『晩清政治』二八四～二九六頁）。現在の周辺の風景については付図の写真（石暁軍撮影）を参照。

(24) 『申報』一八九七（光緒二三）年一二月一二日に掲載されている「中国女学堂大会中西女客啓」（前掲『経元善集』一九八～一九九頁も収録）および同じ日の新聞記事「坤道雅集」を参照。

(25) この集会の出席者については、前掲「内董事張国安塏第公宴中西官紳女客会議第四集」に記載されているが、姓と名が明確に記載されていない人物が多い。前掲小野和子「経元善と中国女学堂」には出席者についての比定があるので参照されたい。

(26) 『中外日報』一八九八（光緒二四）年七月一八日に掲載されている「中国女学堂戊戌六月底止収付清単」参照。

(27) 前掲『経元善集』二一〇～二一六頁に収録されている「中国女学堂稟北南洋大臣稿」「稟総署楚湘皖浙蘇各都撫稿」「又上総署北南洋各都撫憲夾単稟」「女学堂上盛京堂稟」を参照。

(28) 『時務報』第四七冊～五八冊の関係記事を参照。

(29) 「上海創設中国女学堂記」『万国公報』第一二五巻（前掲『経元善集』二三一～二三三頁収録）を参照。

(30) それぞれ『時務報』第四七冊と『万国公報』第一二五巻に掲載されている。また前掲『経元善集』二二五～二二八、二三〇～二三二頁を参照。

(31) 前掲『万国公報』第一二五巻に掲載されている「上海創設中国女学堂記」および『中外日報』一八九八（光緒二四）年七月一八日に掲載されている「桂墅里女学会書塾公啓」による。

(32) 前掲「桂墅里女学会書塾公啓」によれば、教員募集条件としては、「能教幼学捷径書籍者」月俸一〇元、「能教尺牘論説文義者」月俸一四元、「能教中西経史輿地者」月俸二〇元、「能教啓蒙拼法文義者」月俸二〇元、「能教華洋文互訳者」月俸三〇元、「能教高等格致実学者」月俸四〇元である。

(33) 「中国女学会書塾章程」前掲『経元善集』二三〇～二三二頁を参照。

(34) 前掲「桂墅里女学会書塾公啓」は分校の増設のために、教員を募集する広告である。ただし、補充された教員の名前は不詳。

(35) 前掲「上海創設中国女学堂記」を参照。

# 第Ⅲ部　文化と公益

# 第9章　中日両国の近代文化事業における張謇と渋沢栄一の意義

銭　健
訳＝于　臣

中日両国の近代化の発展に大きな役割を果たした張謇と渋沢栄一は、両国の文化事業に対して各方面にわたって援助活動を行った。「文化」とは意味が錯綜する概念であるが、ここでは、演劇、美術、ならびに博物館事業等を指す。本章では張謇と渋沢の文化援助活動および彼らの文化に対する態度を考察することによって、その意義を解明したうえで、現今の我々にいかなる啓発を与えてくれたかについても考えてみたい。

## 一　張謇と渋沢栄一の文化助成事業

### 1　演劇事業

英国で演劇を学んでいた末松謙澄は、日本に帰った一八八六年、「演劇改良会」を組織しようとした。この改良会の趣旨は、演劇の陋習を改革し、優秀な台本を選び、西洋式の演劇、コンサート等を計画することである。末松の建議は、内閣大臣等から支持を得て、渋沢栄一と一部の著名人士が改良会の創立式典に出席し、運営資金を援助した。

また小島信民は古い演劇に表われた「旧習」「拘泥」「猥褻野鄙」の特徴はすでに時流に合わないとし、一八八八八年五月に「東京改良演芸会」を組織し、「風俗の改良」を目指した。渋沢栄一はこれにも賛意を示した。その後、一九〇五年、大隈重信と坪内逍遙などが「文芸協会」の設立を発議したとき、渋沢栄一夫婦は当協会の最初のサポーターであった。さらに当協会がその後「演劇研究所」および「演芸学校」を設置した時、渋沢栄一は引き続き支持したのみならず、「演芸学校」に資金さえ援助したのである。

一九〇七年、柳沢保恵伯爵、長松篤棐男爵、千葉松兵衛、大倉粂馬、村井貞之助、福島行信、根津嘉一郎らが、高等演劇場を建設した。これは現代的な大劇場で、場内には冬の寒さと夏の暑気に備える暖房と扇風機が設置してある。音響効果もよく、大規模なオペラを上演することも可能であった。渋沢栄一は、またこの劇場をサポートする主要な人物となり、取締役をも務めた。

一九〇八年、ヨーロッパから帰国した女優・川上貞奴および夫・音二郎は、女優を養成する専門学校「帝国女優養成所」設立を計画し、一六歳から二五歳までの高等小学校卒業以上の学歴を持つ女子生徒を募集しようとした。しかし、川上夫婦は創立経費と運営費の不足に悩んだ。これに対して、渋沢栄一は資金の援助を与えた。このほか、一部の有志の協力もあったので、最初の教師陣が整い、十余名の学生が養成所に入学するようになった。九月一五日、女優養成所の開学式に臨席した渋沢栄一は、熱意に溢れる演説を行った。彼は封建時代における女優に対する蔑視と侮辱を批判し、今日の女優の自尊と独立に大きな期待を寄せた。この養成所は翌年の七月に帝国劇場付属技芸学校に改組された。一九一〇年三月二六日、渋沢栄一は学校の総長に就任し、四年半在任した。

なお、渋沢は帝国劇場の建設にも参与した。日本最高の文化的象徴の一つとしての帝国劇場は先駆的なデザインを持ち、工事の規模も頗る大きい。その建設に備え、帝国劇場株式会社が事前に設立されたが、取締役会長を務めた渋沢栄一は、財政面の支援のみならず、施工の事務にも関心を示した。彼の貢献を称えるために、一九一四年九月一八日、劇場株式会社は帝国劇場内に彼の胸像を立てるという議決を行った。

上述した渋沢栄一の貢献は、文化事業に対する日本実業界の「後援」の立場と「尽力」の態度を反映している。

「後援」とは、物質・資金面における援助のことである。これに対して、「尽力」は文化事業の振興に力を惜しまない姿勢を意味する。数多くの援助活動に表された渋沢栄一の狙いは、一般に組織団体を作り、建物を建てる行為にとどまらず、日本の「文芸気風の一新」に働きかけることであり、そこで行われた彼の助成活動は日本文化の革新を推し進める意味で重要な社会的意義を有した。

一方、近代中国の張謇も、渋沢栄一と同じく文化助成活動を行った。彼は中国の演芸学校の「伶工学社」、また近代的劇場を建設し、演劇の改革運動を支持した。

一九一八年、張謇は演劇大家の梅蘭芳に、「世界文明の幕開けにあたり、わが国の文化を世界に広げようとするなら、南通を嚆矢としたい。社会を改良するには、文字が戯曲の便利さに及ばない。美術工芸の提唱も戯曲ほど便利ではない」と、手紙を寄せた。同年、同じ演劇専門家の欧陽予倩と談話したとき、「実業は経済を振興することができ、教育は人智を啓発することができる。これに対して、演劇は実業を振興するのみならず、教育の不足を補うこともできる」と述べた。なお、梅蘭芳には「わが国の社会は良くない。社会が良くなければ、実業が進まず、教育の効果も薄くなる。社会の改良に着手する場合、演劇がもっとも身近なものである。これに従事しようと考えてから、もう何年も経った」と書簡を送った。

その後、張謇は南通西公園劇場の経理薛秉初を上海へ派遣し、演劇改良を唱導する欧陽予倩を招請することにした。欧陽は南通で演劇の革新事業に取り組む意志を示し、快諾した。彼は一九一九年前半、二回南通で張謇と相談した。なお、張謇は北京で生徒を募集するため、熊秉三を遣わした同時、当時すでに上海に帰った欧陽に知らせた。欧陽は張謇の誠意に感動し、直接上海へ赴き、応募者を面接し、その中から一三人を選抜した。なお同年の夏、薛秉初とともに北京から出発し、朝鮮を経由して日本に渡った。彼は日本で、劇場と学校経営を見学したのみならず、演劇家の石井柏亭および小山内薫を訪れた。九月に欧陽は家族連れで南通に引越し、南通で引き続き生徒と教員の募集に当たった。同月、中国近代最初の新型演劇学校—伶工学社が南通で正式に成立し、開学した。

梅蘭芳は伶工学社の名誉社長、張孝若は社長、欧陽予倩は主任兼教務を勤め、張謇は理事長を担当し、学社の活動全般を支えた。伶工学社の成立費用の二万元、年経費の一万二〇〇〇元はすべて南通商工業界から借りたものである。伶工学社の学制は五年とし、学生は卒業後、劇団で二年勤務するようにした。講義にあたる教員は、各地方各業界の知名俳優および造詣の深い人士であった。日本人の西提等も教員として招聘された。張謇は伶工学社の方針について、「本社の初めの規定の本意は主に風俗の革新にある」とした。すなわち、社会風俗を革新する目標である。

さらに一九一九年一一月、張謇兄弟は、資金を集め、南通新城区の西部に当時中国一流の近代的大劇場を建てた。その劇場は二階建てで、一二〇〇名の観衆を収容する広い観衆席が設けられている。その構造、設備および管理制度はみな最新式である。欧陽予倩は全国にこの劇場より優れるものがないと賞賛した。張謇はこの劇場を「更俗劇場」と名づけ、兄の張詧とともに劇場の建設方針を説明した。「通俗教育は演劇により行われ易い。……観劇はそのジャンルの風格を見るだけでなく、それを通じて社会の気風を高尚になるまで導きたい。そのため……演劇は陋習に沿うべからず、その作用は通俗の教育に適合すべし。それ故、我が兄弟が更俗劇場を発起する」と。

更俗劇場は、伶工学社の教職員と学生の演劇の舞台を提供するだけではなく、新聞『公園日報』をも刊行した。当紙は一九一九年九月に改版され、日本へ留学した経験のある呉我尊を主編とし、欧陽予倩、張孝若、徐半梅等は編集役を担当した。「演劇を改良せよ」「古い劇はまだ価値があるか」などが発表され、演劇知識の普及、ならびに演劇の改革に積極的な役割を担った。梅蘭芳も南通の舞台に出演し、実際の行動で欧陽の活動を支援した。一九一九年後半、欧陽予倩は南通に移籍してから初めての芸術改革を模索する台本『玉潤珠円』を創り、当時の演劇界に新風を吹き込んだ。その後、なお思想的に進歩性を表す『哀鴻涙』『長安』『和平の血』などの演劇を創作し、南通は当時演劇改革のフロンティアの一つとなったのである。

## 2　美術および博物館業に対する支援

張謇と渋沢栄一は、美術活動および博物館業に対しても支援を与えている。早くも一八八八年、渋沢栄一は日本美術協会の名誉会員に推し進められた。渋沢は仕事の忙しさにもかかわらず、一八九二年二月から一九〇四年二月まで美術協会の議員を勤め、しかも一九二九年から日本国際美術協会の顧問役をも担っていた。

日本の豪商大倉喜八郎は、大量の美術品を集め、大倉美術館を建てようとしていた。一九一七年八月、石黒忠悳、渋沢栄一、末松謙澄、穂積陳重、阪谷芳郎、ならびに数名の親族の協力で、赤坂霊南坂に大倉集古館が落成した。館内には書画・陶俑・古銅器・蒔絵品・刀剣・仏像彫刻ならびにその他の骨董等、のべ三六九二点の美術品および書物一万五六〇〇冊が収蔵された。

また同館は一九一八年五月一日から民衆に開放された。渋沢栄一は大倉喜八郎の代わりに事務管理にあたり、当館財団の評議員に委任された。ただ、一九二三年の関東大震災により集古館は焼失してしまう。しかし、一九二六年三月に館の再建が始まり、一九二七年八月竣工した。栄一は終始当館の評議員を勤めた。

一九二七年六月八日、渋沢栄一は当時まだ健在の早稲田大学名誉教授・坪内逍遥のために演劇博物館の建造を発議した。坪内は、四〇余年演劇事業に取り組み、教学および演芸において大きな貢献を果たした人物である。一九二八年一〇月二七日、演劇博物館は館内の陳列を完成し、開館した。翌年の三月、商工、金融、教育、文化界から多くの人士が当館の後援会を設立し、栄一は顧問職に就任した。

日本の帝室博物館は重要な公共施設だったが、関東大震災により痛手をうけた。一九二八年九月七日、渋沢は政府と協力しながら帝室博物館復興翼賛会を組織し、副会長の一人となった。

一方、興味深いことに中国の張謇も渋沢に似ている活動として、一九〇五年、中国人が自ら運営する最初の博物館である南通博物苑を設立した。また一九二四年三月、彼はその他の有名人とともに〝南通書画会〟を組織した、会の経費を援助した。濬啓鵬の考察によると、書画会は「金石書画の研究、国粋を発揚、芸術の宣伝を趣旨とし、南通地区の金石書画活動を推進していた。会は南公園内に設置され、一九二四年二月二一日から二三日まで〝南通金石書画会第一次展覧会〟が開催された。展示品は三〇〇余点に達し、空前の規模を誇った。その上、会は研究・交流に資する刊行物の発行を計画し、一九二四年七月七日から一九二六年五月一日まで三三号の『芸林』雑誌を出版したという。(1)

張謇が美術品を集めたりして、成果のある活動から、彼が美術を一種の新風とし、それによって実業と教育のさらなる展開、人智の開き、風俗の改良を目指し、ひいては社会全体の文明の水準を上げようとする意志が判明する。(2)これは渋沢の文化および美術に対する態度と一致している。

これまで近代の南通から有名な近現代の美術家が輩出したことは、張謇の文化面の思想および助成政策と緊密にかかわっている。例えば、陳師曾、趙無極、高冠華、王個簃、濬寿、李禎、尤無曲、范曾、濬啓鵬、袁運甫・袁運生兄弟などの名家は、みな張謇が南通で文芸復興を導いた成果と直接、もしくは間接につながっているといえよう。とりわけ、張謇に私淑する尤無曲は健在であり、尤は生涯座右の銘としてきた張謇の言葉をその孫に伝えようとしている。これは、張謇の強い影響力および代々の文芸名家の張謇に対する崇敬と追想の念を物語っている。

本章の論述は、演劇事業、美術、博物館業における張謇と渋沢栄一の活動のすべてを扱うものではない。両者は、これ以外に、数多くの文化事業、例えば新聞出版助成事業、教育事業、ならびに対外文化交流などにおいても、似ている活動を行い、貢献したのである。

## 二　両者の文化観念

### 1　世界文化に対する態度

青年時代の渋沢栄一は、まだ「文明」に対する認識が深くはなかった。幕末において、彼は農民を組織し、武器を造り、日本に駐在する西洋人を追い払おうとした。しかし、一八六七年、彼は徳川慶喜将軍の弟である昭武の随行員としてフランスへ万国博覧会に参加した際、西洋文明の発達に目覚めた。その後、彼は断じて過去の先入観をすて、西洋語と西洋の経済を学び始めた。なお、世界文明に対する彼の態度の変化はドラマティックなものであった。彼は、船でフランスに渡るとき、日本の伝統的衣装を着ていた農民出身の武士の格好であったが、その後二年も経たないうちにフランスから帰国した際、洋服の上、蝶ネクタイ、高い黒い帽子、手の中には当時欧州では流行っている杖を持っていた。これは世界文明に対する渋沢の態度を如実に示していると考えられよう。渋沢は文化というものが一旦両極端に発展すれば、世界の平和が覚束なくなるとし、文化の融合を主張していた。それゆえ、彼は『論語』を座右の銘にしたにもかかわらず、非儒家文明に対しても寛容な態度をとっていた。当時、欧州から帰国した渋沢からすれば、一身にして東西の文明をともに持つことはごく自然のことであろう。

一九〇八年八月、渋沢栄一は大日本文明協会特別賛助会員という名誉を授けられた。一九一八年一〇月二六日、当協会成立十周年記念の会合において、「文明」について演説した渋沢は、ヨーロッパと東洋とで文明が異なるという指摘に対し、文明の区分が洋の東西によるものではなく、知識を持つかどうかにかかわっていると述べた。すなわち、「真正なる文明と云ふものは、唯知識にのみ依り……。例えば論語の始に、男子は本を務む、……丁度此文明は尚ほ書物を読む即ち読書若しくは知識を拡めるが此の文明を進めるの本としまするならば、或は読書は此の文明を進むる道の本だと申して宜しからうと思ひます(3)」と。ここでいう「読書」は東洋の書籍のみならず、天下の書物を指すものだろう。渋沢が西洋の優れた文明に対する情熱は、彼の知識および道徳への追求につながっている。しかも、彼は世界文化を日本の実際に合わせながら取り入れるビジョンを持っていた。彼の捉えた儒学も本質的には、すでに止揚された新儒学のことであると考えられる。例えば、彼は孔子のいわゆる「唯女子と小人とは養い難しと為す」に反対し、長く続いた女子を軽視する日本の旧習を批判し、西洋の男女平等思想を受け入れた。彼は日本の女子教育事業に尽力し、東京女学館、扶掖川村女学院等を設立した。

今日の中国の新儒家は、渋沢栄一の儒学観を西洋近代資本主義と東洋古代文化を結びつける範例としている。この視点は儒学が時代遅れのものではないとし、西洋文化を拒絶する人間を説得しようとする動機につながっているのみならず、真摯に世界文化を取り入れる渋沢の姿勢は確かなものであろう。

当然ながら文化の交流は一方通行のものではない。渋沢は日本国際美術協会の会員を勤めていた。この協会の会則には「……国際美術協会と名づけ芸術品の国際的交換展覧を企図せんとす、期する所は彼我の文化を相互に紹介し以て国家民族の融和親睦に資せんとするに在り」(4)と述べている。すなわち、自国の文明をみとめ、自国の文化芸術を世界に推し進め、他国他民族のそれと交流し、そこから相手の長所を取り入れ短所を補うことにするという文化観念である。同時に渋沢は中国も世界文明の長所を取り入れることに期待を寄せた。彼は「清国は日本より早く欧米と交流を始めたにもかかわらず、文明がかえって遅れているのは、古い文明を持ちながら新しい文明と融合・同化する力がないからである。……故に清国は今後、日本と欧米の文明を受け入れ、産業、教育、軍備、交通等を研鑽すべきである。他人の長所を取り入れ、自己の短所を補う。これによって清国の文明の基礎を固めるのがよい」(5)と主張した。この点について張謇も似ている立場を取っている(6)。

張謇は、世界文化に対する認識の過程およびその後の行動において、渋沢とたいてい似ている。若い時期の張謇は科挙試験合格のため、封建的八股文の作成に熱中しており、清王朝の極端な専制制度のもとで、世界の新しい文明に目をむける機会がごく限られていた。その後、呉長慶将軍の幕僚になり、閲歴を増やしてから当時大多数の中国人が抱いた「蛮夷」蔑視の思想を排除したのである。視野を広げた張謇は、天下万国に対して夷狄華夏の区分を必要とせず、距離の遠近にかかわらず、合理的思想、活用できる物質、有益な技芸をはじめ、吸収し、応用できることさえあれば何でも取り入れようとする姿勢であった。一九一七年、張孝若をアメリカへの留学に遣わすとき、張謇は詩を贈り、外国の真理を学ばせようとした。この真理は当時中国のいわゆる「大道」に相当する。張謇からすれば、「大道」が中国のみに存するという見方が「井の中の蛙」である。「大道」は実に世界各国にあり、主要なものと副次的なものに分けられない。中国文明における真理が「大道」であるのに対して、西洋文明のそれが「小道」であると考えてはならない。実は、張謇は事業に取り組んだ際、何回も「中西疎通」という言葉に言及し、「彼の学を我が学にし、彼の法は我が法になるべし」という。

一九一八年一一月、馬相伯は民治通信社を設立するために張謇に書簡を送った。この通信社の趣旨は西洋語を翻訳し、新知識の紹介を兼ねて中国と西洋を疎通させようとすることにある。張謇はこれに賛成の意を表した。彼からすれば、文明は地域にこだわるものではなく、幅広く他国の進んだものを採用すべきである。張謇のこの思想は、はるかに「中体西用」の限界を乗り越えた。この点において、張謇は渋沢と共通しているといえよう。

渋沢栄一がヨーロッパを視察した期間が比較的長かったのに対して、張謇の日本見学はかなり限られた期間において行われた。周見によれば、張謇と比べて、渋沢栄一は幸運児である。彼は初めてヨーロッパに出かけた時、二七歳であり、思想的に未熟な面が多く、新しい事物を取り入れる受け皿はすでに用意されている。しかも視察は二年近くの長期間であり、その中で外国語を身につけたのみならず、外国の生活に深くかかわっていたので、ヨーロッパに対する認識は完全な上に、ごく詳細なものである。これに対して、張謇の日本視察は単なる二カ月間であり、この短い期間の中、真新しい国家と社会を全面的に理解することがほぼ不可能である。しかも渋沢栄一が視察したのは、近代資本主義と産業革命の発祥の地たるヨーロッパである。渋沢が目にしたのは、伝統社会と完全に対立する近代社会であるため、産業化と西洋の精神的文明からうけた衝撃は大きかった。これに対して、張謇が対面したのが徹底的に近代社会にいたっていない過渡期の日本社会であったため、彼の近代社会に対する理解が不完全なのは事実である。(7) ただ付け加えなければならないのは、張謇は洞察力の強い人物であり、日本での視察には満足せず、日本の成功の根源を探そうとしたことである。帰国後、彼は南通翰墨林印書局に工藤武重の『日本議会史』、伊藤博文の『日本憲法義解』『地方自治綱要』の翻訳と出版を指示した。なお、日本の『日本行政制度』を『地方自治制度』に改訂・印刷した以外、その本源に遡り、自ら関与している中国図書公司を通じて、『英国国会史』『国際民商法論』『新訳国際公法』『英米法』などをも出版し、研究した。さらに張謇の網羅した西洋の書物はこれ以外、数多くある。しかも、彼は自ら忙しいため、外国には行けないが、英語に堪能している息子の張孝若を米国やヨーロッパに遣わし、外国の状況を視察させた。張孝若の報告により、随時欧米の実情を把握していたのである。

一九一八年五月、一年間米国での視察を行った張孝若は帰国した。張謇はその報告から感銘をうけた。西洋文明について、張謇は「泰西文化はもともと遅れていたにもかかわらず、翻訳を重んじ、東洋の学に通じる。其の人は機敏精鋭、日々革新に励み、東洋に勝つ。また其の国情の相違により、物事の見方が異なる。農工商兵はすべて重視する。(略) なお、其の図書が多く、我が国を超える。学問というものは、天地の公の器なり」と語った。

張謇は泰西の書籍を十万冊くらい蒐集し、数十名の訳者に訳させた。彼は「私は愚かで浅学のため、泰西の書物を新旧いかんにかかわらず収集し、泰西諸国の文字に精通する数十人によって、十年、二十年の歳月をかけ、その要を選択しながら訳してもらい、我が六経諸子の説に通ずることを証明し、徳と芸と融合させ、我々の奮発に資す」(8) と述べていた。これは張謇の単なる泰西文化に対する熱情のみならず、これほど大規模の書物を翻訳するという志向は、彼がすべての知識に対する態度、とりわけ西洋の文明を「天地の公の器」とみなす度量に基づいたものである。

早くも一九〇一年、張謇は清政府に西洋の書籍を訳すため、各省に翻訳局を設立しようと建議した。すなわち「江南、上海、江西、湖北、湖南、山東、四川、浙江、福建、広東における元来の書局の経費を若干の部門に分けて、人材を招聘し、毎年急いで翻訳する」(9)と。それだけでなく、張謇は政府の官僚に訳本を勉強させ、それによって彼らの昇進降格を決めるという、当時からみれば奇抜きわまりない主張さえした。一九〇六年、張謇は株主を募集し、「学堂のテキスト・教科を訳し、器械模型を模倣製造する」ことを目的に中国図書公司を創立した。

渋沢栄一も張謇と同じく、生涯において援助した何百もの事業の多くは、西洋文明の輸入とかかわっている。これにかかわるエピソードが一つあった。一八七一年、渋沢が三一歳の時、大蔵省紙幣頭を担当していた。彼は出納制度の改革に取り掛かり、金銀の出納においてはすべて伝票を用いようとした。これに対して、当時の出納局長得能良介は反対し、渋沢がアメリカに心酔し、何でも模倣するとして、渋沢の事務室に駆け込み、暴力さえ振るおうとした。渋沢は沈着に反撃のかまえを示し、それをみた得能は慌てて退いたという逸話である。ここから渋沢栄一が伝統勢力の反対に挫けず、積極的に西洋から学ぶ姿勢を窺える。

渋沢栄一の努力が成功に導いたのに対して、張謇の呼びかけはいつも失敗に終わる。その原因はどこにあるのだろうか。根本的な原因は、両者の能力ではなく、社会態勢および社会条件の差異によるものである。両国の政治体制、経済発展の程度、国民の思考様式および啓蒙思想の面において時代の差があるのは事実である。中日両国の実業家が同じ関心を持ち、同様な努力を果たしたにもかかわらず、まったく異なる結末を迎えたことは下記の例によって明らかにされる。

一九〇五年、張謇は『上学部請設博物館議』および『上南皮相国請京師建設帝室博覧館議』を提出したが、体制側から民間にいたるまで耳を傾けてくれる人がいなかった。これに対して、渋沢が一九二八年、主要な発起人の一人として帝室博物館の建て直しを呼びかけたときには、朝野の名士から呼応者が多く、田中首相、望月内相、勝田文相までもが、彼が主催した準備会議に出席したのである。ここから、両国における社会体制の差がいかに大きかったかを想像することは難くない。

一九一二年、袁世凱は北京に滞在しているイギリス人のジョージ・アーネスト・モリソン（George Ernest Morrison）を政治顧問に招聘した。当時、モリソンはすでに五〇歳になり、一身上の都合により、彼の所有した東方学図書館に収蔵されている二万五〇〇〇冊の図書を売りだし、図書館そのものを中国に残そうという意志を表明した。

この情報をうけた張謇は、すぐ人を派遣しモリソンと連絡することにした。一九一三年一二月二日、北京にいた張謇は仲介人の銭念劬とモリソン図書館の買収について詳しく相談した。モリソンは張謇が蔵書をうけいれる最適者であると考え、自分の蔵書を買うように勧めた。しかも彼は、手書きあるいは外国語タイプライタで打った分厚い蔵書目録を張謇に渡した。張謇はその後、数多くの人士と図書の購入について相談し、支援を求めた。しかしながら張謇は銀行からの借款およびその他の資金に恵まれず、中国社会の各界もこの件について援助する余裕がなかった。そこで、モリソンは失望の中、図書館を必ず中国に残すという願望をあきらめた。この情報を耳にした日本の岩崎久弥財団はこれらの蔵書を購入しようと決定し、日本各界からも賛同の上、力強い支持をうけた。そこで、岩崎久弥は三万五〇〇〇ポンドでモリソンのすべての蔵書を買い、一九一七年九月に東京で「モリソン文庫」を設けて図書を収蔵した。その後、当文庫は世界的に著名な東洋文庫に発展した。ここから、当時の中国において、張謇のような卓越した見解を持つ人が常に孤立されるという社会実情を読み取ることができる。これは中日両国の状況によるものといえよう。日本の実業家と異なり、張謇が文化助成事業において出会った困難とハードルは最も多く、しかもいつも乗り越えられないものである。

## 2　文化事業と実業との関係について

渋沢栄一は早くも文化事業と実業との関係を認識し、「一国の進歩はいずれに傾くかというに、古来各国の実例を観るに、多く文化の進歩が先にして、実力が後より追随するように思われる、……国を成すはただ富みさえすればよいという訳に行かぬ、文明の治具を張るために、富力の一部を犠牲に供するということは止むを得ぬであらう、……文明貧弱に陥ったら、百般の治具は皆虚形となり、遠からずして文明は野蛮と変化する。かく考えると、文明をして真の文明たらしむるには、その内容をして富実、強力、この二者の権衡を得せしめねばならぬ。我が帝国において今日最も患うるところは、文明の治具を張るために、富実の根本を減損して顧みぬ弊である。これは上下一致、文武協力してその権衡を失わぬよう勉励せねばならぬと思う[10]」と述べている。

しかし、数年後、渋沢栄一は予想できない意外な結果に気付いた。すなわち「我々も明治六年頃から物質的文明に微弱ながらも全力を注ぎ、今日では幸いにも有力な実業家を全国到るところに見るようになり、国の富も非常に増したけれども、いずくんぞ知らん、人格は維新前より退歩したと思う、否、退歩どころではない、消滅せぬかと心配しておるのである、ゆえに物質的文明が進んだ結果は、精神の進歩を害したと思うのである[11]」と。

渋沢栄一は性格上においては善良で誠実な人物だったが、経済活動においては円滑な投資家、金融者、企業家でもあった。彼は何百社の企業の創立に参与していた。長い企業活動の前期において、彼は文化事業に過度に投資していなかった。しかも彼の企業活動の後期において、多くの富と財力を持つに至っても、張謇のように文化事業に対して過度に財力を費やしたことがなかった。これは明らかに張謇と異なる点である。

渋沢栄一は文化が実業より先だって目指されるべきものではないとしている。すなわち、渋沢にとって、文化は実業、あるいは財力を蓄積することより優先すべきものではなかった。渋沢は社会学者でもなければ哲学者でもない。それゆえ、この認識をあらかじめ社会学的理論で実証することも、哲学のレベルで分析することもなかった。しかも、社会的理論および哲学が日々精密となり、それに関する論争も複雑になった時期、日常の雑務に追われている渋沢は、時間をかけて理性的な分析と思考を行う余裕はなかったであろう。それゆえ、彼は早く自らの主張の結末を予見することができなかった。また、文化より実業を優先させる施策が「物質文明発展の結果として精神的発展を退歩させた」という結果をもたらしたことに最後に気づいたとしても、すでに年配者になった渋沢栄一は、早期に形成した自分の考え方を疑う精力もなかったにちがいない。しかしながら、彼は実際のニーズに合わせて、異なる角度から自らのビジョンを実践する。一九二八年九月、彼は帝室博物館復興翼賛会発起人会議において、博物館の役割について「独りそれは文化の発展を期する上に必要なばかりではなく、経済上にも非常に有益であらうと思ひます[12]」と主張した。

では、商工業は何故公共事業としての文化事業を援助しなければならないのだろうか。渋沢栄一は「今時の富豪はとかく引込思案ばかりして、社会の事には誠に冷淡で困るが、富豪といえど自分独りで儲かった訳ではない、言わば社会から儲けさせて貰ったようなものである、例えば地所を沢山所有していると、空地が多くて困るとか言っているが、その地所を借りて地代を納めるものは社会の人である、社会の人が働いて金儲けをし、事業が盛んになれば空地も塞がり、地代も段々高くなるから、地主も従って儲かる訳だ、だから自分のかく分限者になれたのも、一つは社会の恩だということを自覚し、社会の救済だとか、公共事業だとかいうものに対し、常に卒先して尽すようにすれば、社会は倍々健全になる、それと同時に自分の資産運用も益々健実になるという訳であるが、もし富豪が社会を無視し、社会を離れて富を維持しうるがごとく考え、公共事業社会事業のごときを捨てて顧みなかったならば、ここに富豪と社会民人との衝突が起る、富豪怨嗟の声はやがて社会主義となり『ストライキ』となり、結局不利益を招くようにならぬとも限らぬ、だから富を造るという一面には、常に社会的恩誼あるを思い、徳義上の義務として社会に尽すことを忘れてはならぬ[13]」と主張した。本質的には、渋沢は企業家を説得しようとするとき、社会への還元が企業家の将来の利益と一致していると唱えた。なお、彼は日本の家族制度において元来「一族相救ひ一郷相助くる」という美風が存在したという。そして「然るに泰西文明の輸入に連れ、諸事業は総て機械的となり、個人思想が次第に発達して来たから、……貧富の懸隔は愈々甚だしくなって行く[14]」ので、富豪が社会の公共事業への援助が必要になったと考えていた。ここで渋沢栄一は経済利益と道徳との合一の立場から実業と公共文化事業との関係を処理する姿勢が明らかになった。

これに対して、張謇は異なるスタンスを持っていた。早い時期から張謇は中国人の精神面のモラルを奮い立たせるために中国の文化と教育に尽力した。一八九二年、彼は自分の故郷を文明国の村落と匹敵できる「新村落」に建設しようとした。それはまだ彼が実業活動を開始する三、四年前のことである。ここから彼の社会事業への抱負は実業が成り立つ前にすでに生じたことが判明する。[15] いいかえれば、張謇は理想を追求する中で実業と公共文化事業との関係を処理している。しかも実業が未熟な段階にあり、困難の中を育っていた際、彼はこれまでの念願を実現し、さらに大きな社会文明事業までの展開を目指そうとした。一九一一年、彼は通海墾牧公司の株主に対して「各株主の資本の力を借りて、新世界の雛形を建設せんとする我が意志を成し遂げよ」と述べた。しかも一三年後、彼は再びこの誓いを繰り返した。この「新世界」はすなわち彼の夢見ている「文明国」の「新村落」である。彼の後半生の仕事は、すべて文化と教育事業の振興にかかわるものである。

では張謇の描いた新世界はいかなるものであろうか。張謇本人の言動で彼の具体的な実践を示せば次のようになる。こういった村落、あるいは新世界の中には、「教育の先導」とされる博物苑、図書館、更俗劇場、映画演劇製作公司、音楽舞踊の教習、古跡の保護、翰墨林書局、勧学所、婦人宣伝講演会、各種新聞紙、通俗教育社、新聞閲読社、法政伝習所、ならびに自治研究所等がある。これらは人智を開く「文化事業」のことである。なお、「実業の母体」となる小学校、中学校、大学、女工伝習所、保母伝習所、看護婦養成所、産婆養成所、測量伝習所、警察伝習所・教練所、監獄学伝習所、金属伝習所、染織伝習所、養蚕講習所、伶工学社、看護婦学校、農業学校、商業学校、師範学校、女子師範学校、紡績専門学校、医学専門学校など修学期間の長短がそれぞれ異なる職業学校が設立され、さらに夜間学校および半日学校などを設置して教育事業を行う。また公園、改良トイレ、測量局、火災救援会、公共スタジアム、道路、橋、船舶交通、小型鉄道、バス交通、都市街灯、社会秩序維持のための警察、商工警備隊、改良監獄、犯人修業所、野良犬収容所もあれば、総合病院、薬局、精神病院もある。

それ以外、数多くの工場、農業牧畜業、商業貿易、金融業などの実業は勿論、天候予測所、気象台、電灯、電話、電信、衛生浴室、新市場、消費合作社、果樹園、牧畜場もあり、基本社会保障と慈善事業を扱う保嬰局、新式育嬰堂、蒙養院、盲唖学堂、儒寡会、養老院、貧民工場、済良所、栖留所、残廃院、積谷義倉、施粥局、義塚公墓まで設置され、総商会、農会、戒煙会、教育会、水利工程会、保坍会等の社会団体も組織されたなど、すべての公共事業にわたっている。

張謇はこれらを「世界公益」と称している。彼は自らの安危を気にせず、上述したすべての事業を自分の双肩にかけ、「人が一地方にいるからには事業も一地方で行うべし。すなわち、その地方の事業、教育、慈善は皆我が責任なり」[16]と語った。こういった新世界が訪れるように張謇は「固く拳を握り、一個の方針を貫き、一個の方向を見据え、道路が開けるまでひたすら前に向けながら歩く」と述懐した。なお「僕は世界公益のため、家庭と子供の世話をしないことは、釈迦が肉を切り鳥獣を育むことと相違なし」と述懐した。彼は「世界のため犠牲」「牛馬の労をとって辞めない」[17]という覚悟であった。周知のように、張謇は私費で中国最初の民間師範学校――通州師範学校を創立した。彼はかつて「家が潰れても師範を潰してはならない」と誓ったことがある。このような強い無我の精神があってこそ、一つの文明世界を建設するために、いかなる困難でも乗り越えていこうとする張謇が夢を抱きながら歴史に書き加える一章が我々の前に蘇ってくる。彼は二十余年の間、気力と資力が尽きるまでこの理想の実現に取り組んでいた。

一九二五年六月、張謇が危篤に陥ったとき、駒井徳三は南通へ張謇の見舞いに来た。この最後の面会が終わり、駒井と別れるに際して、張謇は「私は元々自己の利益のために働く人間ではない」と語った。翌年、念願の実現を見られなかった無念さを抱えながら、張謇は死去した。

渋沢栄一は思想面において幻想より実務を重視する人物である。しかも彼が不滅な功績を残せたのは、彼のいた社会環境に恵まれたからである。これに対して、張謇も理念上において遠大な抱負を抱いた。もし社会条件が許せば、彼も渋沢のように偉大な事業を成し遂げたことだろう。しかし、彼を囲むのは未開で暗い社会であり、それによって彼の生涯の半分はドン・キホーテのような幻想のまま終始苦痛を嘗め続けていたといえよう。

## おわりに

張謇と渋沢栄一は、何故各種の文化事業をサポートしていたのか。無論、彼らは演劇家、美術家、博物学者、文化学者になるつもりはなかった。彼らが考えたのは、商工業者は文化的土壌からかけ離れることができないという事実である。そのため、彼らは民衆がより文化事業を重視するように導こうとしたのであった。彼らにとって、真に崇高な商工業は単に利潤を追求するものではなく、同時に社会文化の水準を向上させる任務を背負っているものなのである。

文化助成事業の形式と領域に関して、張謇と渋沢栄一は、文化観念において相違点があるにもかかわらず、同時代の大多数の実業家と比べれば、両者はともに自分の関心分野を商業に絞ることなく、社会全体のために働いたのである。こういったトータルな文化環境の中に商工業を位置づけようとする、見通しのきいた思想は、遅かれ早かれ物質文明と精神文明の両立に基づく、調和のとれた社会の実現につながるものである。

総じていえば、中日両国の重鎮として、張謇と渋沢栄一は社会発展の重任を常に自覚している。これは彼らが仁義道徳面における立派な風格を持つことでもある。両者がこの節操があってこそ、人々は彼らをいつも賢者と見なし忘れられないのではなかろうか。彼らは我々に厳かに輝かしい精神的財宝を残し、彼らの求めていた理想は今日においてもなお重要な意義を持っていることは否めない。

## 注

（1）濬啓鵬「以美術助実業教育的主張和実践――張謇与美术」、黄振平編『張謇的文化自覚』西安・陝西人民出版社、二〇〇三年、一五二頁。
（2）同前、一三九～一六二頁。
（3）「文明を論ず」一九一八年十月、『渋沢伝記資料』四七巻、二五八頁。
（4）『渋沢伝記資料』四七巻、四九〇頁。
（5）『渋沢伝記資料』四八巻、一六四頁。
（6）銭健「卒生推動中外文化交流的聖哲与行者・第六篇　推介中国名物与文化於世界」、前掲『張謇的文化自覚』三三五～三四一頁。
（7）周見『近代中日両国企業家比較研究――張謇与渋沢栄一』北京・社会科学出版社、二〇〇四年、一八三頁。
（8）「南通図書館記」一九一八年、『張謇全集』四巻、二九三～二九四頁。
（9）「中国図書有限公司縁起」一九〇六年、『張謇全集』二巻、三七～四〇頁。
（10）「真正なる文明」、渋沢栄一『論語と算盤』国書刊行会、一九八五年、一三三～一三四頁。
（11）前掲『論語と算盤』三八頁。
（12）『渋沢伝記資料』四七巻、四六六頁。
（13）前掲『論語と算盤』一〇七～一〇八頁。
（14）『渋沢伝記資料』別巻六、一〇一頁。
（15）銭健「世紀交替的中国和張謇的理想」、銭健編『対〝中国近代第一城〞的総合研究』南通師範学院、二〇〇四年、五～九頁。
（16）「致江知源」一九一四年、江知源編『啬翁墾牧手牒』第四冊、翰墨林印書局、一九一八年。
（17）「墾牧公司第一次股東会演説公司成立之歴史」一九一一年、『張謇全集』三巻、三八七頁。

# 第10章　渋沢栄一と『論語』

松川　健二

## はじめに

一八七三（明治六）年、青淵渋沢栄一　三四歳、大蔵省を退官するに際し翻意を促した親友玉乃世履に対して、

金を溜めるために辞官はしない。実業家が今日のごとく卑屈で、世間の尊敬を受けぬのは、一つは封建の余弊であろうが、一つは商人の仕打ちが宜しくないからである。欧米では決して官商の懸隔が日本のごとくではない。余不肖ながらこの弊風矯正のために骨を折りたい。宋の趙普は論語の半部を以て天子を輔け、半部を以て身を修めたといつておるが、余は論語の半部を以て身を修め、半部を以て実業界を矯正したい決心である。乞う、先き永く見ていてくれ。

といった、という。青淵最晩年の『論語講義』（一九二五〈大正一四〉年、二松学舎大学出版部、全二冊、いま明徳出版社刊本全一冊、講談社学術文庫本は全七冊）学而篇第七章の部分に見られる述懐である。そうして述懐は「爾来行住座臥、一身を処するにも、事業を経営するにも、必ず論語に依拠して断を下せり[1]」と続く。『論語』に対する思い入れを示す同種の言辞は、青淵資料の其所此所に見られ、文字通り枚挙に暇がない。

以下、青淵の社会公益思想実践の跡としての『論語』に関わる諸活動の実態を、儒学経典経解の方法に依拠しつつ明らかにしてゆきたい。

# 一　青淵と儒学と論語

このように生涯『論語』を尊重し続けた青淵であるが、いま孔子の教えの普及活動として記録に残るのは、一九〇七（明治四〇）年、六八歳より孔子祭典会、翌一九〇八（明治四一）年より陽明学会、一九一八（大正七）年、七九歳より斯文会、一九二六（大正一五）年、八七歳より聖堂復興期成会、それぞれに領導的立場から重く関わった事実である。

また当の『論語』そのものに関する著述・講演・談話集として先の『論語講義』を除くの外、今に残るのは、一九一六（大正五）年、『龍門雑誌』所載の青淵の講話が編集され『論語と算盤』と題して東亜堂書房より発行されたもの（のち忠誠堂・大和出版・国書刊行会など別版あり）を始めとし、一九二二（大正一一）年、同じく『龍門雑誌』掲載の青淵の講話が『渋沢子爵活論語』と題して宣伝社より（いま『論語を活かす』明徳出版社）、さらに同年、一九一五（大正四）年より一九二二（大正一一）年に至る間の『実業之世界』に連載された青淵の講話筆記が『実験論語処世談』と題して実業之世界社より発行されたもの（のち『処世の大道』）などがある。

青淵は如上の論語の普及活動の一環として『論語』の学術研究の助成にも大きな足跡を残した。一九一六（大正五）年、予て龍門社より青淵の喜寿祝賀記念事業として林泰輔に編纂を依嘱してあった『論語年譜』（大倉書店）が完成。一九一九（大正八）年には亀井南溟『論語語由』を捐資覆刻、諸友に頒つ。その跋に言う。「若シ更ニ先聖垂訓ノ縁由ヲ明ラカニスルモノアラバ之ヲ得ント欲スルコト年久シカリシニ偶々筑前ノ鴻儒亀井先生著ハス所ノ論語語由ヲ……読ムニ及ビテ曩ニ瞻望セシ所ノモノヲ得タルニ庶幾シ……」。一九二二（大正一一）年には嗣子昭陽の『語由述志』の影印頒布も行っている。青淵はさらに逝世前年の一九三〇（昭和五）年、宋本『論語』を翻刻、各国の大学および図書館に寄贈したが、その「覆宋版論語注疏跋」に言う。「既に彼に佚し、纔に我に存するのみ、実に宇内の秘笈たり。試みに覆刻するに玻璃版を以てし、謹んで博雅の君子に呈す。蓋し余の世界平和を眷々するの微衷に出づと云尓」（原漢文）。青淵の意図の所在は明白なのである。一九二三（大正一二）年より一九二六（大正一五）年にいたる自らの『論語』の手写（一九二七〈昭和二〉年、複製を知人に頒つ）のことなども合せ、青淵の『論語』尊重の念は終生渝らず、論語類書の蒐集も不断に進められ、途中、一九二三（大正一二）年、関東大震災による焼失のことあるも後継に人を得て、その遺志はいま「青淵論語文庫」（東京都立中央図書館）に結実している。

## 二　なぜ『論語』のみなのか

青淵の論語に関わる諸活動は以上のように多岐にわたるが、経世済民のための典拠を洋の東西に求めることの容易になっていた明治・大正期にあって、何故かくばかりに行動の指針を『論語』にのみ集中的に求め続けたのであろうか。青淵自身の言を見よう。その『論語講義』述而篇、加我数年章に付せられた「講義」である。

易は人世に処する微妙崇高の消息を研究した処世学である。孔夫子の聖といえども、若い時にはあるいは客気に逸って調子に乗り過ぎたり、あるいは世情を悲観し過ぎたこともあったであろう。よって既往を顧み、易理に照して考稽し、ここに始めて処世の真諦を得られ、天我に年を仮し卒に以て易を学ばば、大なる過失なき生活をなし得らるるであろうと仰せられたるならん。世家に「孔子晩にして易を喜ぶ」とあり。ゆえにこの章は七十歳頃の発言だという説が当れるかと思う。余のごときも易を学んでおけばよかつたと考えぬでもない。しかし余の性分には易よりも論語が一番よく適合する。

余の性質は物の要領を得ることを好む。ゆえに言行がいつでも適切過ぎて、毫も茫漠な所なく、要領を得過ぎるように世人の眼から見えるのであろう。ゆえにある学者は余に少し老子を読めと熱心に勧めて下さった。よって老子を読んで見たが、どうもこれに親しむ気になれぬ。「必ず固《まこと》にこれを奪わんと欲すれば、必ず固にこれを与う」というような句がありて、その説策略じみて、不快を感じたのである。また山成哲蔵という方は禅学者であるが、余に是非禅学を修めよと勧めてくれた。よって少し修《や》って見ようという気を起し、碧巌集を読んで見たが、趙州の無字など、一向に不可得であって、余の性分に合わず、余は何事でも徹底的にてきぱきと取捌くのが好きで、殺すでもなく活かすでもなく、物を生半可にしておくのが嫌いであるから、禅の要領を会《え》たような、不会《えぬ》ような処のあるのには、どうしても好く気になれぬ。

禅学に視ぶれば、耶蘇教の方は余程分り易く、聖書は碧巌のごとく難解の処もない。英国監督派の基督教教師皆川輝雄氏や、また海老名弾正氏の基督教についての講義をも聴聞し、余はそれに共鳴することができぬゆえに、半途で止めてしまった。余は耶蘇の聖書よりも、釈氏の禅書よりも、老子の道経よりも、また儒教中の易経よりも、何よりもかよりも、論語一部が最も理解《わか》り易く、読めば直ちに処世上に行い得られ、男子にも女子にも、老人にも青年にも、普遍的に実行せらるる教訓であると信ずるのである。論語の句は暗記しているが、聖書の句などはとても暗記しておられぬのである。

『老子』・『碧巌録』・『聖書』はもとより、儒家五経の一つ『易経』よりも、儒家四書の一つ『論語』を択ぶというのである。これは甚だ象徴的な言辞であって、処世における「微妙崇高の消息」よりも、「物の要領を得ることを好む」自らの性行の反映であると、青淵自身が解していたのであった。

## 三　三島中洲『論語講義』との関係

『論語』五百章、凡そ経世済民に関わる言辞の尠くないなか、道徳と経済、義と利を対置させ、両者の間の相関関係を論ずるに相応しい章の一つに、子罕篇首章がある。青淵の社会公益思想の一端を語るべく、まずこの章に関する青淵の「講義」ぶりを検討してみよう。原文は「子罕言利与命与仁」の都合八字。

亀井南溟曰く「この章、固よりこれ一句。子不語怪力乱神」（子、怪、力、乱、神を語らず）と語例を同じうす。茂卿（物徂徠）絶って二句となす。是にあらず。従うべからざるなり」と。今南溟の説に従う。

まずこの八字は、南溟に従って一句として訓むという。前述の通り、青淵が南溟の『論語語由』を捐資覆刻したことと無縁ではなく、南溟との関係については後に節を改めて詳論したい。

なお、参考までに、四字にて絶句することは、徂徠の発明とは限らない。詳しくは拙著『宋明の論語』（汲古書院）を参照されたい。

次いで青淵は言う。

君子は義に喩る。義和して利従う。利は先とする所にあらず。それ利と命と仁とは人間必須のものであるけれども、多くこれをいえばかえって害あるを以て、これをいうを慎しみ罕れにいわれたのである。大正九（ママ）年五月十二日九十歳の高齢を以て薨去せられた三島中洲先生は、「利は義の和なり。義に全ければ利自ら至る。もし多く利をいえば、すなわち義を知らずしてかえって利を害す。命は天の令なり。己を修めて以て俟ち、しかるのち以て命を立つべし。もし多く命をいえば、すなわち人事修まらずして命を害す。仁は性の徳なり。必ず忠信篤敬己に克ち礼を慎み、しかるのちによく至る。もし多く仁をいえばすなわち学者虚に憑り等を踰えて仁を害す。三者みな理の正しきことならば、いわざるべからざれども、聖人深く憂い遠く慮りてその害を恐れて、多くいわざるなり。また利は元・亨・利・貞の利なり。悪徳にあらず。しかれども非義の利に陥り易し。ゆえに罕れにこれをいうのみ」と説かれたり。

冒頭の句は論語里仁篇、第一六章、「君子喩於義、小人喩於利」。「義和して利従う」は、『易』文言伝「利者義之和」。

続く三島中洲（名は毅、一八三〇～一九一九年）の語の引用はいろいろな意味で青淵『論語講義』を繙くものの留意すべき所、以降本章において頻出する事柄であるので、都度解説することとし、取敢えずは、一九一七（大正六）年一月、明治出版社刊の三島中洲『論語講義』の存在のことのみを指摘し[2]、先に進もう。

青淵は次いで言う。

大学の中にも「利を以て利とせず。義を以て利とす」と書いてある。すなわちその利は、義に適う利でなければならぬが、吾々人間として世に存する上に寸時も欠くべからざる衣・食・住の三つは、必ずや正当なる利に拠らなければならぬ。一人一家のことすでに然り。いわんや一村・一町・一郡・一市・一県・一国を維持する利においておや。このゆえに利は均しく利なれども、一歩を謬れば私利となり、私慾となり、かえって人を害しまた身を害するに至るを以て、世人の大いに慎しむべきは利である。ことに近今、唯物主義が盛んになり、私利私益を図るに汲々たる者が多くなったようであるから、さらに一層深く戒慎を思わねばならぬ。

『大学』の語は、「章句」では伝の第一〇章。「唯物主義」云々の言辞から、われわれは大正期の思想状況の多端なさまを思い、興を催すのであるが、それはそれとし、「講義」は次のように続いてゆく。

それ算盤を弾くは利である。論語を読むは道徳である。余はこの論語と算盤との二つがあい伴い、あい一致しなければならぬと信ずるを以て、論語の教訓を咀嚼玩味して処世の信条としておる。今、後進の青年淑女に対しこの二者の調和併行しなければならぬ理由を説明せんがために、この講義をなしておるのである。克く道徳を守り、私利私益の観念を超越して、国家社会に尽くす誠意を以て獲得せし利益は、これ真正無垢の利益というを得べし。中洲先生の義利合一説もまたこの見に外ならず。

ここで三島中洲のいわゆる義利合一説と、渋沢のいわゆる論語と算盤説が竝挙されることとなる。両説の影響関係については、後に論ずることとして、次いでは中洲の『論語講義』と青淵の『論語講義』、つまり両『論語講義』の関係を見ておこうと思う。

次の二例を見られたい。共に貧富に関わる章から抜いてみた。

○子曰、賢哉、回也、一箪食、一瓢飲、在陋巷、人不堪其憂、回也不改其楽、賢哉、回也。（雍也篇、第九章）

この章に関する青淵『論語講義』。

顔子の賢なるを歎賞していう。かの回はその家貧窶にして、食うものはただ一竹器の飯のみ。飲むものはただ一ひさごの漿のみにして、狭隘なる陋巷の横丁に住めり。常人ならば、かくのごとき窮乏に堪うる能わざるべきに、回は少しもこれを憂苦せざるのみならず、その楽しみを改めず。これ天命を信ずるの篤きにあらざれば能わざる所なり。ゆえに初めに賢なるかな回やと称し、後にまた賢なるかな回やと仰せられて、深く歎美せられたるなり。

もし本章を読んで、孔子は人に貧困の生活を勧め、富める人を攻撃せられたかのごとく解する者あらば、それは大いなる誤見である。すでに前にも申した通り、人は自ら富まざれば、博く民に施してよく衆を救うこともできぬものだ。孔子固よりこの消息を知り給えり。ゆえに人に貧窮を勧めず、ただ顔回が富の誘惑に打ち勝って簡易生活に満足し、毫も志を曲げず、断乎として威武にも屈せず富貴にも淫せざる大丈夫の見を抱き、道を楽しむのを賞められたまでである。

○子曰、富而可求也、雖執鞭之士、吾亦為之、如不可求、従吾所好。（述而篇第一一章）

この章に関する青淵『論語講義』。

富貴というものは我も固よりこれを厭い嫌う心なきのみならず、世人と同じくこれを欲するなり。ゆえにこの富貴が求めさえすれば得らるるならば、執鞭のごとき賤役にても、あえて辞せずしてその職につき、以てこれを求むべし。しかれども富貴はもと天命によるものにて、我より求めても必ずしも得らるるものにあらず。されば身を賤役に辱しめて、必ずしも得られざることを求めんよりは、吾が好む所の古人の道を求めてこれに従わんとなり。道は自ら求むれば必ず得らるるものにて、富貴の天命によるがごときものにあらず。

これ暗に挙世滔々として富貴を欲求するを戒しめられたるなり。

しかれども、孔夫子が富と貴とを賤しみたるにあらざることは申すまでもなきことなり。求むべき正当の富貴ならば、これを得んがためにいかなる労苦をなすもあえて厭わぬけれども、富貴を求むるがために道を枉げ自尊を傷つくるがごときは、とうてい忍ぶ能わざる所なるがゆえに、それよりはむしろ吾が好む所の古人の道に循って歩み、富貴を眼中に置かぬという気概を示されたのである。富貴の賤しむべきにあらず、これを求むる精神と手段とに往々賤しむべきものあるを慨嘆《なげ》かれたのが、この章の趣意である。

両章とも、前半の段落はほとんど三島中洲『論語講義』の文言そのままであり、後半の段落が青淵の言葉なのである。ことは先ほどの子罕篇首章の例と異なり、どれが中洲の言か明示を欠く例が頻出することには留意しておかなければならない。(3) この書の成り立ちが口述筆記であるところにも原因はあろう。

ちなみに次のような例を見るときには、束脩を受ける立場にある人間の言か否かによってニュアンスが異なるだけに、一層、将来有志による検討作業が待たれるのである。

〇子曰、自行束脩以上、吾未嘗無誨焉。（述而篇、第七章）

この章に関する青淵の『論語講義』。

孔子の人における、その道を学んで善に入るを欲せざるはなし。しかれども誨を受けんと欲する心なき者はこれを教うる能わず。縁なき衆生は度すべからざればなり。いやしくも道を学ばんと願う心ありて来たり見え、至薄の束脩にても、これを献げてその誠を表する者は、吾はこれまでもその人を誨えざりしことなしとなり。既往において然るを以て、後来もまたかくのごときや知るべきなり。

家語に曰く「およそ教誨する所、束脩以上、三千余人」と。我が三島中洲先生の二松学舎は明治十年十月十日より束脩の礼を行うて入門せし者、大正九年五月十二日先生九十歳にて薨《(ママ)》去せらるるまでに、およそ七千人と注《しる》す。先生が天下の青年に斯道を教誨せし者それかくのごとし。その教育界に樹立せし功徳決して没すべからず。吾が輩が譾劣を顧みず、論語を講話して以て青年諸君の研究に資するは、一に先生の遺志を紹述して斯道を普及せしめんと欲する微忱に外ならず。

言うまでもなく、前半はほとんどが中洲の文言なのである。わずかに傍線部分が青淵独自の言葉であるにすぎない。このままでは、大方の人は青淵その人の言と読み取ってしまうことであろう。

## 四　三島中洲から得たもの

青淵『論語講義』のなかに中洲『論語講義』からの引き写しが多いことは、はからずも、青淵の中洲への類似の事実を物語ることとなったが、ここに両者の義利観に言及した例あり、以下検討の資としよう。井上哲次郎「渋沢子爵追憶談」[4]から。

子爵の一生は論語と算盤と云ふ考へを以て貫かれたと云つてもよからう。論語には確かに経済の事も説いてある、但し道徳を以て基礎としたる経済である。孔子は「君子ハ義ニ喩り、小人ハ利ニ喩ル」と云はれた《ママ》ように、決して功利主義の人ではなかつた。云ひ換へれば理想主義の人であつた。そして儒教の正系統即ち曾子・子思・孟子の系統では孔子を理想主義の人として論じて来たものであるが、傍系統では功利主義を唱道した。傍系統とは子夏より荀子に至るまでの人々である。その系統を受けた人は我が国では荻生徂徠・太宰春台等であった。ところが明治年間になつて三島中洲と云ふ人が「義利合一論」を唱へた。それは義と利とは一致するものであると云ふ考へ、必ずしも功利主義ではないが、それなら理想主義かと云ふと、さうでもない。「人ノ仁義ハ利欲中ノ条理ニテ義利合一相離レズ」と云ふのがその立場である。三島中洲の「義利合一論」は東京学士会院雑誌第八編の五に出て居る。

渋沢子爵の論語と算盤といふ考へはやはり「義利合一論」であつた。この二人の説は自ら一致して居るところから、あなたもさう考へて居るか、私もさう考へて居ると互にその説の同じであることを喜ばれたのである。子爵は三島中洲の説に依り論語と算盤と云はれたのでもなく、三島中洲が子爵より「義利合一論」を得たのでもなく、二人の説が自ら一致したのであつた。

ひるがえって思うに、中洲がその理気説に義利説を合せて「義利合一論[5]」を講演したのは一八八六（明治一九）年、五七歳、東京学士会院においてであり、これに本章第一節に見る如き青淵の足跡を重ねてみて、発想のうえでの影響関係があったなどとは考え得ない。ただし、次の如き青淵自身の最晩年の述懐を読むときは、中洲から得たものの大きいことを改めて知るのである。

余の知人に福島甲子三という人あり。越後の人であるが、敏腕なる実業家であると同時に、論語趣味の人である。実業の根柢には仁義道徳がなければならぬことを、深く信じておられる。明治四十一年余が古稀七十の賀を致した際に、福島氏は三巻の書画帖を贈って下された。当代に名ある方々が色紙にお書き下された書画を纏めた帖である。徳川慶喜公が題辞をお書き下されてある。この画帖の中に洋画家の小山正太郎氏が銀泥の色紙に書かれた絵が一枚入っておる。その図取りが実に面白いもので、朱鞘の刀とシルクハットと算盤と論語との四つをうまく配合してかいてあるのである。朱鞘の刀は余が少年の時撃剣を稽古して、武士道の心得あるを表わし、シルクハットは余が紳士の体面を重んじて、世に立つ心あるを表わしたものらしく思われ、論語と算盤は、余が商売上の基礎を論語の上に置く信念を表わし下されたものである。この画には論語を礎として商事を営み、算盤を執りて士道を説く、非常の事、非常の功、という句を書き加えられてある。

余はこの図を拝見し、非常に面白く感じたので、その後、当時の東宮侍講であらせられた三島中洲先生が拙宅をお訪ね下された時に、これをご覧に入れると、先生もかつて義利合一論を起草になったことがあるというので、小山氏の画を見られてから、特に余のために論語算盤説の一文をご起草になり、ご自身に拙宅までお持ちになって、余にお贈り下された。余は中洲先生のこのご好意を、非常にありがたく感じてご寄贈の一文は装潢して、珍蔵しているが、先生のお説は、余が平生胸中に懐く経済道徳説を、経書によって確乎たる根拠のあるものにして下されたもので、余の論語算盤は、これによって一層光彩を添えたような気がするのである。

その文中「画師よく男（余当時男爵なりき）を知る。しかれどもこれ一を知って未だその二を知らざるなり。何となれば云々、算盤と論語と一にして二ならず。男かつて余（中洲先生）に語って曰く『世人論語算盤を分つて二となす。これ経済の振わざる所以なり』と。今画師これを二とす。深く男を知る者にあらざるなり」という一節あり。先生の経済道徳観至れり尽くせりというべし。

以上、青淵『論語講義』里仁篇第五章の「講義」に見える一文であるが、「平生胸中に懐く経済道徳説を、経書によって確乎たる根拠のあるものにして下された」ことこそ、中洲から得た最大のものであったといえよう。さらに言えば、中洲『論語講義』（一九一七〈大正六〉年、当時八八歳）なくして、青淵『論語講義』（一九二五〈大正一四〉年、当時八六歳）の存在は考えられないというのも、また事実なのである。

## 五　青淵の仁富反対論批判

以上、青淵『論語講義』を中心に据えて、青淵における『論語』の重さと傍ら三島中洲との関係を語ってきたのであるが、ここで一旦、他の資料に眼を転じ、経学的視点を取り込みつつ、引き続き青淵のいわゆる論語算盤説を俎上にのせてゆきたいと思う。

一九二三（大正一二）年六月一三日、青淵八四歳、帝国発明協会の懇請に応え、「道徳経済合一説」と題する講演がなされたが、その時の肉声が録音され、現在レコードに残っている（渋沢史料館）。その頭書の部分（展示室に備えられている印刷物をそのまま転写）。

仁義道徳と生産殖利とは、元来ともに進むべきものであります。しかるに、人生往々利に走って義を忘るるものがありますから、古の聖人は、人を教うるに当たって、この弊を救わんとし、もっぱら仁義道徳を説いて不義の利をいましむるに急であったために、後の学者は、往々これを誤解して、利義相容れざるものとし、ために、「仁則不富、富則不仁」（仁をなせば富まず、富めばすなわち仁ならず）、利を得れば義を失い、義によれば利に離るるものと速断し、利用厚生はもって仁をなすの道たることを忘れ、商工百般の取引、合本興業のことがらは、皆信義を基礎とする契約に基づくものなることに思い至らず、その極は、ついに貧しきをもって清しとなし、富をもって汚れたりとなすに至ったのであります。かくのごとき誤解より、学問と実務とが自然に隔離し来ったのみならず、古来学問は位地ある人の修むべきものとなっておったから、封建時代にあっては、学問は、武士以上の消費階級の専有物であって、農工商の生産階級は、文字を知らず、経学を修めず、仁義道徳は彼らにとっては無用のものなりとし、はなはだしきに至っては、有害なものである、とまで想像しておったのであります。

以下、「私の遵奉する孔夫子の教訓は、決して左様のものではない」として、取り上げられる『論語』の言葉は、述而篇飯疏食章（飯疏食飲水、曲肱而枕之、楽亦在其中矣、不義而富且貴、於我如浮雲）、憲問篇子路問仁章の「見利思義」や、季氏篇君子有九思章・子張篇士見危致命章の「見得思義」の諸句、それらに雍也篇博施済衆章の「何事於仁、必也聖乎、堯舜其猶病諸」の部分を「何ぞ仁を事とせん、必ずや聖か、堯舜それなおこれを病む」と訓みつつ、大きく取り込んで「講演」は展開されているのであるが、私は、青淵のいわゆる「仁をなせば富まず、富めばすなわち仁ならず」をまず取り上げて検討を加え、その後、節を改めて青淵の博施済衆章等に対する扱い方を問題にしてゆこうと思う。

さて、第一点の「仁則不富、富則不仁」はほぼ『孟子』滕文公篇上に出る陽虎のことば。孟子は滕の文公に「恒産有る者は恒心有り。恒産無き者は恒心無し。苟も恒心無ければ、放辟邪侈為さざる無きのみ」云々と応え

つつ、

是の故に賢君は必ず恭倹にして下に礼し、民に取るに制有り。陽虎曰く、富を為さば仁ならず、仁を為さば富まず、と。夏后氏は五十にして貢し、殷人は七十にして助し、周人は百畝にして徹す。其の実は皆な什に一なり。

と述べる。要するにこの陽虎の言葉は、為政者よりする税の徴収に関わって孟子によって引用されているのである。

趙注に言う。

富める者は聚むることを好み、仁なる者は施すことを好む。施さば聚むるを得ず。道相い反すればなり。陽虎は賢者に非ざるも、言、采る可き有れば、人を以て言を廃せざる也。

魯の季氏の家臣、陽虎の言にも一理はあるから、孟子は取り上げたのだ、と言うのである。

これに対し朱注は次のようである。

天理人欲並立す容からず。虎の此を言えるは、仁を為すことの富を害するを恐れて也。孟子の之を引けるは、富を為すことの仁を害するを恐れてなり。君子小人毎に相い反するのみ。

民を思いやり税を軽くすれば、自分が貧乏になってしまう、というのが陽虎の人欲の立場、反対に、税を高くして自分の富を計れば、為政者は人間性を喪失してしまう、というのが孟子の天理の立場、というのである。趙注朱注いずれも税制の枠組みの中で捉えているのは当然である。

このように民から収奪して財を成し、仁愛の道に背いた陽虎を批判したのが外でもない「為富不仁矣」であるとするならば、青淵の「利を得れば義を失う」という置き換えは的外れのものと言わねばならない。少なくともこの成句の原義、つまり「為富」＝「徴税」という事実に無頓着であると言わねばならないのである。

ここのところ、いわば義利合一論の師匠格である三島中洲は、どのようにこの成句を解しているか。中洲の

「義利合一論」（前出）は、

> 今日義利合一論を講ぜんとするに先だち、一言せん。義理の事たる学者の常言にて、陳腐の極なれども、此に一冤罪あり。何となれば、支那趙宋の世、義理の説、盛んに行はれてより、利害を説くことを屑とせず。是より義理と利害と、判然相分れ、漢学者は、義理のみを主張し、利害得失には関係せざる者の如く、世人に見做されたり。然るに、古聖賢の言に徴すれば、義理利害、相須て離れず。故に義理（ママ）合一論を講じて、冤罪を雪がんとす。

と説きはじめられ、「人間の義利は即天上の理気なり」、「義者利之道表、利者義之帰宿」などの言を連ねつつ、「古聖賢の学は唯由義而求利に在り、片時も義利合一相離れざること明確なり」と断じた後、

> 然るに此に困りたる一言あり。陽虎が曰、為仁則不富、為富則不仁とありて、利と仁義とは、反対の如く見へ（ママ）、是迄喋喋論じ来りし義利合一説も破る丶が如くなれども、其実決して然らず。陽虎が所謂富は、一己の私利にて、我か所謂公共長久なる真利にあらず。大学に所謂貨悖而入者亦悖而出、又孟子に所謂不仁者安其危、而利其菑するものなるが故に、陽虎が富も、果して遠からず之を失へり。然れば陽虎が仁富反対の言は、全く目前の小算盤の見にて、大学孟子の言は、長久なる義利を通観したる、大算盤の見にて、詰り真義真利の合一に帰すること、益々明確なり。

と、「利」を「私利」と「真利」に分けて解説するのである。孟子が陽虎の言を採った背景についての分析は欠くものの、陽虎における「富」とは、単なる税収であり、つまり家宰としての私利である、という認定は正鵠を失っていない。

これに較べるとき、先の青淵の理解は典拠に暗く、字面に従って論を展開するに急である点、妥当性を欠くと言わねばならないのである。

## 六　亀井南溟と青淵（その一）

前節に在ってすでに触れたレコード収録の、博施済衆章の部分は以下の通り。

聞くところによれば、経済学の祖・英人アダム・スミスは、グラスゴー大学の倫理哲学教授であって、同情主義の倫理学を起こし、次いで有名なる『富国論』を著して、近世経済学を起こしたということであるが、これいわゆる先聖後聖その揆を一にするものである。利義合一は、東西両洋に通ずる不易の原理であると信じます。また、子貢の問いに、「如有博施於民而能済衆、何如。可謂仁乎。子曰、何事於仁、必也聖乎。堯舜其猶病諸」（もしひろく民に施して、しこうしてよく衆を救うあらば、いかん、仁というべきや、子曰く、何ぞ仁を事とせん、必ずや聖か、堯舜それなおこれを病む）とあります。ゆえに、もしこの仁義道徳が「飯疏食、飲水」（疏食を食らい、水を飲む）のみであるならば、「ひろく民に施して、しこうしてよく衆を救う」ということは、けしからぬことといわなければならぬ。しかるに、「何ぞ仁を事とせん、必ずや聖か、堯舜それなおこれを病む」、と答えられて、仁どころではない、それは、聖人もなおなしかねることだ、といわれた。つまり、「博施於民、而能済衆者」（ひろく民に施して、よく衆を救う）というのは、すなわち、今日わが聖天子のなさるることである。少なくとも、王道をもって国を治むる君主の行為である。ゆえに、国を治むる人は、決して生産殖利を閑却することはできない、と私は堅く信じておるのである。

まず問題の所在を明らかにしておこう。青淵はその『論語講義』においても、「堯舜其猶病諸」を「堯舜も其れ猶ほ諸を病めり」と訓じ、「古えの聖人堯舜も、なおこの博施済衆のことを十分に行い得ずとて常に心配せられた」と解するのであるが、果して解釈学の立場からして整合性が保たれているのであろうか、という点である。

青淵『論語講義』は当該章の「本文」と「訓読」を掲げたあと、次いで「字解」として、

○仁—徳を以ていう。○聖—功を以ていう。○諸—小爾雅に曰く、「諸は之乎なり。前の博・済の二句を指す」。亀井南溟曰く、「若山川其舎諸、求善賈而沽諸、聞斯行諸。（山川それ諸を舎んや、善賈を求めて諸を沽《うら》んか、聞くままに斯れ諸を行わんかのごとし）疑辞にあらざるはなし」。この説従うべし。○者—この字、皇侃本に従う。

などと述べる。ちなみに『小爾雅』の言葉は正しくは「諸、之乎」までであることはさておき、(6) 次いで次のように「講義」する。

この章は二節に分けて見るべし。前節は子貢がいう所は聖人の大事業にして仁以上の事なるをいい、それ仁者以下の後節は、仁をなす方法をいう。（仁の聖に及ばざるを示すなり）

子貢問うて曰く、「ここに人ありて、博く恩沢を人に施し、しかして能く多衆を救済する者あらば、その人は仁者というべきや如何」と。孔子対えて曰く「これは一大事業なり。何ぞただ仁者くらいのことならんや。この一大事業に当る者を求むれば必ずや聖人か。古えの聖人堯舜も、なほこの博施済衆のことを十分に行い得ずとて常に心配せられた」と。それ仁は徳にして、いやしくも身に修むれば、未だこれを天下に施さざるも仁者というを得べし。今子貢の問う所は事功に属すゆえに孔子はこれを仁者に属せずして、聖人のこととなせり。（後略）

まず、「仁」と「徳」に関する「字解」は、もとより朱熹集注の「仁以理言、通乎上下、聖以地言、則造其極之名也」を意識したもの。ただし青淵のこれは、中洲『論語講義』をそのまま引いたものである。即ち新注が仁の価値と聖の価値をそれぞれ異なった判断基準で計る形となっている（新注の訓みが「何ぞ仁に事《ま》たん。必ずや聖か、堯舜も其れ猶ほ諸を病めり」であることは、拙編『論語の思想史』汲古書院、二六二頁以降を参照）のに対し、中洲が事功重視の立場から仁の上に、聖を位置づけた、その解釈の引き写しなのである。

次に青淵が従うべきものとする南溟の説に移り、『論語語由』より、その冒頭部分と末尾の部分を抽出してみよう。

問ひに因みて、其の性行の乏しき所を誘ふ也。……病諸、小爾雅に曰ふ、諸は之乎也、と。山川其れ諸を舎てんか、善賈を求めて諸を沽らんか、聞くままに斯れ諸を行はんかの若き、疑辞に非ざる者無し。後世字例を失ふに及びて迺ち察諸・勉諸等の文有り。好古の士識らざる可からず。者字は皇侃本に従ふ。（原漢文）

雍也篇第四章の山川其舎諸（子謂仲弓曰、犂牛之子、騂且角、雖欲勿用、山川其舎諸）の例は、反語という他はないであろう。続く子罕篇第一二章の求善賈而沽諸（子貢曰、有美玉於斯、韞匵而藏諸、求善賈而沽諸）と、先進篇第二一章の聞斯行諸（子路問、聞斯行諸。……）も、ともに「疑辞」であるには相違ない。南溟のために例を益すならば、顔淵篇第一一章、雖有粟、吾得而食諸、また子路篇第二章、挙爾所知、爾所不知、人其舎諸、は明確に反語である。つまり、青淵が南溟の「諸」字を疑字―反語に解する説を「この説従ふべし」と採用したからには、「堯舜は其れ猶ほ諸を病まんか」（博施済衆のことは堯舜であれば十分に実現できたのだ）という解を提示しなければならなかった筈のところなのである。一方、論語原文に「能済衆者」と、「者」字を入れたところは、南溟に従ったもの。

ここで南溟の「堯舜は其れ猶ほ諸を病めるか」について、そのように解することの意義を確認しておきたい。たしかに従来同じく「諸を病めるか」「諸を病まんか」と訓んで推測の意と解するものは、解釈史上散見されるところであるが、明確に反語とするものは、初見に属する。そうして南溟の嗣子、昭陽（その『語由述志』も青淵の覆刻するところであることは先述）が『語由』に頭注して、「諸字千古茫々たるに先考始めて矇を発《ひら》けり」と判ずるのは、あながち失当とは思われない迫力をもつ。この、博施済衆のことは、堯舜であればこそ実現できた、という解は、儒学を実利性の面から唱える立場を大きくアピールすることになっているのである。

次いで青淵「講義」の部分に移るが、「この章は二節に分けて見るべし」以降、ほとんど中洲の言辞の引き写しである。わずかに括弧内の「仁の聖に及ばざるを示すなり」が、中洲「講義」の中からカットされているにすぎない。もとより、青淵のいわゆる「講義」は、中洲を引くのみにとどまらず、続いて「この章は論語の眼目といっても不可なかるべし」以降、独自の展開を見せるのは言うまでもないが、扱いに注意を要することは事実なのである。青淵『論語講義』は「中洲先生曰く」として、出所が明示されているケースが、他の諸家からのものに比し抜群に多いだけに、事は軽視できない。一見青淵の文であるように見えても、実は他者のものであるケースも思いのほか多いのである。ことは本章第三節に既述の通りであり、ここもその一例に過ぎないのである。

さて、以上、博施済衆章に在って、青淵が南溟の「堯舜は博施済衆を成し遂げた」とする解に「従ふべし」としながら結果として従いえなかったのは残念なことであったが、周知のごとく「堯舜其猶病諸」という表現は、『論語』に在ってはいま一つ憲問篇第四五章（子路問君子章）に見られるので、そちらの場面での青淵の理解をも併せ見ておく。

子路問君子。子曰、脩己以敬。曰、如斯而已乎。曰、脩己以安人。曰、如斯而已乎。曰、脩己以安百姓。脩己以安百姓、堯舜其猶病諸。

青淵『論語講義』は「堯舜其猶病諸」について、この章に在っては「堯舜もそれなほこれを病んか」と訓読した後、以下の通り「講義」する。

この章は子路の問により、子路に勧めて徳を脩めしむるなり。己を脩めて以て敬すとは、恭敬自ら処るをいうなり（子路篇第一九章参看）。子路の君子の道に足らざる所は、政事にあらずして、しかして修徳にあり。故に夫子告ぐるにこれを以てするなり。これまた応病与薬の教訓なり。蓋し子路天資剛勇、抱負もまた至って高し。その蒲邑を治むる。教を夫子に請ふ。子曰く、恭而敬と。夫子の意以て見るべきのみ。もしそれ子路にして剛勇自ら抑え、恭敬己を脩め、以て君子の徳を充さんか。その百姓を安んずる、豈に独り千乗のみならんや。これ夫子の子路に望む所、しかして子路の終に及ぶ能わざる所のものなり。

以上の行文は、実は傍線の二箇所を除いては、南溟『論語語由』（漢文）を書き下したそのままといってよい。

その意味では博施済衆章のところとは異なり、文字通り南溟に従っているのであるが、ただし「堯舜其猶病諸」について言えば、先述の通り「これを病まんか」と訓みながらも、反語に解しているとは思われない。
南溟は、子路がその徳を修めさえすれば、万乗の国の百姓をも安んじ得るとするものであり、このように子路ですら期待可能とするのであるから、堯舜は充分に百姓を安んじ得た、というのであろう。このように南溟の解は博施済衆・子路問君子両章において、ともに堯舜は博施済衆を成就したということで一貫しているわけである。一方の青淵はどうか。
ひるがえって、南溟『語由』（つまりここまでのところでの青淵「講義」）には、先掲の「……しかして子路の終に及ぶ能はざる所のものなり」に続いて、結末部分として、

諸家の註は辨此に及ばず、徒らに敬の百姓を安んずべきを論じて、言は毛髪を析《さ》く。何ぞ与に言ふに足らん哉。

と、いわゆる子路を勧ますという章旨を没却している点を不満としているひとくだりがあるのであるが、青淵はこの部分をカット、代りに、

三島中洲先生曰く「脩己以敬の一句はこれ綱領にして、安人、安百姓の二句はこれ条目なり。故にこれを約すれば、安百姓は安人の中にあり、安人、安百姓はまた一の敬の中にあり、しかして脩己はまた敬の基本なり」と。この解よく章旨を得たり。

と、南溟の主張に水を差すような言辞を掲げているのである。青淵は前半部分において南溟の文を引き写してはいるが、結局、南溟の「堯舜は博施済衆を成就した」という真意を継承したことにはなっていないのである。以上、青淵「講義」の限界の一例であった。

## 七　亀井南溟と青淵（その二）

以上、結果として南溟の真意を承け切れていなかった一例を述べたが、もとより青淵にとっての南溟の存在は大きく、経解にその「真意」を生かしているケースは多い。紙幅が残っているので、それらのうちの一例を扱っておこう。

先進篇第一八章「回也其庶乎。屢空。賜不受命而貨殖焉、億則屢中」について、南溟『論語語由』は前の第一七章と合せて一つの章とするが、青淵は一つの章にすることに従わぬものの、「講義」は両章を併せて行っている。そうして「回也其庶乎」について、

「回やそれ庶からんか」は、徂徠の説のごとく「その興るに庶幾からんか」というを是となす。南溟曰く「夫子何を以て顔子のまさに興らんとするを知るか。そのしばしば空しきを以てなり。およそ物極まれば必ず変ず。衰極まってしかして盛。なお暑往いて寒来たるがごとし。顔子の徳の美を以てして、貧困空匱、この極に至る。その命を受けて起る。以て知るべきなり。子貢（孔子より少きこと三十一歳）はすなわちこれに異なり、数年の不晏に忍びず、しかして貨殖自ら富み、廃居時に赴く、その計またしばしば中る。偉才にあらずというべからずといえども、その顔子に及ばざる所以も、またまたこれにおいてかあり」と。説き得て精しというべし。

と、南溟の解を引用し、これに左袒する。実は『語由』にも、

其庶乎。茂卿曰、言其庶幾乎興也。為是。

とあり、徂徠の説に依拠して南溟の説は展開されるのであるが、そのことは今は措くとして、反朱子学の立場から、青淵は甚くこの説に賛同した模様であり、

朱子は「其庶乎（それ庶からんか）」を「道に近きをいうなり」と解すれども、顔淵の道に近きは言わずもがな、子貢の富栄と顔淵の清貧との対象中において何ぞ道に近きと否とを言うを須いんや。やはり貧富を以て終始するが事理によろし。「顔淵も今は貧のまた貧なるものなれども、衰極って盛、いずれは一陽来復の時節到来、まさに興らんとするに庶からんか」と予言せられたのだと解するが面白いではないか。しかして「子貢の貨殖はすでに善く積みてこれにおる。その富陶猗に比す。盛極って衰、永く保つべからざるやも知れぬ」という意を、隠然示したものとみられざるにもあらず。

と敷衍、さらには、

もし朱説のごとく顔子を道に庶しと評したりとすれば、その反対に子貢のなす所は道に遠しと評せざるべからず。子貢の貨殖何を以て道に遠しというや。衣食住は人生必要の第一なり。衣食住を確実に安定する貨殖何ぞ道に遠からんか。宋儒空理空論を説き、貨殖富裕を賤視する、以ての外のことにして、しかして孔聖立教の本旨に違うの罪を免るること能わざるべし。功利すなわち治国安民の事業は孔聖終身の目的なり。何ぞ富利を軽賤せんや。かつそれ子貢守銭奴たることを甘んずる者ならんや。またこれを以て達を求むるのみ。

と宋儒批判はその極に達するのである。すべては南溟に触発されてのことであった。

そうしてこの章にあっても、「義利合一」と「論語と算盤」のスローガンは高く掲げられたのであった。次の如くである。

さて今日の時勢、子貢たらんとする人は実に多からんも、顔淵たらんとする人ははなはだ稀れなるべし。これまた時勢の変遷人情の推移なり。ただ貨殖に無理をせず、義に叶いたる富を得ることに心掛け、三島中洲先生のいわゆる「義利合一」、余がいわゆる「論語と算盤」との一致点を発見するが肝要なり。不義の富は浮べる雲のごとし。青年少女諸君、特にここに留意せられよ。

## おわりに

総じて、青淵による『論語』の普及活動の大概は、ある意味では、その『論語講義』に結集されているといってよい。経解に当たって邦儒のなかでは三島中洲『論語講義』の内容が格別に多く採り上げられているのは、夙に中洲に義利合一論あり、親交するところであることの反映であり、次いで亀井南溟への言及が目立つのは、南溟の書が事功重視のゆえに青淵によって覆刻されたことと無縁ではない。青淵の講話は、これらの経解はさることながら、いわゆる〝実験処世談〟の数々が適宜該当する章に割り当てられているところに無上の価値があるのであり、学術書としては徹底を欠く憾みを遺しつつも、『論語』の代表的な啓蒙書として、今にその異彩を放っている。生涯にわたって『論語』に格別の関心を持ち続け、その語句の咀嚼に務めつつ、社会公益に向けて多岐に実践を重ねた人の到達点がここにあるのである。

注

（1）以降、青淵『論語講義』からの引用はすべて講談社学術文庫本から。

（2）中洲『論語講義』に関しては、拙論「三島中洲『論語講義』について」（戸川芳郎編『三島中洲の学芸とその生涯』雄山閣、一九九九年）を参照。

（3）このテーマに関する報告としては、すでに、
久米晋平「中洲・青淵両『論語講義』――学而篇」二松学舎大学二一世紀ＣＯＥプログラム『三島中洲研究』第一号、二〇〇六年。
久米晋平「中洲・青淵両『論語講義』②――季康子問章、定公問章をめぐって」二松学舎大学二一世紀ＣＯＥプログラム『三島中洲研究』第二号、二〇〇七年。

がある。

（4）『竜門雑誌』第六三七号、一九四一年一〇月（『渋沢伝記資料』四一巻、所収）。

（5）この講演記録は、井上の指摘する『東京学士会院雑誌』第八編第五冊、一八八六年一〇月、の外、三島毅『中洲講話』文華堂書店、一九〇九年の劈頭に収められている。なお、この中洲「義利合一論」に対し、直ちに朱子学擁護の立場から批判の筆を執った人に並木栗水がいる。岡野康幸「並木栗水の三島中洲批判――中洲「義利合一論」をめぐり」二松学舎大学二一世紀ＣＯＥプログラム『三島中洲研究』第三号、二〇〇八年、参照。

（6）二冊本、一冊本に在っても鉤括弧の位置を誤る。後出の『論語語由』の記述を参照。

〔付記〕本章は拙稿「渋沢青淵における『論語』の普及活動」、渋沢栄一記念財団『比較視野のなかの社会公益事業報告集』二〇〇四年（拙著『山田方谷から三島中洲へ』明徳出版社、二〇〇八年に収録）に大幅に加筆したものである。

# 第11章　渋沢栄一による歴史人物評伝出版とその思想

見城　悌治

## はじめに

渋沢栄一が、その後半生で「論語算盤説」をしばしば喧伝したのは、周知の通りであるが、そのエッセンスを『論語と算盤』の題名で出版したのは、一九一六年である。以降、論語関係では、『実験論語処世談』（一九二二年）や『論語講義』（一九二五年）などを続々出版し、近代日本社会における論語の啓蒙普及に少なからぬ役割を果たした。

一方で渋沢は、自らが評価する歴史人物の評伝作成や自身の同時代的記録を留めようとする作業にも積極的に取り組んだ。その評伝作成作業に協力した歴史学者（東京帝大教授）三上参次は、「先生（引用者註—渋沢）が私に屡々仰せられますことに、自分に二人の大きな恩人がある。皇室の御恩は申上ぐるに及ばず、之を別にしては私は徳川慶喜公、十五代将軍と白河楽翁（引用者註—松平定信）と二人あると云ふ御述懐を時々承ったことがあ」るとの証言を残している[1]。そして、実際に、『徳川慶喜公伝』（一九一八年）、『楽翁公伝』（一九三七年）は、「著者・渋沢栄一」として発刊されている。さらに渋沢は『雨夜譚』（一八八七年談話。一九〇〇年出版）、『青淵回顧録』（一九二七年）、『渋沢栄一自叙伝』（一九三七年）などの回顧も精力的に出版している。

近代日本の資本主義を先導していった渋沢は、なぜ歴史人物評伝や自伝の刊行を行ったのであろうか。本章は、その実相を具体的に見るとともに、そこに込められた渋沢の思想を考えていくことを課題とする。

こうした観点からの先行研究は、管見の範囲で、河原宏「日本文化史上の渋沢栄一――『徳川慶喜公伝』をめぐって」がある程度である。(2) 河原は、渋沢が『慶喜公伝』に力を注いだ背景を、渋沢「その人を纏綮として離れぬ明治エートスである。(略―夏目漱石『こころ』などにも見える) 今は昔になった一時代の精神的雰囲気なのである」と説明する。この観点はユニークではあるが、やや情緒的把握に過ぎると筆者は考える。本章においては、これらの出版事業に、渋沢がより積極的な意味合いを込めようとしたことを明らかにしようとするものである。

## 一　『徳川慶喜公伝』の出版と渋沢栄一

渋沢栄一は豪農の子に生まれながらも、幕末の尊王攘夷運動に参加し、一八六四年には一橋慶喜（一八三七～一九一三年。一八六六年に最後の将軍に就く）の臣下となった。ところが、一八六七年一月から慶喜の弟昭武に随行し、パリ万国博覧会に参加している間に、幕府は崩壊し、若き明治天皇を頂点に据える薩長政権が誕生した。(3) その結果、慶喜は「朝敵」扱いされ、死罪こそ免れたものの、長い期間謹慎処分に付せられることになる。しかしながら、渋沢は、「君臣関係はいわゆる三世の義を結ぶものである」(4) という考えから、旧主に対する精神的経済的な支援を、慶喜が七六歳で逝去するまで一貫して行い続けた。(5)

渋沢自身は明治以降の慶喜との関係について、こう回顧している。フランスから戻って、静岡で蟄居していた慶喜のそばで働いていた渋沢は、まもなく上京して官吏に就く。しかし、「爾来、時を見ては、駿河にござる公に謁するのを一つの務め、若くは楽しみと致して居ったのです。官に在る中は自由にも参りませぬでしたが、明治六年に官を辞して以来四十年近くになって居るが、公が明治三十年に東京に御移転になります前は、明治七年から二十九年迄大抵年に一度づゝは静岡に御訪問をして御様子を見上げ、色々の御話をすることを唯一の快事と致した。公も亦私の伺候を御待ちなすって、種々なる談話に時を移したのであります」[6]。

そうした中で、渋沢は、慶喜が幕末に取った行動について、薩長政権側からの一方的な評価を覆すための伝記出版を構想するに至るのだが、そのあたりの経緯について、『徳川慶喜公伝』の「自序」で、おおむね次のように語っている。

王政維新の偉業は、近因を公の政権返上に発したのである。而して公の爾来の御謹慎はさる事ながら、旧臣の目から見れば、朝廷の公に対する御仕向は余りに御情ない。畢竟是れは要路に居る人々が冷酷の致す所であると思ふについて（略）慷慨悲憤に堪へなかった。（略）歳月を経るに従って、政権返上の御決心が容易ならぬ事であったと思ふと同時に、鳥羽・伏見の出兵は全く御本意ではなく、当時の幕臣の大勢に擁せられて已むを得ざるに出た御挙動である（略）薩長から無理と仕懸けた事ではあるが、天子を戴いて居る以上は、其無理を通させるのが臣子の分であると、斯く御覚悟をなされたのだといふ事を理解したのは、実に明治二十年以後の事であった。（略）他人よりは逆賊と誣ひられ、怯懦と嘲られても、じっと御堪へなされて、終生之が弁解をもなされぬといふは、実に偉大な人格ではあるまいか（略）公の大冤魂を天下後世に申雪する工夫はあるまいかと、始めて御伝記の事を言ひ出した、云々[7]。

そのため、渋沢は一八九三年ころ旧知の文筆家・福地桜痴に執筆依頼を行った。発端は「（福地が）此の事業を始めては何うかと話された所より思ひ起ったのであるが、同氏ならば旧幕の人でもあり、且つ達文家で、歴史上の造詣も深い故、編纂者として適任だろう」[8]と渋沢が認識したためである。福地は「是れより先に、幕府の歴史を編纂したいと思ふが、誰も書かせて呉れる者がない。之を完成するには少からぬ費用を要する、（略）維新後の歴史は、とかく徳川家を讒誣する事のみを記した書が伝はるが、是れは実に後世を誤るもので、残念至極である」[9]という不満を吐露しながら、慶喜伝の執筆を引き受けたという。

とは言え、伝記編纂の可否については、やはり存命していた慶喜に許諾を受ける必要があった。そのため、渋沢は、旧臣下で維新後も慶喜と昵懇の付き合いをしていた平岡準蔵にその意思を確認させた。すると、慶喜は「どうぞ止めて呉れ」、「世間に知れるのが好ましくない」と断ってきた。それでも渋沢は粘り強く、「必ず世間には知れぬやうに、深く私の筐底に納めて置きます。私どもは固より公の千年の御寿命を望むけれども、人生自古誰無死であるから、御死後に於て発表するものとしたならば、御厭ひなくもと思はれます。今の間に存在する史実を集めて、せめては記料にても遺して置かねば、遂に真相を失って、後世に誤謬を伝へる事と存じます」と再度の懇願をすると、「それ程の熱望ならば承諾はするが、世間に公にするのは、死後相当の時期に於て」との約束の下で、慶喜は編纂作業の開始を認めたという[10]。

これによって、ようやく事業の出発点が固まった。評伝の方向性をめぐっては、徳川家康から始まる幕府の歴史全体を叙述したいという意志を強く有していた福地に対し、渋沢は慶喜「公の大冤魂を天下後世に申雪する」という慶喜個人へのこだわりを強く持っており、両者の間には、ズレがあった。それが、詳細を詰める過程で明らかになってきたため、議論を重ねた末に、家康以来の幕府の歴史を「前史」として盛り込むことで両者の合意がなされたという。

一八九四年からは、尾高藍香（惇忠。渋沢の従兄で、少年時における学問の師）が紹介した江間政發（旧桑名藩士）が資料蒐集を担当し、また一九〇一年には編纂事務所が置かれた。ところが、一九〇五年、福地が代議士に当選し、さらに翌年急死したため、編纂事業は一旦中止のやむなきに至る。

『慶喜公伝』編纂事業は、渋沢の熱情と慶喜の「世間に知れるのが好ましくない」という胸奥とのせめぎ合いの中から始まったのだが、福地が亡くなる二〇世紀初頭に至ると、慶喜周辺の環境は大きく変わってきた。すなわち、憲法制定や日清戦争の勝利などで国家制度の整備安定がされてきたことを背景に、慶喜の待遇が緩和へと向うのである。まず、一八九七年、これは明治三〇年にあたるが、慶喜はようやく静岡から東京に移り住むことが許された。一九〇〇年には麝香間祇侯になり、〇二年六月には、華族の最高位である公爵を与えられた。さらに、〇八年には勲一等に叙せられ、旭日大綬章を受けるに至る。それら一連の過程は慶喜の社会的復権を意味し、慶喜の「冤」を晴らすという当初渋沢が抱いていた目的は実質的に果されることとなったのだ[11]。

慶喜叙爵の請願に功あった人物は複数いたと言われる[12]。しかし、その後見人的存在であった渋沢栄一が、伊藤博文・山県有朋などとも対等に渡り合える実業界の大立者となっていたことは、やはり大きかった。渋沢に対する晩年の聞き取り会である「雨夜譚会」（一九二七年一二月）で、「徳川慶喜公が公爵に成られたのは先生のご尽力でしょう」と水を向けられた渋沢は、次のように答えている。「私が大磯で慶喜公の事を調べてゐる時、偶然山県さんが来合せて、私の調べてゐるのを見て、君は妙な事をすると云ったから、之れは恰度よい時機だと思って、慶喜公が世の中へ出られるやうにと、山県さんに私の苦衷を訴へると、山県さんは『あゝ成ったんだから盛返しに君が心配しても賛成は出来ぬ』との事だった。当時山県さんは、勢力のある人だった。それから此事を井上（馨）さんに内々話したら『伊藤に話す方がよい。山県では駄目だ』との事で伊藤さんに話した。すると明治三十年、慶喜公御上京後に、伊藤さんが私に『慶喜公を今の儘にして置くのは気の毒だ。只今の処完きを望めないが、麝香間祗候位は許されるだらうと思ふ』と云った。私はそれでも良いから頼んだ。後になって伊藤さんが『此間はあんな事を云ったが、慶喜公が却って迷惑に思はれては気の毒だから、君一寸慶喜公の内意を伺って呉れぬか』と云ったので、此事を慶喜公に伺って見ると、『私は維新の時に首を差上げる事を覚悟した。今でも同じ所存で居る』との御返事であった。伊藤さんに此旨伝へると成る程、旨い事を云ふと云った。（略）併し慶喜公を公爵にしたのは桂さんであった[13]」云々。

一九〇二年一二月七日には、東京・偕行社にて、「徳川慶喜公叙爵祝賀会」が、渋沢たち旧幕臣を発起人として催されている（発起人会の議長は榎本武揚）。この会の参加希望者は五〇〇名近くに及び、旧幕出身者のおもだった者を網羅しているとも言われるほどであった[14]。

さて、慶喜授爵後の一九〇六年に福地桜痴が死去したため、渋沢は伝記編纂の方法を女婿の穂積陳重と阪谷芳郎に改めて諮る。彼らは歴史専門家に委託するのが良いだろうと考え、穂積の知人であった東京帝国大学国史科教授・三上参次に相談した。三上は「折角徳川慶喜公伝を編纂して後世に遺しても、それが若し偏頗なものになっては後世の譏を受くる恐れもあるから、旧幕の人に依嘱するよりも、歴史の専門家をして編纂事業に当らしむるが宜し[15]」かろうと述べ、同僚の萩野由之を紹介した。それを受けた萩野は、若き研究者四名を編纂スタッフに加え、学術的な『徳川慶喜公伝』編集に一九〇七年六月から取り組む。つまり、ここで伝記編纂は、「冤雪」目的から適切な史料に基づく伝記の完成を目指す方向へと転じたのである。

この新たな編纂事業の要の一つは、慶喜自身への聞き取り作業にあった。これは、同年七月を第一回とし、一九一三年五月まで都合一七回にもわたる「昔夢会」として、慶喜邸、渋沢邸などで維新前後の事情について行われた。「事実を成るべく錯誤のない様にしたいといふ企望から（略）種々の疑点を公に御尋ねいたし、又公の御前で討議もした。公は此会同を昔夢会と命名して、毎回必ず御出席下され、諸氏の疑問に対しては、殆ど心を虚しくして、其時の御思慮又は御行動を懇ろに談話せられ、事後を飾る心や依怙的感情などは一切除いて、有ったことは有った、間違った事は間違ったと、善なり悪なり、事実其儘、真直ぐにありし昔を御話し下されたのである[16]」。

そして、聞き取り原稿が整理されるたび、慶喜自身にチェックをしてもらう周到な作業を重ねていく。「伝記の草稿が出来てから、公（引用者—慶喜）は丁寧に校閲されたが、意見のある点や訂正を要する処は、一々紙を細く切って其意見を書いて貼付けられた。其箇所は中々少なくない。此一事は明かに公の性質を語り、併せて此書の価値を示すものであらう[17]」という逸話も残されているほどであった。

しかし、慶喜は、その伝記の完成を待たずして、一九一三年一一月二二日に死去した。一二月一二日には、「東京市講演会」主催の「徳川慶喜公追悼講演会」が開かれ、萩野由之と渋沢が演壇に立った。まず、萩野が「江戸城開城始末」と題し、三時間半にもわたる大講演を行った。それを承けた渋沢は、戊辰戦争について「若しも私が其位地に代ったならば、国家は勿論東京もあれ以上の戦乱が起ったかも知れなかったが、マア私でなくて誠に仕合であったと思ふ」など、あまり笑えない軽口も交えながら、慶喜との思い出を語っている[18]。

慶喜に対する聞き取りの成果が、まず『昔夢会筆記』として、限定二五部で印刷に付されたのは、その死から一年半経った一九一五年四月であった[19]。さらに、二年半の歳月をかけ、多面的な史料を加除整理した上で、『徳川慶喜公伝』が完成し、慶喜の墓前に供える「徳川慶喜公伝献呈奉告式」が行われたのは、一九一七年一一月二二日のことである。そして、本編四冊、付録三冊、索引一冊の計八冊（菊版で四二〇〇余頁）という大部な著作が、「著者渋沢栄一」の名で、翌一八年一月、ついに出版された。当初の計画を大きく超過した二五年あまりの時間と二十数万の経費が、そこに費やされたという[20]。

「著者」としての渋沢は、その編纂方針について、「余り批判を加へず材料を組織的に編纂して、事実を有りのまゝに示し、読者をして判断せしめる事にし[21]」たと述べている。確かに全八冊のうち、四冊が付録・索引に充てられていた編成に、史料重視の姿勢を看取できる。執筆リーダーの萩野によれば「初稿は蕪雑なりとも、取りあへず、批評教正を請ひ、再稿三稿を重ねて修正せばやと、先づ男爵（渋沢）に出して批評を求め、次に公（慶喜）に呈覧して教正を請ひたり。男爵は多忙の中にも仔細に点検して、一々細評を加へられ、公は一章成る毎に喜びて之を読ませられ、事の小なるは付箋して還され、事の大なるは余等を召して反復指教せられたり。（略）或時は又記録の記す所と公の記憶せらるゝ所と矛盾する者もありて、其考証推断に多くの時を費し、思ひのまゝに進まざる事もありしが、（略）公の検閲をも経たりき[22]」云々。

つまり、歴史学者だけによる叙述ではなく、渋沢と慶喜の論評や修正を経た上で、同書は四二〇〇余頁もの大著として完成したのである。いずれにしても、維新後の慶喜と親密な信頼関係を結び続けた渋沢の存在がなければ、歴史学者を交えた「聞き取り」の機会などは設定され得なかっただろうし、編纂事業の資金繰りも渋沢というパトロンがいなければ困難となり、いずれにせよ伝記完成は成らなかったことは確実である。

また、当初（一八九三年頃）、伝記編纂に否定的であった慶喜から、「死後相当の時期に発表する」などの条件を引き出し、許諾を得たのは、渋沢の粘り強い説得の末であった。しかし、一九〇二年、慶喜が「公爵」となり、名誉回復した後は、慶喜も伝記編纂に積極的な姿勢を見せていくことが、萩野の回顧から明らかになる。「初め余が編纂の事に従ふや、男爵（渋沢）は公（慶喜）の御生前に脱稿して、刊行をも終へたき志なる上に、公もまた此書の成るを待たせ給ひければ、余等も早く呈覧して、其教正を受くるを楽みとせり。編纂員諸氏は此心を体して精励しければ、功程大に進みたる(23)」云々。

本評伝における史料考証が厳密であったことについて、渋沢自身は「予としても、若し或は感情を交ふるが如きあらば、史実を曲げ、公を誤るの甚だしき者なるを以て、一に事実を事実とし、萩野博士亦自家専門の史学見地よりして公平に精査究訊、以て中正の態度苟くもする所なきを期せり(24)」と、その「公正」性を訴えている。

完成した『公伝』の評価は、戦後の歴史家の間でも高い。たとえば遠山茂樹は「単なる伝記ではない。幕末の通史として、アカデミズム史学の側からはこの水準を出るものはほとんどない(25)」。大久保利謙も「それまでの薩長維新観への批判をふくめて、幕府の巨体を大きく描きだしている点は、慶喜伝の線を越えており、（略）専門史家の精密な考証から叙述され幕末政治として量質とも堅実なもので、今でも幕末史研究の基本文献になっている(26)」との評価をそれぞれ与えている。

さて、本章では、具体的な叙述内容および史学史的な評価の詳細は措き、渋沢がこの『徳川慶喜公伝』で人々に何を発信しようとしたのかを見ていくこととする。

それを説明する前には、まず明治期の「維新史」認識を抑えておく必要がある。新政府は自らの正統性を創出するため、一八六九年、『復古記』の編纂を開始した。これは、明治維新が「君臣名分」を明らかにするための「王政復古」とその成功を語ろうとするものであり、必然的に江戸幕府や当時の政治家の評価は現実以上に低く貶められた。そうした状況が徐々に変ってくるのは、憲法発布を目前にした一八八〇年代後半になってからであった。その先鞭をつけたとも言われる作品は、島田三郎『開国始末　井伊掃部頭直弼伝』である。一八八八年に発刊された同書「緒言」で島田は、「予嘗て近世の史伝を読み、其謬妄極めて多きを見、特に史氏が偏僻の見を持し、想像の冤を人の戸上に被らしめて、後人の嘗て之を弁ずるなきに至り、慨然嘆息して為めに、其の事実を直書し」た、と書いた(27)。

渋沢が、慶喜の伝記を残そうとした当初の目的は、旧主の冤を雪ぎたいという志にあったが、明治後期以降は変化していく。この点について、渋沢は、一九一七年一一月に行われた「徳川慶喜公伝献呈奉告式」で以下のような内容を読み上げている。「（略―最初は世間の誤解を）遺憾と思ふて、雪冤的の考慮を持ったのでございますが、それは其時の有様であって、其後雲霧は消散して天日の公明、今日は社会に明瞭になりましたから、私の雪冤的の念慮は業に既に無用になりましたが、茲に此小著述に依って後世天下の人の感応を企図するのは、即ち公の大犠牲の精神であります。輓近人文の進歩と共に人々皆智巧に趨りて、漸く犠牲的観念が乏しくなって、自己本位の弊滔々として進むやうに感じまする。此時に当りて、公の御行動の唯君国の為めに御一身を犠牲に供されたと云ふことを、能く社会の人に知悉せしめたならば、或は春秋以上の効能あらむと言ひ得るかと思ふのでございます」云々(28)。ここに見える編纂意図は、『徳川慶喜公伝』の渋沢による「自序」にも看取できる。「公が国難を一身に引受けられ、終始一貫して其生涯を終られた偉大なる精神は、実に万世の儀表であり、又大なる犠牲的観念の権化であると思ふ。さすれば世人が此書によって公の御事蹟を善く心得て、其御一身を国家の為に捧げられた精神の在る所を了解したならば、此御伝記が百年千年の後までも、日本の人心を針砭刺戟して、国民の精神に偉大なる感化を与へるやうにならうと思ふ。（略）公の御事績が、将来の日本の人心をして大に感奮興起せしめ、所謂懦夫をして起たしむるの効果あるを望み、且つ信ずるのである(29)」。

福地桜痴の死後、慶喜への聞き取り等を含めた伝記編纂事業が再開されたのは、一九〇七年であった。実は、その二年後の一九〇九年六月に、渋沢は「古稀」を迎えたことを理由に、一部の業種を除き、実業界からの引退を表明している。その時、渋沢は「余の勇退は楽隠居に為にあらず。（略）多年取掛って居る事業が未だ完成せぬから、之に力を注ぐため多少の時間を作る為である。（略）関係事業の何等の不平を起したとか、渋沢の一身に何等の以上を生じたためではない」と説明した上、その事業の中身を「徳川慶喜公の事蹟を史に編みたいのである」と公言した[30]。なお、渋沢は、ここでわざわざ「関係事業の何等の不平を起したためではない」と言うが、その背景には政界をも巻き込んだ一大疑獄事件である「日糖事件」によって、渋沢が受けた厳しい批判への弁明的要素があったと筆者は見る[31]。

つまり、完成した『徳川慶喜公伝』の序文で、慶喜の「国家に対する犠牲的精神」が「日本人の心を刺激して、国民の精神に偉大なる感化を与えるようになろうと思う」と述べる渋沢は、同時に旧主への忠誠心を忘れなかった渋沢自身をアピールする意図も込めていたと思われる。実際に渋沢著『青淵百話』「八七　老後の思ひ出」（一九一二年）の中では、伝記を「心血を注いで一日も早く完成を急がせ度い。そして余の存命中は勿論、公が御繁昌の中に是非脱稿して御覧に供し度いと思って居る。斯かる事業に対して骨折るのも、世間から渋沢は金儲け一方ではない、多少時勢に趣味を持った男だと目せられ、余が此の世を去った後までも、此の事業を以て渋沢は斯様な人物であった。又渋沢があれ程までに辛苦して伝記を編纂した人物は寔に立派であったと伝へて貰いたいからである[32]」との計算も示していた。

つまり、この『徳川慶喜公伝』「自序」などに見える渋沢の意図は、慶喜の生き方から国民精神への感化を読み出し、それを大いに鼓舞喧伝するところに、さらには自身の国家や道徳涵養への貢献が「金儲け一方ではない」点を証明するところにも置かれていた。すなわち、ここには日糖事件への弁明をも含みこんだ同時代への道徳訓戒的なメッセージが込められていたのである。

こうした渋沢の意向は、一般にも好意をもって受け止められたようである。以下、新聞紙・雑誌上における三つの「新刊紹介」記事を挙げておきたい。

我国史学上の光彩及び一大貢献として広く之を推称するの価値あり。渋沢男爵が終始一貫国家に尽せる功労に至っては、僕を更ふるも了る能はず。而かも平常多忙の身を以てして、又専門的史家ならざる身に拘らず、此特殊の事業を企て、多数の歳月と巨額の費用とを投じ、今や其晩年に於て首尾よく之が完成を遂げ、以て世に公刊するに至りしが如きは、其篤志より見るも事業の性質より見るも、男爵の生涯中に於ける大事業の一として、衷心より之を尊敬頌賛せざるを得ず。（『中外商業新報』一九一八年一月一二日付[33]）

その修史の実業家の道楽仕事でなく、意義あり光輝ある至誠の一大事業であることを信ずる。（『実業之日本』一九一八年四月号[34]）

昔から君臣の知遇は水魚に喩へるが、此の知遇が渋沢男一代の意地に深き深き根を下ろして、之れを枉げることも抜くことも出来ぬ程、盛なものに育て上げた。（略）男の銀行業を中心として我が経済界に貢献したる功の大なる、他に比肩するものはなく、此点に於いて男は光って居る。其他男に敬服すべき点は尠くならう。而かも此等の何れにも優りて男に最も尊貴なるものは、慶喜公の知遇に対して立て通したアノ大なる男一代の意地である。（『東洋経済新報』一九一八年四月号[35]）

もちろん『徳川慶喜公伝』出版の歴史的意味は、このような渋沢の道徳教化的な意図にのみ留まるものではない。明治維新史研究における史学史的意味も著大であったことは先に触れた通りである。また、渋沢が主宰した慶喜聞取り会（昔夢会）に参加することを得た若い歴史学者たちは、慶喜と主従関係がないため、ただ史実確認の熱情にかられて、それぞれの史料に立脚した質問を忌憚なく行い、慶喜を問いつめ真相を聞き出そうとしていたと言う[36]。彼らが、その後維新史研究者として歴史学の発展に寄与していくことを考えると、渋沢の取った方法は、歴史編纂という文化事業を支援する役割も確実に果していたと言えるのである[37]。

旧主であった最後の将軍・徳川慶喜に対する渋沢栄一の思いとそれを果すための出版事業は、以上で見た通りである。次節では、渋沢が顕彰したもう一人の江戸時代の政治家について、見ていきたい。

## 二　『楽翁公伝』の出版と渋沢栄一

松平定信（一七五八～一八二九年）は、一七八三年に弱冠二六歳で白河藩主となり、政治改革に成功。その手腕を買われて、八七年からは江戸幕府の老中に登用され、「寛政の改革」を実施した政治家である（号が「楽翁」だったため、「白河楽翁」の異名を持つ）。

　徳川氏の施政三百年の間には初代の徳川家康というお方が、実に遠大なる政策をもってその事を遂行されました。三代の家光というお方、八代の吉宗というお方、その他紀州の南龍公とか、水戸の義公とか、代々の賢君名将が輩出して居りまするが、ほとんど完備なお方と申したならば、あるいは楽翁公に第一指を屈せなければならぬと存じます(38)。

このように、江戸時代で最も「完備」であったとまでの絶賛を渋沢が与える楽翁・松平定信に対する評伝出版事業を以下で見ていくことにする。

渋沢が、松平定信を評価するようになったのは、一八七四年に東京養育院の院長になった際、その原資が定信による「寛政の改革」の成果の一つである「七分金積立」に由来することを知ったためとされる。また、慶喜伝編纂の史料蒐集を一八九四年から担当した江間政發が、前年の九三年に『楽翁公遺書』三巻の編纂刊行をしている定信研究者であることも大きかった(39)。

近代日本における定信の評価とそれに連動した顕彰運動が、具体的に動き始めるのは、一九〇八年九月、定信に「正三位」が贈位されて以降である。

　先月九日を以て、贈正三位に昇叙せられし、従四位下松平定信侯の旧領たる桑名の神国神社（鎮国守国神社）に於て、本月十三日を卜し、奉告祭を挙行するの計画あるはいふまでもなく、侯の前領地たりし白河に於ても、旧領一同の士民相語らひ、本月十三十四の両日を以て、贈位奉告祭を兼ね、侯の贈位記念講演会を同町に開催するの計画なりといふ。[40]

この記事に見るように、定信は、祖先の領地であった三重県桑名において、祖先の松平定綱とともに、すでに神社の祭神として祀られていた。そして、定信が政治改革手腕を発揮した福島県白河でも「昇叙」を受けて、ただちに贈位記念講演会等の実施が計画され始めたのである。

一九一六年五月に至ると「大正天皇御大典記念」として、白河町長や有志が「楽翁公奉祀表徳会」を組織し、神社建設による松平定信の顕彰を企画した。そのため、町長たちが東京の渋沢邸を訪ねて、「偉大ナル公ノ英霊ヲ仰キ度、地方ノミニテハ実現不可能ナルヲ以テ、是非閣下ノ御援助ヲ賜リタシト」相談する。そして、「中目瑞男（引用者注―のち南湖神社宮司）ガ編成シタル予算金弐万円ヲ提示シタルニ、閣下ニハ神社ヨリモ、大ナル碑ヲ建設シテハ如何トノ御話ガアリタルモ、是非共神社ト致シ度旨、懇請シタルニ、遂ニ之ヲ諒トセラレ、然ラバ参万円位ニシテ、少シデモ大キクセラレヨ」と述べ、さらに渋沢は一一月に正式な発足をした「楽翁公奉祀表徳会」の会長に就き、広くその意義を呼びかける役割を果たした。[41]

定信を祀る神社の建設は進捗が滞った時期もあったが、渋沢が各方面への経済的援助を呼びかけたこともあり、一九二〇年に創立認可を受けた後、一九二二年六月、定信を祭神とする「南湖神社」として完成し、鎮座祭が行われた（翌年には「県社」に列されている）。[42]神社建設の総支出四万一六〇〇円余は、同額の寄付によって賄ったが、渋沢は、収入総額の三分の一弱にあたる一万二〇〇〇円を寄付している。[43]

渋沢が神社建設に寄付をした事例は、郷里埼玉県下の神社などのほか少なくはないが、南湖神社への思い入れは特に強かった。それは、渋沢が院長を務める東京養育院との縁故によることは、先に触れた。実際に、東京都養育院編『養育院八十年史』（一九五三年）は、「故渋沢院長は、本院創立以来終始一貫経営の根幹をなし、その不撓不屈の精神と黽勉努力の成果については贅言を要しない。而して、本院草創の頃、その経費は、松平越中守定信（白河楽翁公）の創始した所謂七分金（後、共有金という）の一部をもって支弁されたこと、町会所を継承した営繕会議所の経営下にあった関係から、公を追慕し、その偉業を偲ぶ念、洵に切なるものがある。（略）渋沢院長は、平素深く楽翁公の善政と高徳を偲ばれ、公の祥月命日である五月一三日には毎年公の祭典を行なってきた。なお、明治二〇年代からは毎月一三日を養育院登院日と定め、当日は万難を排して登院することに努められた。明治四三年以来この祭典の際、記念講演会を併せて行うこととなった」と書いている。

一九一〇年から始められたこの「楽翁公記念会講演会」の講壇に、渋沢も一再ならず立った[44]。渋沢側近であった白石喜太郎は、「（渋沢先生は）自ら講演をする為め、熱心に研究し、又専攻の学者の見た各種の楽翁公感《（ママ）》を聴くにつれ、先生の楽翁公癖は次第に募り、後には最もよく公を知る一人となった」。「楽翁公に傾倒すること深く、見方によっては、楽翁公は先生によって世に顕はれたと言ひ得る程である」と、定信への傾倒ぶりを証言している[45]。

渋沢は一九一二年に発刊した『青淵百話』においても、その第七五章を「白河楽翁公の犠牲的精神」という題名にして、「公が耐忍持久心に懐ふもこれを外に表さず、全く『縁の下の力持』となりて、能く徳川幕府の為に百年の計を樹てた其の苦衷は、天晴れ大丈夫として讃美の外はない」と幕府に対する献身ぶりをまず評価する。さらに「公は養育院に取って間接の恩人である（略）公の勤倹の遺徳が維新前殆ど百年の昔から今日に伝り、追々是が拡大されて今日の時世に応ずる慈恵の事業に成ったのである」とも述べた[46]。さらにまた、一九二六年の講演においては、「公の事蹟を尋繹して、当時の国情を追懐すると同時に、今日の政治の有様を拝見しますると、転た感慨に堪へざるものがあります。斯かる時機に楽翁公の事蹟と御精神とを世の中に御吹聴申すのは、即ち忠誠を鼓吹する上に於て或は必要ではなからうか[47]」と述べ、定信の「忠誠」心は、今日こそ省みられるべき、との位置づけもしている。

一九二八年には、東京深川・霊巌寺にある定信の墓が、内務省から「史蹟」の指定を受けた。定信が死してから百年の節目であったこともあり、翌年渋沢を会長とした「楽翁公遺徳顕彰会」が発足し、「松平定信公百年祭」が実施された。この顕彰会の趣意書は、七分金積立が養育院のみならず、東京の諸公共施設の原資になったことから、「東京の恩人」という包括的な美名を定信に与え、その「公共」心の認知浸透を図ろうとする意思を示していた。

このような顕彰活動の集大成とも言えるのが、定信の伝記『楽翁公伝』出版であった。同書も『徳川慶喜公伝』と同様、実質的な執筆陣は東京帝国大学の国史学者たちに委ねられ、前著では執筆に関わらなかった三上参次が史料蒐集および稿本作成を担当した。そもそも三上は、東京大学大学院を卒業直後の一八九一年、最初の単著として『白河楽翁と徳川時代』を発刊しており、アカデミズムにおける定信評価（広く言えば、江戸期の政治家再評価）の先鞭者であり、その意味では、もっとも適任であった[48]。三上の稿本を、平泉澄が編纂し、中村孝也が修訂したものに、渋沢が意見を加えて、最終的な完成をみたという経緯から、「著者渋沢栄一」の名で、一九三七年、本文四三〇頁、付録七四頁の大著として、岩波書店から出版されている（なお、渋沢はその完成を見ずに、一九三一年逝去している）。渋沢が残した弁によれば、複数の歴史学者が関わったため、やむを得ず、自身が単独の著者名となったと言うが、歴史学者の名前が後景に退いたところに、同書出版に関し、渋沢が並々ならぬ見識と意欲を有していた事情を読み取ることは可能であろう。

渋沢は生前に脱稿していた同書「自序」で「政治界といはず経済界といはず、私利を趁うて公利を遺れる弊が頗る多く、心ある者をして眉を顰めしむるもの、枚挙に遑なきばかりである。この時に当たり、若し一人にてもこの書を読んで、公が一家の身命を犠牲にして能く天下の艱難を匡救せられた至忠至誠の大人格に感興する士があるならば、独り私の喜びのみに止まらぬのである[49]」と述べている。一方、『楽翁公伝』本文の結語は、「公は天明の末期、時局艱難の際に出でて、幕閣の首班に立ち、至誠至忠、皇室を尊み、名分を正し、財政を整へ、綱紀を張り、風俗を改め、文武を奨励し、もって社稷を累卵の危きに救ひ、蒼生を塗炭の苦しみより助け、いわゆる寛政の治蹟を挙げられたり。……公の如きは、真にこれ国家の柱石、政治家の典型と謂ふべきなり[50]」とまとめられていた。

定信を「国家の柱石」たる理想の政治家と定め、「社稷を救い、蒼生（民衆）を苦しみから助けた」とする理解は、対外戦争を前提とする国内の経済的道徳的引き締めが至上の課題になり、強力な政治指導者を求めていたこの時代の思想に棹差す言説と読むことが出来る。しかし、一方では、養育院院長という立場から定信に接近した渋沢の「社会公益」を重視する思想の一端をそこから垣間みることも可能と言えよう。

本節の最後に、渋沢の歴史人物評価に関わる事業をもう一つ紹介しておく。一九一五年に徳川家康没後三百年記念事業が行われたのだが、その主体である「日光東照宮三百年祭奉斎会」の会長に就いたのも、渋沢栄一その人であった。この事業は、日光に宝物陳列館や防火施設の建設、また松並木の整備などを行ったのだが、興味深いのはその趣意書に「世人ノ洽ク知ル如ク日光ノ名ハ遠ク海外ニ伝ハリ、観光外客ノ我国ニ来ルヤ、（略）我国家経済ニ裨補スルコト決シテ尠少ナラザルベシ[51]」と記されていることである。すなわち、渋沢は慶喜や定信の評伝においては、「国家道徳の涵養」を訴えようとする傾向が少なくなかったが、家康没後三百年事業では、第一次世界大戦期の「国家経済」への貢献をも折り込もうとしていた。ここには、実業家渋沢という本来の面相も確かに看て取れるのである。

## 三　渋沢栄一の自伝的回顧出版――『雨夜譚』『青淵回顧録』ほか

渋沢は自らの同時代史的役割を記録に留める作業を早くから自覚的に行っている。まず幼時から大蔵省を退官する一八七三年までの経歴を子弟に請われて、一八八七年に談話録『雨夜譚』をまとめた。それが一般の目に触れるようになるのは、渋沢の還暦を機に、一九〇〇年出版された上下二巻、総頁数二二〇〇余頁にも及ぶ重厚な

『青淵先生六十年史』（竜門社）に収められたためである。編集責任者に阪谷芳郎（大蔵官僚、渋沢の娘婿）を据えた『六十年史』は、「先生ノ歴史ハ近世本邦六十年間実業発達ノ歴史ト全ク密着シテ離ルヘカラス。先生ノ歴史ハ則チ近世実業発達史ナリ。近世実業発達史ハ則チ先生ノ歴史ナリ」[52]と位置づけ、副題も「一名近世実業発達史」とされていた。全六〇章からなる同書には、渋沢が関わった多彩な事業がほぼ漏れなく示されているが、とりわけ「実業」関係が四九章にもわたり詳述されている点から、渋沢の「六十年」を顧みるという稀有の構造を取っていた。

一九一二年に発刊された『青淵百話』は、渋沢の談話を集めたものであるが、一部には『雨夜譚』を元にした回顧も収められている。原稿作成と推敲に二年近くの時間をかけた同書は「先生が最も力を入れたものであり、他（引用者注―それ以降の著書）はこれに刺戟せられて出来たと云ふても差支へはない」、「先生の著者中でも、重要な位置を占めることになる」との評価を渋沢側近の白石喜太郎は与えている[53]。

一九二六年一〇月からは嫡孫の渋沢敬三等が渋沢への聞取り会を始め、一九三〇年七月まで三一回行った成果が「雨夜譚会談話速記」としてまとめられた。この作業は、敬三によれば、「同族なり又事務所なりで書き上げると、兎角我田引水的になり勝ちであり、又よしや左様でなくとも、我田引水的であると見られるから面白くない。（略）我々と関係ない全然外部の人の手によって出来上る方がよいと思って居ります。然し、我々としては、（略）資料は我々の手で出来るだけ蒐集して置かねばならぬ、如何なる微細な事でも、また一見つまらぬ様な事でもありのままに出来得る限り集めて置かねばならぬ」[54]という思想に基づいて行われたというが、その方法は祖父・栄一による慶喜聞き取り作業とも通底するものであった[55]。

一九二七年には、渋沢の米寿を記念して『青淵回顧録』（上下二巻。一五〇〇頁余）が小貫修一郎編で、青淵回顧録刊行会から出された。さらには、渋沢が没した後、日中戦争勃発直後の一九三七年一一月には、『回顧録』を再編集した『渋沢栄一自叙伝』がこれまた一〇〇〇頁を優にこえるボリュームで出されている[56]。

渋沢栄一は、自己の生涯を語る以外にも、自己の生きた同時代を記録する機会を積極的に活かそうとしている。たとえば、『明治財政史』全一五巻（一九〇五年）編纂事業への協力（編纂委員長は、女婿の阪谷芳郎であった）、大隈重信編『開国五十年史』全二巻（一九〇七年）の「銀行誌・会社誌」項の執筆と出版助成などがそれに当たる。(57)

渋沢がこのように自らが関わり、また体験した一連の記憶を留めようとするひとつの背景には、道徳的な訓戒を込めようとする意図を含んでいたことは、『徳川慶喜公伝』をめぐる叙述でも述べた。しかし、渋沢の場合は、そうした想いのみでなく、歴史学という知的世界で共有財産とし得るような「実証的史料」集積にも意を払う側面が少なくなかった。そして、それは尚古的好事家趣味に留まらない、自らの生涯も斯界の評価に委ねる潔さを備えていたと言えるだろう。

## むすびにかえて

渋沢栄一は、徳川慶喜の追悼講演会で、その伝記編纂の意図について、こう表現している。「御伝記編纂に付て私が申して居ったことは、昔頼山陽が外史を作って出来上った時に、白河楽翁公がこれを聞てひどく賞讃した。頼山陽も亦楽翁公の一顧を喜で、文章を作りて楽翁公に上げた。其文章中に曰く、凡そ歴史家が歴史を編するは、其の当代を明かにすることを求むるけれども、必ずしも目前に知られることのみを望む訳には行かない。要するに、百年の後を期するものである。（略）左様な事は自分から言ふ訳には行かぬけれども、窃かに百年の後を期したのは、山陽と同じ考でありました」云々。(58)

本章では、渋沢栄一が、「旧主」たる徳川慶喜について、また江戸期で最も「完備」な政治家たる松平定信について、さらにそして自身についての歴史評伝および史料蒐集に果した文化的役割を見てきた。慶喜追悼講演会では頼山陽を引き合いに出しているが、渋沢は、定信と慶喜の歴史的評価について、また自らの歴史的評価について、「百年の後に期」すような史料編纂を重視した評伝を作成しようと考えていたのであろう。

渋沢は、慶喜伝について、「編纂の大方針は、余り批判を加へず材料を組織的に編纂して、事実を有のまゝに示し、読者をして判断せしめることにしてある」[59]と、その公正性を訴えていた。現実的には、時代の思想を背負い、時代に向けて積極的に思想を発信しようとした渋沢の主観的想いが籠められていた側面は当然あるだろう。しかしながら、「金持の道楽」と言う言葉で簡単に片付け得ない大きな歴史遺産を今日に留めたという意味では、渋沢がこうした形で文化事業に果した役割も、また正当に評価を与えられるべきと考える[60]。

歴史を記録保存し公開しようとする渋沢の意志と思想は、その没後、龍門社による『渋沢栄一伝記資料』全六八巻（一九五五～七一年）の編纂発行という膨大な作業に引き継がれていく。その浩瀚なデータは幕末から昭和の歴史を考えるための多く素材を与えてくれるのだが、この『伝記資料』別巻第五（講演・談話一）の「解題」は、「明治草創期の実業界を語るのには、この人ほど適切な人はいなかったであろうから、これもまた人々は好んで聴いておこうとしたのであろう。又、自身関係した事業に就いて述べる時、必ずと言っていい程その沿革に触れているのは、歴史を重んじたと言っていいであろうし、古い当事者の苦慮が何処にあったかを明らかにして現在の人々に伝えようとしたのであった（二頁）」と記す。渋沢が「歴史」を語る際の戦略を鋭く見抜いた解説であろう。

渋沢栄一にとって、歴史を記録に留め、世に出版していく作業は何を意味したのだろうか。慶喜伝と定信伝は、史料重視の姿勢を示すとともに、その根底に渋沢が意図する方向への道徳訓戒を啓蒙するという目的があった。また一方で、『慶喜伝』には「敗者」への屈折した想いも潜んでいるとも言え、歴史は（人物評伝は）重層的に理解する必要があることを「史料」に即して語らしめようとしていることも見据える必要があるだろう。そして、こうした主観的要素をも内包する「聞取り」や「口述」という形式を含めた史資料を「余り批判を加へず材料を組織的に編纂して、事実を有のまゝに示し、読者をして判断せしめる」るという姿勢、また「百年の後に期す」

という遠大な意思を持って編纂作業を貫いたことに、渋沢栄一の歴史人物評伝出版事業の真面目を把握することができると、私は考えるのである。

注

（1）三上参次「青淵先生と白河楽翁公とに就て」、『竜門雑誌』一九三一年一一月号（『渋沢伝記資料』四七巻、七〇四頁）。

（2）河原宏は、その引用に続け、「此の内面にあるものを読み取れぬ限り、時めく資本主義の指導者、現に時代の命運を一手に掌握して活躍する人が、何故かつては主君であり、且つは公爵の位にあるにせよ、今は隠居して時代の一傍観者にすぎぬ人のため、かくも多大の努力を傾倒するのかを理解する事は遂に不可能であらう」とするが、単なる愛惜として説明するのは、不十分であろう（『青淵』一九五六年一月号所収。のち、河原宏編『日本思想の地平と水脈』ぺりかん社、一九九八年。ここでは、後者の六一七〜六一八頁から引用）。

（3）以上の顚末については、渋沢自身の回顧談である『雨夜譚』に詳しい（一八八七年談話。一九〇〇年出版。一九八七年には、岩波文庫に収められている）。

（4）渋沢「自序」、『徳川慶喜公伝』一九一八年（平凡社東洋文庫版、八頁、一九六七年）。

（5）家近良樹『その後の慶喜』（講談社選書メチエ、二〇〇五年）によれば、慶喜家の経済は、徳川宗家となっていた徳川家達家からの支援に依っていた面が大きかった。公爵を授与された一九〇二年以降は自立していくが、そこには、渋沢の助言による株式投資の配当が少なくなかったとされる（同書、一七三頁）。

（6）渋沢「故従一位徳川慶喜公」、『竜門雑誌』一九一五年三月号（『渋沢伝記資料』四九巻、四五九頁）。

（7）前掲「自序」、『徳川慶喜公伝』一二〜一五頁。

（8）渋沢「旧悪を忘れて旧恩を思へ」、『実験論語処世談』一九二二年（『渋沢伝記資料』二七巻、四五八頁）。

（9）前掲「自序」、『徳川慶喜公伝』一五頁。

（10）前掲「自序」、『徳川慶喜公伝』一六頁。

（11）田中彰によれば、薩長による「王政復古」的歴史観の立場は、明治維新における佐幕派の役割をまったく否定するものであった。しかし、明治中期以降、ようやく佐幕派的な明治維新観も容認されるようになるが、その転機は、慶喜への公爵授爵であったと言う。田中はその上で、「それは旧幕府にも佐幕側にも『勤王』の主張は公然と認められるようになったことを意味する。佐幕派維新観における『勤王』解禁だが、それは同時に先にも述べたように、佐幕派維新観が完成期の天皇制維新観に包み込まれ、その一要素たらしめられたことを物語る」とまとめる（田中彰『明治維新観の研究』北海道大学図書刊行会、一九八七年、一六九頁）。

(12)　前掲『その後の慶喜』は、①『明治天皇紀』に「有栖川宮威仁親王の請願による」という記述があること、②香川敬三（元水戸藩士で皇后太夫となった人物）が請願運動を始めたという研究（上野秀治「徳川慶喜の授爵について」、『史料』第一四六号、皇学館大学史料編纂所、一九九六年）があること、③美子皇后や皇太子が慶喜に好意を持っていたこと、④そして、渋沢栄一の請願などが、相まって授爵につながったと見る（一七一～一七二頁）。

(13)　「伊藤公に関する御感想に就て」「雨夜譚会談話速記」一九二七年一二月二〇日（『渋沢伝記資料』別巻五、六四五頁）。なお、この思い出を語った一九二七年に、渋沢は「米寿を迎えた私の思い出の数々」（『実業之世界』同年一月号）も書き、八八年間の人生で、「一番嬉しかったこと」について、こう語っている。

明治初年、フランスから急遽帰国し、「両親や妻や子供たちの健全なのを見て喜んだことがあるが、これが一番嬉しかった。いま一つは明治三十六年（引用者—三十五年の誤り）の六月二日にシカゴで慶喜公が公爵になられた電報を受けとった時である。当時謹慎中の公を世に出すためには、桂さんを始め、伊藤さん井上さんを説きまわった。この念が届いたのであるから、その嬉しさは一しおであった」云々。慶喜の授爵が人生最大の喜びの一つと表明されている意味は、それが仮に戦略的発言であったにせよ、重く捉えて良いのではないだろうか。

(14)　『同方会誌』第二四号、一九〇三年九月（『渋沢伝記資料』二八巻、七三八～七三九頁）。

(15)　前掲「旧悪を忘れて旧恩を思へ」四五九頁。

(16)　前掲「自序」、『徳川慶喜公伝』二一頁。

(17)　「『徳川慶喜公伝』披露会」、『竜門雑誌』一九一八年四月号（『渋沢伝記資料』四七巻、七一三頁）。

(18)　「東京市講演会」、『竜門雑誌』一九一四年一月号、前掲「故従一位徳川慶喜公」（ともに『渋沢伝記資料』四九巻、四五六頁）。

(19)　一九六六年に、平凡社東洋文庫から、大久保利謙校訂『昔夢会筆記——徳川慶喜回想談』として出版され、一般に入手しやすくなった。
(20) 白石喜太郎『渋沢翁と青淵百話』日本放送出版協会、一九四〇年、一一八頁。
(21) 前掲「旧悪を忘れて旧恩を思へ」四五九頁。
(22) 萩野由之「徳川慶喜公伝跋」、『徳川慶喜公伝』第四巻、東洋文庫版、三五五頁。
(23) 前掲「徳川慶喜公伝跋」三五五頁。なお、一九〇二年末頃から、慶喜は「水戸藩史料」編纂作業への協力（「御検閲」）を始めるなど、自身に関わる同時代史に主体的に関わる姿勢を見せ始め、それが「昔夢会」につながっていく（前掲『その後の慶喜』一七八頁）。
(24) 前掲「『徳川慶喜公伝』披露会」七一二頁。
(25) 遠山茂樹『明治維新』岩波全書、一九五一年、三四四頁。
(26) 大久保利謙「明治時代における伝記の発達」、日本歴史学会編『歴史と人物』一九六四年（大久保利謙『日本近代史学の成立』吉川弘文館、一九八八年、四三三頁）。
(27) 島田三郎『開国始末　井伊掃部頭直弼伝』輿論社、一八八八年、一頁。
(28) 『竜門雑誌』一九一七年一二月号（『渋沢伝記資料』四七巻、六九一頁）。
(29) 前掲「自序」、『徳川慶喜公伝』二三頁。
(30) 渋沢「余は今後畢生の事業とて如何なる方面に主力を注がんとするか」、『実業之日本』一九〇九年七月号。
(31) 日糖事件を受け、同社などの取締役等をきわめて多く兼任していた渋沢は、世間から批判を被ることになる。たとえば『実業之世界』一九〇九年五月号は、事件を受け、「十五大名士の男爵渋沢評論」という特集を組んでいる。その中で、村上定（当時共同火災専務取締役）は、私生涯では「人格の円満な」「誠心誠意の人」である。しかし、公生涯での今回の「醜態」は、「男爵未曾有の失敗である。……世間はもう頼むに足らない人だと思って居るだろう……ここにおいてか、男爵はむしろ潔く実業界を退隠して、私生涯において、立派な生涯を送られたら好かろうと思う」と、渋沢を厳しく非難している。なお、「日糖事件」と渋沢批判については、見城悌治『渋沢栄一――「道徳」と経済のあいだ』（日本経済評論社、二〇〇八年）を参照のこと。
(32) 『渋沢伝記資料』別巻六、二六一頁。
(33) 『渋沢伝記資料』四七巻、七〇九頁。

(34) 瓊川生「徳川慶喜公を読む」(『渋沢伝記資料』四七巻、七一六頁)。
(35) 『渋沢伝記資料』四七巻、七一四頁。なお、この文章は、『石橋湛山全集』第三巻(東洋経済新報社、一九七一年)に収録されており、その限りでは湛山筆となる。しかし、『公伝』発刊披露会の招待名簿には三浦鉄太郎の名があり(『渋沢伝記資料』四七巻、七一一頁)、そちらの手になる可能性もある。
(36) 大久保利謙「解説」、前掲『昔夢会筆記』三三〇頁。
(37) 遠山茂樹も、『慶喜公伝』に対し、幕府的な立場による実証的なアカデミズム史学の代表作であり、人的にもアカデミズムにおける維新史家の主流を編纂関係者から輩出したとの評価を与えている(前掲『明治維新』九頁)。
(38) 渋沢「経世家として見たる楽翁公」、『楽翁公偉績講演集』第壱号、一九〇八年。
(39) 前掲『渋沢翁と青淵百話』一六四頁。
(40) 「楽翁公贈位奉告祭の計画」、『斯民』一九〇八年一〇月号。
(41) 「中目瑞男回答」「南湖神社関係資料」(『渋沢伝記資料』四一巻、六二四頁)。
(42) 白河市史編纂委員会編『白河市史』下巻、一九七一年。
(43) 前掲「南湖神社関係資料」六四二頁。
(44) 『楽翁公記念会講演集』は東京市養育院編集で、四巻出版されている。各巻の執筆者数と講演者の回数を紹介しておく。第一巻(一九一〇～一四年)に延べ一一名、第二巻(一五～一七年)同四名、第三巻(一八～二一年)同六名、第四巻(二二～三六年)同一四名の講演速記が収められていた。
演者の登場回数は、渋沢栄一(九回)、安達憲忠(三回)、江間政發・三上参次(各二回)、井上友一・阪谷芳郎・富士川游・佐久間長敬・戸川残花・辻善之助・栗田勤・井之辺茂雄・沼田頼輔・黒板勝美・大倉喜七郎・宇野哲人・龍粛・中村孝也・花見朔巳・平泉澄・高柳光寿・岩橋小弥太・松平稲吉(各一回)であり、渋沢が段違いに多くの講演を行っていた。
(45) 前掲『渋沢翁と青淵百話』一六四～一六五頁。
確かに、近代の松平定信再評価において、渋沢が果した役割はきわめて大きい。しかし、筆者は、渋沢に加え、アカデミズムの立場から歴史的評価の先鞭をつけた三上参次、定信の社会事業政策に評価を与えた内務官僚・井上友一の役割も同様に高かったと見る。これらについては、見城「近代日本における『偉人』松平定信の表象」(『千葉大学留学生センター紀要』第三号、一九九七年）を参照のこと。

(46)『渋沢伝記資料』別巻六、二〇二、二〇六～二〇七頁。

(47)渋沢「白河楽翁公の遺著」、『楽翁公記念会講演集』第四巻、一九二六年。

(48)前掲「近代日本における『偉人』松平定信の表象」。

(49)『楽翁公伝』一四～一五頁。

(50)『楽翁公伝』四二九～四三〇頁。

(51)「日光東照宮三百年祭奉斎会報告書」、『渋沢伝記資料』四一巻、五九一頁。

(52)『青淵先生六十年史』「序」一頁。

(53)前掲『渋沢翁と青淵百話』二頁。

(54)「解題」、『渋沢伝記資料』別巻五　講演・談話一、四頁。

(55)渋沢の嫡孫であった渋沢敬三が日銀総裁や大蔵大臣を歴任した実業家であるとともに、民俗学の振興に大きな貢献をした人物であることは、周知の通りである。敬三が創設したアチックミーゼアム（のち日本常民文化研究所）との関わりが深かった歴史学者の網野善彦は、「自分を学者ではない一実業人と位置づけた上で渋沢（敬三）は、資料を学会に紹介・提供すること、そのために努力する研究者の仕事を援助・実現すること、資料主義で通すことにその使命の一つを見出していくようになった」との評価を与えている（網野善彦「渋沢敬三の学問と生き方」、『澁澤敬三著作集』第三巻、解説）。こうした敬三の方法に、栄一の慶喜評伝編集作業からの何らかの影響を読み取ることは、あながち間違いと言えないだろう。

(56)『青淵百話』の推敲に二年かかった逸話から窺えるように、渋沢は史料校定には慎重な態度で臨んだ。『青淵回顧録』については、「校閲の時間がないので、編者（小貫）の責任の下で出版する条件」で了解をしている。しかし、『渋沢栄一自叙伝』の出版については、「伝記資料」を編纂しようとしていた竜門社が「竜門社も渋沢家も無関係の出版である」とのクレームをつけたという（三好信浩『渋沢栄一と日本商業教育発達史』風間書房、二〇〇一年、一九七頁）。

ところで、後者の「刊行趣旨」を書いた渋沢翁頌徳会会長の星野錫は、その発刊目的を「彼の欧州渡来の利己中心経済思想打破一擲を期し、茲に国家百年の大計の基礎をなす翁唱道の経済と道徳の同一主義を普及徹底せしむる」（同書四頁）ためと述べ、同時代における欧州思想を「打破一擲」しようとする道徳教化的役割を担わそうとする意志を明確に示している。日中戦争開戦（同年七月）後の一二月に出版された『渋沢栄一自叙伝』は、そのような「読み方」を推奨されようとしていた。

確かに渋沢がそうした類の発言をしたことはある。しかし、同書目次には、「活気溢るる新興米国」、「思出深いフランス」、「私の親愛する米国の友人」などの項目や見出しが看取でき、渋沢自身は欧米を一方的に「打破一擲」する意図を持っていなかったことが分かる。さらに述べれば、同書の目次に「韓国に第一銀行支店を開く」、「京仁京釜鉄道」項が設けられているのに対し、『論語』の故地として憧憬し、また現実の経済交流に相当の意を注いだ中国との「友好親善」を説くような項は設定されておらず、その事実は隠蔽されているかの感さえある。ここには同時代の思潮を受けた星野の視点が出されているとも言える。これらについては大変に興味あるテーマだが、詳細は後日に期したい。

(57)　さらには評議員を務めていた日本史籍協会から、自身の幕末期におけるフランス滞在経験を記した『渋沢栄一滞仏日記』（一九二八年）を出版することも認めている。

(58)　前掲「故従一位徳川慶喜公」四六二頁。なお、『慶喜公伝』自序（二〇頁）にも同様の記載がある。

(59)　前掲(21)と同じ。

(60)　人物評伝出版以外に、渋沢が関わった文化支援事業として、『日本百科大辞典』の出版助成がある。同書は日本の近代的な辞典の先駆で、一九〇八年に三省堂から第一巻を発刊されたものの、その後、資金が枯渇し一二年に発行が中挫した。しかし、渋沢等の援助により、一九一九年に全一〇巻が完結した。塚田孝雄はこれを、「渋沢の賛助が、わが国伝来の無私性と西欧の近代的な合理性を兼ね備え、しかも徹頭徹尾、賛助目的を達成しようとする気迫に裏打ちされているということである。権勢の誇示は微塵も感じられない」と評している（塚田孝雄「メセナ活動——心豊かな社会の創造を目指して」、渋沢研究会編『公益の追求者・渋沢栄一』山川出版社、一九九九年、三九一頁）。

# 第12章　張謇と翰墨林印書局の翻訳・出版事業

鄒　振環
訳＝于　臣

翰墨林印書局[1]という出版機関は、張謇が設立した重要な文化施設の一つであり、半世紀にわたり運営されつづけられた。筆者がこれまで調べた劉厚生の『張謇伝記』（上海・龍門聯合書局、一九五八年）と章開沅の『開拓者的足跡――張謇伝稿』（北京・中華書局、一九八六年）等のこれまでの張謇に関する個人伝記において、翰墨林印書局に関する論述は少なく、論述があったとしても深い考察は行われていない。さらに、関連する辞書および出版辞典の中でも、「翰墨林書局」という項目を見ることはない。翰墨林書局刊の孫錦標『通俗常言疏証』を解説した鄧宗禹は、「話によると、翰墨林は古今の書画を販売する商店であり、専門の出版社ではない[2]」と述べている。何勤華が編集した『中国近代法学訳叢』に所収された『英国国会史』（同書局刊）を校注した劉守剛は、序文の中で「翰墨林編訳印書局は翰林院の修撰である張氏によって設立された[3]」と記しているだけである。

翰墨林印書局は一九〇三年に創立された。これ以降の半世紀の中で影響力をもつ著書・訳書を出版してきたにもかかわらず同書局の歴史が検証されていないのは遺憾なことである。そのため、本章ではこの機関の発展状況および主要な出版物について考察を行うことによって、清末民初の翻訳・出版史におけるこの書局の影響と位置づけを考えたい。

## 一　張謇の多角化経営戦略における翰墨林書局

馬関（下関）条約が締結された後、清政府の商工業振興政策の実施に伴い、一八九五年以降、中国の近代工業発展は新しい段階に入った。この短い期間のなかで、民用の工業部門では規模が比較的大きい近代企業が出現する。張謇が一八九九年に南通で創立した大生紗廠はその一つである。張謇は大生紗廠の経営上の成功に乗じて多角化戦略をうちたてた。一九〇一年から一九〇七年にかけて、彼は九社の株式会社を設立し、経営内容は農業開墾、運輸、紡績、食品、造酒、生活用品、製鉄、出版印刷等にわたり、大生紗廠を核心とした企業集団が生まれたのである。翰墨林印書局はこういった多角化経営戦略における重要な一環であった。

張謇は、二〇世紀の初期に起きた学問振興ブームのもとで、南通で新式教育を推進しようと提唱した。彼からすれば、民衆が知識を持たなければ、国の富強は望めず、また知識の習得は教育に基づかなければ考えられなかった[4]。そこで、一九〇二年、彼は小学校教員を養成する通州師範学校を創立し、著名な学者王国維および日本人の教習木造高俊等の十余人の専門家を師範の教員に招聘した。一九〇五年、科挙が廃止された後には、読書人が続々と新式学堂に入学し、すでに科挙に合格した者でも積極的に通州師範学校を受験したという。

張謇はこの通州師範に実験小学校を付設した以外、新式教育を推し進める機関として「通州五属学務処」をも設置した。さらに、彼は次々と泰興などで中学校と小学校を設立し、一九〇六年、南京・上海・江西と安徽で南洋大学の創立をも企画した[5]。

学堂を運営するには、新式教科書の編纂と出版が必要となる。翰墨林印書局は、実は張謇が通州師範学校の所要教材を編集・印刷するために、一九〇三年に設立したものである。印書局設立にあたり、張謇は「中国師範学校にはまだ相応しい教科書がない。すべての講義案は随時編集すべきである。もし随時編集・印刷せずに写すなら手間がかかるし、上海での印刷に任せるのも実施しにくい。そのため、有志と相談し、株を集め、一つの印書局を設立した。学問の振興に有益のみならず、印刷の工芸を伝習することもできる」と述べている[6]。翰墨林書局は株を募集する方式で、各株は五両とし、総資本は銀二万五〇〇〇両とした。その中で、大生紗廠は一万六六九〇両を投資し、一九〇七年まで二万四一四〇両を集めた[7]。

翰墨林書局の設立場所は、なかば荒れ果てていた南通の最初の庭園である西園に決められた。書局の命名に関して、張謇は「通州南門の城外濠河の畔に古くから西園があり、長く荒れ果てて人気がない。……〔これを〕修繕し、整理した。なお、元故州牧唐陶山氏が書いた『翰墨林旧額』がある。それゆえ、翰墨林印書局と名づける」と説明している[8]。「翰墨林」という言葉は、唐朝の詩人である張説の名句「東壁図書府、西園翰墨林」からきたものである。書局は一九〇四年、活字の鋳造・印刷器械を購入し、正式に機械印刷場を建設した。一九〇九（宣統元）年になると、書局は一五の印刷部屋、五つの発行所、七台の印刷機、活字鋳造器械四台を備えるようになった[9]。

書局が成立するとすぐ、師範学校のために教材を編集・印刷しはじめた。『日本憲法義解』『日本議会史』などの学術書籍をも刊行した以外、大生一・二・三紡績公司、広生油廠、復興小麦粉廠、資生冶廠の歴年の帳簿、文書・書簡、商標ならびに南通中学、農学校、気象台のマーク、雑誌も印刷した[10]。

一九〇五年から一九一三年までの時期は、翰墨林書局発展の全盛期とされる。経営において一九〇九年、八八二・一九両の損失に遭った以外、一九三〇年までほとんど毎年利潤を得ていた。一九一三年五月まで書局が印刷した書籍は、五八〇万頁に達し、値打ちは九八一〇両に相当する。一九一三年、書局は南洋勧業会に参加し、印刷した書籍と活字、母型を展示し、銀メダルに受賞した[11]。一九〇九年、書局の公益への出資は七〇・一元、また一九一一年、一九一二年、一九一三年はそれぞれ七五・九元、七二・四元、八〇・四元を出資した[12]。こうして書局は、張謇の多角化戦略に役立つ重要な要素となり、当時の江南地区において注目される印刷・出版機関の一つになったのである。

## 二　翰墨林書局の管理システムとチームワーク

早期の翰墨林書局は能率の高い運営ぶりをみせたが、それは、張謇が作った科学的管理体系と緊密にかかわっている。彼が一九〇三年に制定した『翰墨林書局章程』は「総則」六条、「銀銭帳場章程」一三条、「材料帳場章程」三〇条、ならびに「総発行章程」一六条によって構成されていた。この規則によって、書局の事務は厳しく管理され、人物、物資の効用も最大限に発揮された。

「総則」は「協衆意、明事権、定功過、求節省、別奨賞、定事程」を内容とし、書局の運営方針を確立している。「協衆意」は書局の全体の利益を狙うため、各自意見を出し合うと同時に個人の独断による損失を免れるようと規定している。「明事権」とは、各個の責任を明確にした上で、主要な責任者は決定権を持つことである。「定功過」は「功績と過失は平日の勤務の様子によって察し、成績によって定める」と規定し、「公の過失ならボーナスを減らし、私人の過失なら辞退する」という。そして「求節省」は節約を提唱し、「別奨賞」は仕事の責任感を喚起するため、書局の奨励方法を提示していた。また「定事程」によって、勤務と休憩の時間および休日についての細則も制定された。「銀両帳場章程」一三条は、書局の各種の財政事務を明示していた。銀銭帳場の職務は財務収支、帳簿の突合せ、財務予算、器具管理、工場の施錠および給料の支給などを含んでいる。「材料帳場章程」三〇条は、材料帳場を「品物の生産における要」とした。なお、材料帳場の職務は各作業部屋の材料の管理、印刷書籍のコストと販売価格の確認、仕入れの予算、購入された材料の品名と数量の点検、ならびに各作業部屋の仕事上のすり合わせ等を含めている。それ以外、職工の勤務と休憩の時間および徒弟に対する管理も帳場の職掌である。最後に「総発行章程」一六条によれば、書局の書籍、品物の売買および駐上海の帳場への郵送はすべて総発行所に経由する。しかも総発行所は対外事務を担当すると同時に、全書局の食費の勘定をも総合管理したという[13]。

翰墨林書局には、経理室、編集校正室、帳場、販売所、活字版部、印刷部、装丁部等が設置してあり、部屋数は四四で、職工は一二四人いた[14]。『翰墨林書局章程』の諸規定からみれば、経理室の中には総事務処があることが分かる。帳場は銀銭帳場、材料帳場および総発行処所を含み、さらに対外的に情報の取得と発信力を強め、材料の購入と書籍販売の便宜をはかるために上海でも帳場と販売処が設置されている。また一九〇五年、上海新昌、開明、広雅、有正、時中、文明、商務、広智等の書局では販売の代理店が設けられた。書局の専用材料貯蔵室は品物を蓄え、総発行所にも貨物部屋が付設され、販売待ちの書籍を預かっていた。なお、書局職工の飲食に備える台所も設けられた。

図書の編集について、翰墨林印書局は厳格な校正制度を実施しており、校正が間違った場合、罰金が課された。なお、印刷した書籍の質に関しても、活字の母型の製造、文字の配置、印刷、ならびに装丁の質が厳しく求められた。こうしてこそ、翰墨林印書局は高い信用度を確保できたのである。

また書局は外部から依頼された印刷業務も引き受けたが、その時、「原稿をもって本局に代理印刷を依頼する場合、コストと印刷部数の多寡により料金を決める。料金が交付されない場合、書籍だけ若干を送り返す。なお、原書の売れ行きのよしあしについて、総責任者と編集者と協商する」と規定されている[15]。これらの措置は翰墨林から出される図書の品質を保証するのみならず、代理印刷を行った書籍がよい流通のルートでの販売にもつながる。こうして売り残りを免れるとともに財政支出のアンバランスをも避けることができたのである。

書局の利益を確保するために、張謇は一九〇四年、清政府に翰墨林印書局の著作権の保護を要求した。彼は「各国は書籍の印刷において、最も著作権を重視する。中国近来の編訳書局も均しく著作権の請求がある。〔これに関して〕商部の許可と立案を懇願する。しかも各図書商人が通州翰墨林書局の編訳した書籍を無断に複製することを厳禁してもらいたい」[16]と要請した。

翰墨林印書局は最初のうち、張謇の兄である張詧（一八五一～一九三九年）がその経理職を担当していた。張詧は、一八八三年に張謇とともに朝鮮へ呉長慶の幕僚に赴任し、一八八八年以降、江西の知県（地方官）の候補を勤めたことがある。一九〇二年、江西の巡撫である李興鋭の委任をうけて江西省学堂の監督に就任した。一九〇四年、張謇の依頼をうけて、実業活動の協力者として南通へ戻った。[17]彼が翰墨林書局の経理職に就いたのは、ちょうどこの時であった。その後、実業の事務に追われ、あわせて出版機関を管理する経験も少ないため、博識の諸貞壮を経理の代任に招請した。

諸貞壮（一八七五、または一八七四？～一九三二年）は、浙江紹興出身の清末民初の詩人であり、同盟会と南社に入り、黄節などと上海で国学保存会を設立し、『国粋学報』を刊行した人物である。[18]一九〇五年、彼は翰墨林で『論語講義』を出版した。柳亜子、呉昌碩などの有名人と親交があり、文化界において知名度が高かったため、張謇は彼の才能を高く買い、彼の文化界での影響を利用して書局のさらなる発展を期待していた。諸貞壮は快諾し、親友の李苦李とともに書局に赴任した。

この李苦李は在任の間、勤務に励み、財務において滅私奉公の精神を表し、書局に精力や思慮の限りを尽くした。書局がきわめて困難な時期であったが、彼は次々と印刷器材を追加購入し、技術の改良をも図った。彼の努力によって、書局は職工を増員し、規模をも次第に拡大した。彼は嘗て呉昌碩に絵画を学んだことがある。同じ呉の弟子たる著名な画家陳師曾も南通へ招聘された。こうした中で文化界における書局の影響が広がる一方であった。[19]その後、一九二九年から一九三七年の間の書局の経理職は、王世禄、孫庭階によって勤められた。[20]

翰墨林書局に具体的にどのくらいのスタッフがいたかについては、資料の制限によって明らかになっていない。一九〇三年から一九〇四年までの職員は四人、技師、生徒は一二人、一九〇五年の職員が七人、一九〇六年と一九〇七年の職員が一〇人、一九〇七年の技師、生徒数は三三人、一九〇九年が九人の職員と三四人の技師、生徒がいたという。[21] そのなかで、正式に編集・校正職に就いていたのは、史料の記載によると、朝鮮学者の金沢栄だけであった。金沢栄の書いた『丙午五月十三日遊南通翰墨林書局蓮池記』によれば、当時、長年書局の事務を担う人には無錫の王汝宏がおり、また地理に通じる江西東郷の掲向寅も一時書局に顔を出していた。[22]

一八八二年、朝鮮の大院君がクーデターを行ったあと、金允植は閔妃と秘密連絡し、清政府の朝鮮への出兵を依頼した。一八八三年の夏、張謇は呉長慶の幕僚として朝鮮に駐在した。金允植は、当時次第に名声があがっていた金沢栄の詩集を張謇に贈っている。張謇はそれに好感を持ち、金允植の引見で、金沢栄と長時間の筆談を行い、同行していた兄の張詧をも金に紹介する。一九〇五年、金沢栄は朝鮮が日本の植民地に陥ったことに苦痛を感じ、亡国の民になるのを嫌がる彼は、当初明朝の朱舜水が日本に逃げたように中国に亡命しようと決心したのであった。[23] 彼は清の公館へ人を派遣し、張謇のことを尋ね、書簡を届けてもらった。まもなく張謇からの返信を得た金沢栄は辞職して、妻女二人を連れて船で上海に渡った。一九〇五年一〇月三日、彼は通海実業帳場で張謇に会い、情熱のこもった接待をうけた。[24] 張謇は張詧とともに金沢栄に南通で宿を借りてあげ、翰墨林印書書局の編集・校正の役職を金に任せた。[26]

筆者が調べた限り、金沢栄が編纂した四六種類の書目の中で、二四種が翰墨林印書局の出版物であることが確認できた。それ以外の書目は翰墨林の出版物にあたるかどうか判断できないが、これらの出版物を編纂した際、金沢栄がちょうど翰墨林印書局に勤めていたので、翰墨林印書局と関係があると考えられよう。翰墨林印書局が出版したこれらの朝鮮漢文文献は、朝鮮民族文化の精髄を保存したとともに、朝鮮人が愛国心を覚まし、民族の独立と解放運動に身を投じるための珍重な精神的食糧と重要な思想素材を提供した。

金沢栄が一九二七年に死去した後、翰墨林には専任の編集・校正人員がいなかったようである。書局は単なる印刷機関の一つに格下げとなり、その主要な機能も外来の印刷業務を引き受けることのみとなった。

## 三　張謇と翰墨林書局教科書の刊行

張謇は、教科書の印刷と出版が文化教育の発展において重要な意義を持っていることを深く認識していた。早くも一九〇一年、印書局がまだ設立されていないうちに、彼は鄭孝胥と尋常高等二級小学校および中等学校のカリキュラムについて相談し、藤田豊八の訳本を基本的教材とした(27)。一九〇二年二月と三月の間、彼らは師範学校の「公立」と「私立」の性質について検討した(28)。翰墨林印書局が成立した当初、張謇は一九〇三年、『翰墨林書局章程』において、「師範学校を起こすため、印書局を設立する。印書局があれば、師範の講義教科書の編修発行は時間通りに行える。またその他の学問の書を販売することを通じて、学士の読書の要望を満たし、彼らの知見を開くこともできる。なお、工学の伝習の一端として各工芸関係の書物をも印刷する。この印書局は十数人の合資によって運営し、私益が少ないが、地方の学術の公益に寄与することが多い」と述べていた。彼は関係者が私益のみを狙うなら事業の目的を達成できず、名誉にも損をもたらすことを懸念し、全書局のスタッフの協力精神を呼びかけた(29)。

張謇は書局の位置づけをめぐって、高望みをすることなく、地方の教育と文化に必要とする教科書の編訳と出版を主要な目的にしていた。彼は一九〇三年、日本視察をした時、案内者の嘉納治五郎に「学校は形式の大きいものより小さいものを観、教科書は新しいものより旧いものを観たい。学風に関しては都市部のものより市町村のものを体験したい。発展の経験においては完全に終わったものより未完のものを尋ねたい(30)」と注文を出している。如何に合う課程を制定し、適当な教科書を編集するかについて、張謇は独自な見解を持っていた。彼は、教育事業における課程、管理、学問および道徳の中で課程が最も重視されるべきとしていた(31)。彼は「課程の制定は世界の潮流に適応しながら行う。なお、自国の情勢にあわせて斟酌を重ね、柔軟性を持つべきである(32)」と説いた。こういった理念のもとで、清末民初の翰墨林印書局は影響力のある教材を数多く編集・刊行した。

南通翰墨林印書局は一九〇三年に創立されてから一九五一年に韜奮印刷廠と合併されるまで、四十余年の間、大量の書籍を印刷・出版した。統計によると、書籍の中は主に詩文類が五三種、歴史伝記類が一六種、地理類が四種、教育類が三〇種ある。ほかに教材読本は一八種、哲学宗教類は二種、芸術類は六種、礼儀習俗類は二種、実業類は一一種、数学類は一種、医学類は二種、文書類は一四種、雑誌類は一〇種、記念刊行物類は六種、目録類は一種ある。(33) なお、書局が張謇の創立した学堂および実業と緊密な関係があるため、これら一七六種の図書の中では、教科書と実業文書は大きい割合を占めていた。

一九〇三年から一九〇五年までは、書局発展の初期段階であり、学校の教材を編修・印刷すると同時に学術書の出版にも取り組んでいた。この時期、印刷した教材は『中国地理講義』『中国地理読本』『中国地理問答』『中学教育算術教科書』『柔軟体操図説』『毛筆絵本』『論語講義』『孝経講義』『郷土歴史地理教科書』『論語白話文読本』『孝経白話文読本』『中学算術教科書』等がある。学術書は陳衍洙が著した『岱源詩稿』と龔自珍の『龔定庵集』がある。教育関係の書物には『興学要言』『地方興学要覧』『教育行政』ならびに『女子教育家庭教養法』等が入っている。それ以外、書局は張謇が編纂した『通州興弁実業章程』『変通通九場塩法議略』および彼が日本を視察したとき書いた『癸未東遊日記』等をも出版した。(34)

一九〇五年から一九二六年までは翰墨林印書局発展の全盛期である。統計できた一七六種の図書の中で、詩文類の八一%を占める四三種はこの時期において出版された。歴史伝記地理類は一三種あり、六五%を占め、教育類は二五種、八三%を占めた。全部図書雑誌の七〇%以上は、この時期に出版されたのである。この時期の出版物からすれば、教育類書籍は二五種あり、その中にはテキストの『日本統計学五百例』『英国国史』『物理学計算解説』等がある。なお、『南通県教育状況』『南通県女師範校十周年概覧』『南通農業学校輯要』『江蘇省立第七中学概況初編』『南通県立第一高等小学十年概況』等の南通の教育状況を紹介する書籍も出版された。実業関係の書籍は『通州興弁実業之歴史』『通海墾牧公司開弁十年之歴史』『張季子説塩』『張嗇翁墾牧手牒』等の五種類がある。芸術類は四種ある。たとえば、海門濬肇洲の『音楽初律』一巻と『雪宦繍譜』八章等である。

翰墨林印書局に商務印書館編訳所のような編集部があったかどうか、現段階では不明である。張謇の日記によれば、彼は商務印書館が出版した教科書に対して高く評価していた。一九〇四（光緒三〇）年二月二一日、彼は日記の中で、「『最新国文教科書』を見たが、頗る良い」と書いている。また同年六月二〇日の日記の中で、「白振民により高等小学校歴史、地理を編修し、達尹旁により初等小学校歴史、地理を編修してもらう」ことを記述した(35)。ここから、張謇は大幅に新式教科書を編修する意図が分かる。一九〇六年、彼は『策劃南洋大学致端江督函』の中で教科書について「文科は方言以外、皆自国で編修する。法科は新政がまだ安定していなく、法理も抽象で、完全に教えることが困難なため、編修はあとに待つ。理工農医四科はすべて改良する必要があり、知識を輸入しなければならない。若し学生が各国の言語に通じ、直接外国教員の講義を聞くことが可能なら、ほぼ十数年もかかる。且つ招聘する教員は一国にとどまらず、若し各科各教員が通訳を必要とした場合、訳す人材の不足も懸念する」と述べている。そこで、彼は農工商学、理化学、医学などの編訳をすべて外国人に依頼することを建議した。これによって新式教科書の編訳問題を解決しようとした(36)。

このように大規模に西洋書物を編訳する計画は、張謇の抱いた夢であった。一九一七年、『南通図書館記』の中で、張謇は「（西洋は）農工商兵を均しく重んじる。事物の解釈には書物があり、物体の説明には図がある。上は天地日星風雨電雷水火の探測に言及し、下は金石草木鳥獣人体物質の実験を行う場合、皆かくのごときである。しかもその図書の数は我々を超えている」と記した。彼は「泰西の書物を新旧いかんにかかわらず収集し、泰西諸国の文字に精通する数十人によって、十年、二十年の歳月をかけ、その要を選択しながら訳してもらい、我が六経諸子の説に通ずることを証明し、徳と芸と融合させ、我々の奮発に資す(37)」と述べ、書局の使命に期待を寄せた。しかし、残念なことに、翰墨林書局は終始、商務印書館のような編訳システムを組むことができなかった。

その後、多発した当時の戦乱により、張謇の企業は大きな損失を蒙った。当初、翰墨林書局に巨大な経済的支援を与えた多角化の経営戦略の挫折は、翰墨林書局の発展に影を落とした。さらに、一九二六年八月二四日の張謇死去が書局に大きな衝撃を与え、経費がもともと充分ではなかった書局のその後の運営は覚束なくなった。その上、書局の編訳の主幹である金沢栄は一九二七年三月三〇日に自殺を図り、総経理の李苦李も一九二九年に世を去った。これらのことが翰墨林書局に致命的打撃を与え、書局はその後衰えつつ、最後まで立ち直らなかった。

一九三八年には、日本軍が南通を占領した。書局の運営が維持できなくなったため、職工は書局が歴年編集・印刷した古今の図書資料、サンプル、帳簿の原本、原稿などを他所に運び隠そうとしたが密告され、運ばれた物品はすべて戻され、一部の印刷用器械とともに売り出された。書局は深刻なダメージを受け、それきり振るわなかった。

一九三〇年から一九四五年までの間の出版物は少なく、今日見かけられるものは、主に南通学者徐昂（一八七七～一九五三年）の『音学四種』『続音説』『蝸牛舎詩』『張先生（謇）象伝』等である。このほか、書局が印刷を引き受けた『濠上』『碧天』『学芸』『北極』などの雑誌が残っている。抗日戦争が勝利した後、書局の状況はやや転機を迎え、張謇の文集である『張嗇庵先生九禄』等を修訂し、印刷しなおした。また一九四七年、徐昂の『徐氏全書』および『河洛数釈』『経伝詁易』『爻辰表』『詩経形釈』『声韵学撮要』『律呂納音指法』『遁甲釈要』等の書籍を発行した。しかし、一九五一年、翰墨林書局は韜奮印刷廠に合併されてしまった。

## 四　翰墨林書局の憲政史編訳の影響と意義

二〇世紀の初頭、中国は立憲運動の第一歩を踏み出した。この過程の中で、憲政理論にせよ実践にせよ、西洋からうけた影響が大きかった。清政府は国内外からの強い圧力をうけながら立憲改革を開始した。一九〇一年、西太后は清政府の名義で三つの「上諭」を発布し、「変法によって国力を強めることは国家安危の命脈であり、中国生存の転機である」[38]と強調した上で、「督弁政務処」を設置し、「新政」の実施を始めた。この情勢のもとで、張謇はこれまで抱いていた君主立憲、変法富強の夢をあらたに喚起され、立憲改良を通じて社会を変革せんとする情熱にも燃やされた。彼は『変法平議』を通して、清政府六部の職務に対して改革案を提示した。その中で、彼は「各省ごとに局を設けて書物を訳」し、「日本の書物をも訳す」主張を出した。また、三〇歳以上の王公貴族が歴史年鑑および各国の政治、外交史などの書籍を読むべきと唱えた[39]。しかも彼は身をもって、日本をはじめとする世界各国の憲政、憲政史関係の文献を大量に渉猟し、「現今の世界列国は、まだ憲法を頒布していないのは三か国のみ。……東西各国の憲法は必ずしも同じではなく、判別すべく、少数政治体制もあれば、多数政治体制もある。要するに、立憲が始まれば政治が進む。立憲を行わなければ、政権を立てられなく、行政等の諸法を実行することが無理である」と述べた。同時に西洋の憲政発展史の経験から、張謇は憲政の実行を確保するために、関連する国家と議会を組織しなければならないことまで認識していた。

　また張謇は日本が編訳・出版した各種の憲政および憲政史に関する文献に格別注目していた。とりわけ細川広世が著した『日本国会紀原』（訳書匯編社出版）に対して彼は克明に検討したことがある。同書は日本政治変動の大勢および臣民の要望の経緯を明らかに解釈している。なお、加藤弘之、板垣退助などの議論についても詳細な記録も残されていた。張謇は「欧州諸国を取り上げる暇がなく、近くの日本に求める。明治元年、国是は大体定まり、政権を議政、行政、司法の三部に分けていた。その冬、東京に公議所を設置し、諸藩士を議員に召募し、時事を言う者はみな建白させる。この時からやや立憲の段階に入った。……明治六年になってはじめて憲法を制定し、憲政の議決を確立し、民選議院を設立し、地方官会議を開いた。なお、元老院を設け、法律の発布は当院の議決を経る。一一年、府県会議を開き、人民の参政能力を養成しようとした。——ついに二三年、国会を開くこととなった。伊藤博文は欧州を歴訪し、憲法を研鑽し、帰国後、制度調査局を設置し、策略を企画した。……二二年二月、憲法を発布し、二三年に国会が成立し、憲政体制は完備した。振り返れば二十年もかかった」と解説した[40]。

清末の立憲運動に呼応しながら、国民に西洋および日本国会と議会に関する知識を提供し、啓蒙の効果をおさめるため、張謇は書局に『日本憲法義解』などの西洋と日本の議会を紹介する代表的著作を編訳するよう命じた。しかも彼自身は翰墨林書局と協力しながら『日本議会史』および『英国国会史』という二冊の訳著の出版に関与した。

一九〇四年から一九〇五年にかけて翰墨林は、汪有齢[41]が訳した工藤武重[42]の『日本議会史』を出版した。本書は三期に分けて出版され、第一期初版は一九〇四（光緒三〇）年一〇月に出された。第二期と第三期はそれぞれ一九〇五（光緒三一）年二月と五月に出版された。張謇はこの訳本に作成した序文の中で、日本国会の知識について「日本細川広世の『国会紀原』を読めば、その一般を知る。その議会史を読めば、おそらくその全部を理解できる。原書は一二期に分けているが、これから次第に訳し、刊行することによって、我が国の士大夫の観覧に資す[43]」と書いた。彼は『日本憲法義解』『日本議会史』等を朝廷の重臣に配り[44]、しかも当時の兵部侍郎であった鉄良と憲法について討論した。そこで鉄良、徐世昌、端方、載振等は皆立憲のことを言い始めた[45]。この書物は清末新政改革において、最も影響力のある憲政と議会史にかかわる訳書の一つとなった。

鎌田節堂の訳した『英国国会史』は翰墨林印書局が一九〇五年、編訳・出版した。全書は二三章に分けている。第一章は国会の設立、第二章は国会政治の設立、第三章は国王親政、第四章は国王の国会親政について説明している。この四章は英国国会創始段階を扱い、会議の主な任務を、君主に資金を与えて、建白権を取得することとしている。次の四章は、国会の成長段階を論じ、この段階に頻発した国会と王権との闘争をとりあげている。そのなかで、野党の生成と闘争、一七世紀長期国会の大革命、ならびに王権を超越した国会の地位について検討している。次に設けられた一〇章は、国会が地位を固めた段階に触れている。すなわち革命を通して、内閣制度が設立され、スコットランド、アイルランド国会との聯合が実現することによって、国会は主権的地位を得たという。同書の最後の五章は国会の発達段階を論じている。すなわち、国会は選挙制度と内閣制度の改革を通じて議院代表の枠を拡大し、貴族議会を国民議会に改組する。こうして英国の国会制度と憲政体制が完全に確立したのである。

同書の序文で、訳者は「現今の世界において、憲法を言う者はすべて英国を手本にする。蓋しその憲法は一二世紀以前に遡れる。その後、変革が重なってこそ今日のような厳かな憲法体制が成り立つ。列国の憲法を取り上げる場合、その設立の時代を中心にすれば説明できる。しかし、英国の憲法の様子を尋ねる場合、探してもなかなか理解のしようがない。――この編著者は自国の憲法を取りあげ、論述は整っている。ただし近来の事情の説明が詳しく、古い制度について論述が不足する。例えば、英国人が拝む『大憲章』『権利法典』について粗くその例を挙げるのみで、多くは欠けている」と書いている。そして「第二章の記述からは、事業をすすめるとき、必ず種々の困難があること、第六、第七章からは反動力が原動力より大きいこと、第一二、一三章からは立憲の弊害が専制体制に起因すること、第一一、一六章からはスコットランド、アイルランドが英国国会と連合すること、第一七章からは政党の意見がまず必ず弁論から発することが分かる。そのほか、内閣制度の確立および国会の改革は皆、他者を参照し行えた。立憲の制度について、我が国今日の朝野の士はよく聞く。しかし、立憲前の歴史および立憲以降の前途に関しては熟慮しなければならない。ここで東西の憲法が英国を模範にする説をもって、編訳・出版し、我が国に役立てる。――愛国の念にかかわるものなので、ご高覧を願う[46]」と記し、訳す意図を表明した。

また同書は英国憲政の進歩が完全に国会制度の発展に基づいたもので、国会は英国憲政を実現させる主要な機構であると強調している。なお、私利は終始英国憲政発展を推し進める原動力とされ、徴税権に対する制御は英国国会制度と憲政発展の骨子とみなされた。また一二一五年の『大憲章』は、人民が納税するにもかかわらず、国王の徴税権利が制限されるべく、重大なことがあれば国会と相談する必要があると規定した。国会は、有効的に国王の徴税権を制限するには、資金支出の用途を審査し、国王の行動を判断するための、国会における議員の言論自由と人身事故を確保すると同時に、相応する権力と制度を制定しなければならないという。こうして憲政制度は次第に成り立ち、改善されつつあるわけである。(47)

一九〇五年、日露戦争が終結後、大きな帝国が明治維新後の小国日本に敗れたという事実は、清政府内外に大きなショックを与えた。それは近代日本の立憲制度の成功を証明したものであると一般の知識人は強く認識していた。張謇はまだ日露和約が締結されていないうちに、袁世凱に立憲の主張を提出し、「政体を変革しない限り、末端の補足だけでは役に立たない。――日露の勝負は立憲専制の勝負なり。現今、地球上完全に専制制度を守る国はどこにあるか。専制制度を前に立憲運動はまだ幸運といえようか(48)」と述べた。そして、張謇の呼びかけと出版活動の主導によってこそ、まさに憲政および憲政史にかかわる訳書が相次いで現れた。たとえば、盧弼、黄炳言が訳した清水澄原の『憲法』は政治経済社によって一九〇六年に出版された。斉雨和などが編集した『十七国憲法正文録纂』も一九〇七年、敬慎書荘に刊行されたのである。

## 五　韓国漢文歴史文献の出版と影響

翰墨林書局が出版した歴史地理関係の文献の中には、金沢栄が編集した韓国漢文文献が多くある。金沢栄は韓国李朝末年の著名な史学者であり、彼の編集した漢文文献の中には大量の歴史伝記類の著書・訳本がある。(49)金沢栄は南通翰墨林印書局に勤めていた間、朝鮮学者の作品の整理に専念するとともに、書物をも著していた。文集のほかに、彼の史学著作は同じく重要な価値を持っている。その中でもっとも重要なのは『韓国歴代小史』と

『韓史綮』である。

『韓国歴代小史』は金沢栄が『歴史輯略』という本に基づいて書き直したものである。しかも早くも一九〇〇年に、金沢栄はすでに友人の玄白受の励ましをうけて、一部の初心者むけの朝鮮上古・中古史読本を編纂しはじめた。一九〇二年、五巻の原稿が完成し、魚允迪の校訂を経て、閔衡植から助成された千金で三冊に分けて刊行され、『東史輯略』と改称された。[50]金沢栄はさらに一九一〇年にこれを『韓国歴代小史』に書き直し、翰墨林印書局によって上梓された。

中国に亡命した間、とくに朝鮮が日本に合併されたあと、金沢栄は韓国の歴史を見直した。南通にいた歳月の中で、彼は朝鮮の民族英雄とされる安重根が伊藤博文を暗殺したことに対し、雀躍し、『拟祭安海洲文』『安重根』『安烈士重根儀悔辯』『安重根伝』ならびに『安重根外伝』を著した。また、朝鮮の独立運動に参加し、「大韓民国総理大臣致書中華民国総理大臣」を代筆し、『擬陳情書』を作成したこともある。[51]それにもかかわらず、これまで現場で政治参与を図ってきた彼の政治的センスは、日増しに薄れていった。その代わりに、歴史学者としての歴史責任感と歴史認識が強まりつつあり、韓国の興亡を検討した『韓史綮』は一九一四年、作成されたものである。

金はつづいて『東史輯略』を書いた際、史学的思考の角度と撰述の方式においてはこれまでとだいぶ異なっていた。『韓史綮』は「論曰」という形式で、韓国史に関する意見を大量に披露した。彼は、朝鮮における権力の闘争は「気風の閉鎖」と「学術の迂愚さ」に起因しているとみている。また、経済において、朝鮮は終始「農を重んじ商を賤しむ」意識から脱出していないと考えている。彼は「三代の時、農を重んじ商を賤しむ故、商人から取る利は少ない。管子だけが商業の道理を知っていた。漢初になると商賈は再び卑しめられる。漢武帝の時、桑弘羊は管子の法に倣う。武帝は三〇年も征伐したにもかかわらず、国が滅ばないのは弘羊の功による。今後、天下の事は日々増え、国の用と日常の用は多くなるため、商業を勧め、その税金を徴収するとよい。今日の中国を観れば分かるように、国家の税に属するのは、地租、塩税、関税、鉱税、牙税、煙税、酒税、茶税、糖税等があり、その他の雑税も多い。地方税に属するのは、土地付加税、商税、牲畜税、米税、油税、油税、船税、雑貨税、車税、魚税、肉税などがあり、その他の税金も多いがその中の一〇分の九は商人から徴収する。……若し朝鮮は開国から四千年も三代の商業蔑視の規則を守り変革を考えず、商業を勧誘しなければ、徴収できるのは魚、塩、紅参以外の税金以外、大概無い。そうならば、財（とくに商業の財）を座視してこそ、国の貧困と滅亡に導くだろう[52]」と述べていた。すなわち、徴税を放棄することは「財を座視する」ことであり、そして「国の貧困と滅亡」はその必然的な結果とされる。

『韓史綮』を書いた時、金沢栄が一貫して考えていたのは、韓国は何故滅んだのか、韓国国民性の弱点はどこにあるかということである。彼は、その原因を集団意識と協力観念の欠乏に求めていた。

金沢栄は中国伝統考証学における懐疑精神の影響をうけた一方、西洋の科学的学問・方法論をも取り入れた。一九二二年、彼は『韓史綮』と『韓国歴代小史』一三巻を二八巻の書物に合併・修訂した。首篇『檀氏朝鮮記』において、彼はその所用素材が「謡俗」（民謡、民俗）からきたと説明している。なお、彼は他律論を批判する日本の史観に対して、国家の復興への政治的情熱を込めているものとして評価したが、歴史学者としてはあくまでも「信を以て信を伝え、疑を以て疑を伝えるべし[53]」と指摘した。しかも自分が朝鮮の移民にもかかわらず、政治の都合上、真実を追究する歴史学者の品格を犠牲にしないと明言した。

金沢栄は卓越的な詩人でもあり、造詣の深い文献学者でもある[54]。彼は朝鮮文化に愛情を抱くと同時に、朝鮮文化の成長を育む中国の古典文化にも大変興味を持っていた。朝鮮の伝統的士大夫および史官としての金沢栄は、二〇世紀の初頭において、西洋学の古典への衝撃に直面したのみならず、亡国の悲劇を経験した。彼はその他の無数の朝鮮文人と同じく民族を挽回する闘争に加わった。幸運にも彼は張謇のような朝鮮に同情する中国の文人と知り合い、しかも中国南通の翰墨林印処局で、自らの舞台が見つかった。彼は翰墨林の事業に専念し、一九〇五年から一九二六年まで書局に勤めた二十余年は、翰墨林印書局発展の全盛期にあたる。彼は各種の教科書の編修と印刷に参与しただけではなく、中国学者と学術において切磋琢磨した。

彼の努力のもとで、南通に滞在した間、編集・印刷した四六種の朝鮮漢文文献の半分以上は翰墨林によって出版されたものである。こうして翰墨林印書局は清末民初において、影響力のある新式教科書の出版機関になった一方、中韓の文化交流史において珍重な朝鮮文献資料をも残したのである。

金沢栄の歴史作品は、朝鮮人民の救国意識を喚起するための思想次元の資料だけではなく、自己を反省させる朝鮮民族の参照史料でもある。金沢栄はまさにこういった文献出版という作業を通して、中国の新教育の建設に参与し、朝鮮民族の独立運動を支援していた。今後時間が経つにつれて、彼と翰墨林印書局が編集印刷した文献が、朝鮮文化に対する、潜在的影響と、清末民初の中国文化史との研究において、その独特な価値がますます生じてくるだろう。

張謇は金沢栄の『韓国歴代小史』に書いた序文の中で「国といえば、史の亡失ほど哀しいことはない。亡国はその次なり。国の滅亡はこの一姓にかかわるものであるのに対して、史の亡失は国の絶滅を意味するのみならず、その後の国の永遠の恥である[55]」と書いていた。ここで張謇は歴史文献の蒐集を重んじ、民族文化の復興における歴史の重大な意義を認識している。

## おわりに

南通翰墨林印書局は、清末民初の出版界において一定の成果をあげたとはいえ、商務印書館、中華書局、世界書局等と比べれば、その成績には非常に限界がある。まず出版業にとって、情報の交換は大変肝要である。しかし、南通は交通の比較的不便なところに位置している。この交通不便な環境のなかで育った翰墨林は、商務印書館のように一流の編訳人員を招くことができなかった。大生紗廠が利用できる通海地域の豊かな人力資源も、翰墨林書局の発展に完全に生かされずじまいだった。翰墨林印書局はわりに科学的管理システムが整い、張謇も遠大な構想を持っていたにもかかわらず、商務印書館のような編訳機関には成長できなかった。そして、一旦資金の源泉である大生紗廠が危機に瀕した際には、書局は翻訳出版の責任を負えなくなり、あっというまに印刷機関に一つになってしまったのである。

張謇は中国近代化過程の中で輝かしい業績を残した人物である。彼は企業の経営と商工業界での活動を重視するだけでなく、人智を開くことにも尽力し、文化出版事業を多角的経営戦略の重要な一部にした。清末民初の教科書の出版において、翰墨林が出版した教科書は地方性と郷土性を重んじる顕著な特徴を示していた。しかも韓国の歴史文献の編訳においても書局は大きな貢献を果たした[56]。

清末立憲運動の中で、外国憲政史および君主立憲、議会体制、三権分立等の憲政制度と原則を扱う訳書が数多く出されていたことから、中国近代の憲政法学の形成は外国の相関制度と学説の輸入と緊密にかかわり、とりわけ君主立憲国の制度と学説の影響をうけたことが看取できる[57]。張謇をはじめとする訳者は、正に自らの仕事を通じて、発展の最中にあった立憲運動に理論的根拠と思想的資源を提供していた。翰墨林が出版した西洋、日本の憲政および議会史にかかわる訳書は数量にくらべて大きな影響を残したのである。

二〇〇三年、『英国国会史』が「清末民初の法律名著」として中国政法大学出版社が出版した「中国近代法学訳叢」に組み入れられたことから、清末の立憲運動の中で生まれた訳書はまだ強い生命力を持っていたことが窺われる。中国文化史を研究する時に商務印書館の研究が必須であるとすれば、翰墨林書局がなければ、完全な南通文化史および南通教育史を語ることができないといえよう。

## 注

(1) また「翰墨林書局」、あるいは「翰墨林編訳印書局」等と称されている。
(2) 孫錦標著・鄧宗禹校注『通俗常言疏証』北京・中華書局、二〇〇〇年、一頁。
(3) 劉守剛校注『英国国会史』北京・中国政法大学出版社、二〇〇三年、三頁。
(4) 「敬告全国学生」、『張謇全集』四巻、一五七頁。
(5) 章開沅『開拓者的足跡――張謇伝稿』北京・中華書局、一九八六年、一四二～一四六頁。
(6) 「欽命二品頂戴江南分巡蘇松太兵備道袁」、『日本議会史』第一期、南通・翰墨林印書局、一九〇四年。
(7) 周見『近代中日両国企業家比較研究――張謇与渋沢栄一』中国社会科学出版社、二〇〇四年、三九一、三九七頁。王誠他「通州翰墨林印書局紀略」、『江蘇出版史志』一九九二年第一期。
(8) 「欽命二品頂戴江南分巡蘇松太兵備道袁」。
(9) 南通張謇研究中心・南通博物苑『南通地方自治十九年之成績』二〇〇三年版、八頁。
(10) 前掲『通州翰墨林印書局紀略』。
(11) 南通張謇研究中心他編『開拓与発展――張謇所創企事業今昔』南京・江蘇人民出版社、一九九三年、三六頁。
(12) 同前。
(13) 「翰墨林書章程」、張謇『通州興弁実業章程』南通翰墨林書局、一九〇五年第二版。
(14) 前掲『通州翰墨林印書局紀略』。
(15) 「翰墨林書局章程」、『張謇全集』三巻、七四八～七四九頁。
(16) 「為翰墨林書局版権諮呈両江魏督」、『張謇全集』三巻、七五四頁。
(17) 『張督伝』、劉紹唐編『民国人物小伝』第六輯、台湾伝記文学出版社、一九八四年、二六二頁。
(18) 陳玉堂編著『中国近現代人物名号大辞典』浙江古籍出版社、一九九三年、七八八～七八九頁。
(19) 曹文麟「李苦李行述」、『張嗇庵先生実業文鈔』南通翰墨林印書局、一九四八年。
(20) 前掲『開拓与発展――張謇所創企事業今昔』三七頁。
(21) 前掲『南通地方自治十九年之成績』九頁。
(22) 『韶濩堂文集定本』巻五。

(23)『為湯蟄仙賦明遺民朱舜水先生事』、『滄江稿』巻五。
(24)「申紫霞詩集序」、申緯撰（朝鮮）『申紫霞詩集』南通翰墨林、一九二六年版。
(25)金沢栄はこの住所を「借樹」と命名した。
(26)金沢栄「年略」、『滄江稿』巻一四。金沢栄と翰墨林印書局との関係について、詳しくは鄒振環「近代中韓文化交流史上的金沢栄」、復旦大学韓国研究中心編『韓国研究論叢』第五輯。
(27)『張謇全集』六巻、四五八～四五九頁。
(28)『張謇全集』六巻、四六六～四六七頁。
(29)前掲「翰墨林書局章程」。
(30)『張謇全集』六巻、五〇二頁。
(31)「師範校友会演説」、『張謇全集』四巻、一三九頁。
(32)「師範学校運動会演説」、『張謇全集』四巻、一四八頁。
(33)鄒振環・李春博「中韓翰墨林諸縁」、前掲『韓国研究論叢』第一〇輯。
(34)「通州興弁実業章程」、『書訊』南通翰墨林印書局、一九〇五年。
(35)『張謇全集』六巻、五二五、五三一頁。
(36)『張謇全集』四巻、六六頁。
(37)同前、二九四頁。
(38)「清末最後一〇年外国憲政的輸入」、何勤華・李秀清『外国法与中国法――二〇世紀中国移植外国法反思』北京・中国政法大学出版社、二〇〇三年、三〇、四六頁。
(39)『張謇全集』一巻、六四～六六頁。
(40)「日本議会史序」、前掲『日本議会史』第一期。
(41)汪有齢は、浙江銭塘人であり、杭州蚕学館で勉強したことがある。一八九七年日本へ留学し、大阪山本憲私塾、競進社蚕業講習所、日華学堂等を経て、日本法政大学を卒業した。かつて羅振玉が主導する『教育叢書』の翻訳に加わり、日本医学士三島通良の『学校衛生学』および奥村信太郎の『福沢諭吉伝』等を訳した。
(42)工藤武重はかつて日本中央大学（前身は一八八五年に成立した英吉利法律学校）に勤めたことがあり、『近衛篤磨公』等を著した（この資料は関西大学の陶徳民教授により提供）。

(43) 前掲「日本議会史序」。この文章は『張謇全集』五巻に載っている同じ題の資料と文面において少しズレがある。この文章の作成時期は一九〇六年とする。

(44) 前掲『近代中日両国企業家比較研究――張謇与渋沢栄一』一七三頁。

(45) 『張謇全集』六巻、五四〇頁。

(46) 「英国国会史訳序」、前掲『英国国会史』。

(47) 「点校者序」、「英国国会史訳序」四～六頁。

(48) 潘樹藩編『中華民国憲法史』商務印書館、一九三五年、四頁。

(49) たとえば、『韓国歴代小史』（一三巻版、一三巻増補版、二八巻版本、二八巻正誤版、二八巻最後正誤版）、『韓史綮』（六巻）、『校正三国史記』（金富軾撰、金沢栄校正、五〇巻）、『新高麗史』（五三巻）、『高麗季世忠臣事伝』、『韓代崧陽耆旧伝』（二巻）、『重厘韓代崧陽耆旧伝』（二巻）、『（金沢栄）年略』、『重修通明宮附設経社記』、『銭処士行状』がある。

(50) 『東史輯略』一九〇二年版、魚允迪が校注した筆写本（五巻四冊）は、高麗大学図書館に所蔵されている。

(51) 「擬陳情書」一九二〇年、『韶濩堂文集定本』巻一。

(52) 金沢栄『韓史綮』巻五。

(53) 金沢栄撰『韓国歴代小史』（二八巻）、巻一『檀氏朝鮮』南通翰墨林書局、一九二二年。

(54) 中華民国が設立した当初、金沢栄は中国の国籍を申し込み、「中国新民」の仲間入りと自認した。それにもかかわらず、著述の中で彼は多くの場合、「韓国遺民」「朝僑」「韓客」と自称し、母国を忘れないことを示す（章開沅「張謇与一九世紀中韓文化交流」、朴英姫編『韓国学研究論叢』大連・遼寧民族出版社、二〇〇〇年）。

(55) 張謇「韓国歴代小史序」、前掲『韓国歴代小史』。

(56) 前掲「近代中韓文化交流史上的金沢栄」を参照。

(57) 前掲「清末最後一〇年外国憲政的輸入」を参照。

# 編集後記

巻頭言でも触れたように、本書およびその姉妹編『東アジアにおける公益思想の変容——近世から近代へ』である二冊の論集は、渋沢栄一記念財団研究部の研究助成を受けた「渋沢国際儒教研究チーム」の企画による国際会議の成果の一部から成るものです。東京・六本木（二〇〇四年秋）および中国・南通市（二〇〇五年春）において開催されたこれらの国際会議は、いずれも近代東アジアにおける儒学と公益思想との連関を主題としたものであり、幸いにも日本・中国・香港・台湾・アメリカなどからのべ四〇数名におよぶ第一線の研究者のご協力を得たため、世代や国境を超えた学術交流の場となったと同時に、多数の来場者を迎えることもできました。その会議の一斑は、今も「渋沢国際儒教研究チーム web サイト http://www.sal.tohoku.ac.jp/shibusawa/」にうかがうことができます。

会議終了後、研究チーム中の日本在住者、すなわち陶徳民・姜克實・見城悌治・桐原健真の四名による編集委員会が組織されました。論集刊行にあたり、これをたんなる会議の報告集としないことは当初より意見の一致していたところです。しかしながら、質の高い内容を有する四〇本を越す会議論文の中から、二四本・全二巻へと再構成することは、国際会議を企画した者としては、文字通り己が身を削る想いでした。

編集委員会ではメイルによる頻繁なやりとりや、東京や関西における数回の会合をもつことで、論集の方向性や目次案に関する真剣な討議が行われました。最終的に種々の事情のため、刊行は予定より大幅に遅れてしまい、関係の皆様にはまことにご迷惑をおかけいたしました。心よりお詫び申し上げる次第です。

最後に、本プロジェクトに終始ご支援くださった渋沢雅英・財団理事長と木村昌人・研究部長、国際会議の準備にご尽力された財団研究部研究員であった岡本佳子氏（現・国際基督教大学アジア文化研究所準研究員）、困難な出版事情にもかかわらず、本論集の刊行にご快諾くださった日本経済評論社、なかでも編集に大変な労を執られた谷口京延氏と吉田真也氏に御礼申し上げます。

編集委員一同

（執筆＝桐原健真）

**石　暁軍**（シ　ショウジュン）SHI Xiaojun　【第８章】
1957年生、姫路獨協大学教授
専　門　東洋史、日中交渉史
主要業績
『中日両国相互認識的変遷』台湾商務印書館、1992年
『「点石斎画報」にみる明治日本』東方書店、2004年
「隋唐時代における対外使節の仮官と借位」（『東洋史研究』第65巻第１号、2006年６月）

**銭　健**（チェン　ジェン）QIAN Jian　（号：羽離子 Yulizi）　【第９章】
1954年生、南通大学文学院副教授
専　門　歴史学
主要業績
「南通個案論早期地方自治対区域現代化的推動与制約」（『興大歴史学報』〈台湾〉2003年第６期）
「超越中体西用的束縛——張謇関于文明知識之“公器”的思想」（『文化中国』〈カナダ〉季刊第42期、2004年）

**松川　健二**（まつかわ　けんじ）MATSUKAWA Kenji　【第10章】
1932年生、北海道大学名誉教授・二松学舎大学客員教授
専　門　中国哲学
主要業績
『宋明の思想詩』北海道大学図書刊行会、1982年
『宋明の論語』汲古書院、2000年
『山田方谷から三島中洲へ』明徳出版社、2008年

**鄒　振環**（ズォ　ゼンホェン）ZOU Zhen Huan　【第12章】
1957年生、中国復旦大学歴史系教授
専　門　歴史文献学、明清文化史、中国近代学術史
主要業績
『晩清西方地理学在中国』上海・上海古籍出版社、2000年
『20世紀上海翻訳出版与文化変遷』南寧・広西教育出版社、2000年
『西方伝教士与晩清西史東漸』上海・上海古籍出版社、2007年

研究』第10号、2002年）
『渋沢栄一と〈義利〉思想——近代東アジアの実業と教育』ぺりかん社、2008年
「中国明清時代商人〈義利〉観の一側面——徽商の例を通じて」（島根県立大学『総合政策論叢』第14号、2008年）

**周　見**（ツォウ　ジアン）ZHOU Jian　【第３章】
1951年生、中国社会科学院世界経済政治研究所教授・研究員
専　門　比較経済史、日本経済
主要業績
『近代中日両国企業家比較研究——張謇与渋沢栄一』中国社会科学出版社、2004年
「買弁型企業家為何在近代日本不見大量形成」（吉林大学『現代日本経済』2005年第３期）
「日本企業的再興之路」（中国社会科学院日本研究所『日本学刊』2005年第５期）

**中井　英基**（なかい　ひでき）NAKAI Hideki　【第４章】
1942年生、筑波大学名誉教授
専　門　中国近代経済史、経営史
主要業績
『儒教文化圏における企業者精神と近代化——張謇と渋沢栄一の比較研究』文部省科学研究費報告書、北海道大学、1990年
『張謇と中国近代企業』北海道大学図書刊行会、1996年

**沖田　行司**（おきた　ゆくじ）OKITA Yukuji　【第５章】
1948年生、同志社大学社会学部教授
専　門　日本教育文化史、日本思想史
主要業績
『ハワイ日系移民の教育史』ミネルヴァ書房、1997年
『日本人をつくった教育』大巧社、2000年
『新訂版　日本近代教育の思想史研究』学術出版会、2008年

**呉　偉明**（ウ　ウェイミン）NG Wai-ming　【第６章】
1962年生、香港中文大学日本研究学科教授
専　門　日中文化交流史
主要業績
*The I Ching in Tokugawa Thought and Culture,* University of Hawai'i Press, 2000.
"The Hsü Fu Legend in Tokugawa Japan: A Textual Study," Journal of Asian History, 38 (1), 2004.

**張　廷栖**（チャン　ティンシ）ZHANG Tingxi　【第７章】
1936年生、南通大学教授・張謇研究中心幹事会副会長
専　門　社会科学
主要業績
『張謇与当代民営企業家的研究』江蘇省哲学社会科学“十五”規劃基金項目。
『張謇関于産研結合的思想初探』江蘇省教育科学“十五”規劃項目。

**尾﨑　順一郎**（おざき　じゅんいちろう）OZAKI Junichiro　【第７章（訳）】
1979年生、東北大学大学院文学研究科博士後期課程
専　門　中国思想
主要業績
「戴震の『一貫』解をめぐって」（中国文史哲研究会『集刊東洋学』第97号、2007年）

## 編者・執筆者・訳者紹介

**陶　徳民**（タオ　デミン）TAO Demin　【編者】
1951年生、関西大学文学部教授
専　門　日本思想史、東アジア文化交渉論
主要業績
『懐徳堂朱子学の研究』大阪大学出版会、1994年
『日本漢学思想史論――徂徠・仲基および近代』関西大学出版部、1999年
『明治の漢学者と中国――安繹・天囚・湖南の外交論策』関西大学出版部、2007年

**姜　克實**（ジャン　クウシー）JIANG Keshi　【編者、第1章(訳)】
1953年生、岡山大学大学院社会文化科学研究科教授
専　門　日本近現代史
主要業績
『石橋湛山の思想史的研究』早稲田大学出版部、1992年
『現代中国を見る眼』丸善ライブラリー、1997年
『浮田和民の思想史的研究』不二出版、2003年

**見城　悌治**（けんじょう　ていじ）KENJŌ Teiji　【編者、解題、第11章】
1961年生、千葉大学国際教育センター／大学院人文社会科学研究科准教授
専　門　日本近代思想史
主要業績
『戦争の時代と社会――日露戦争と現代』（共著）青木書店、2005年
『渋沢栄一――「道徳」と経済のあいだ』〈評伝　日本の経済思想〉日本経済評論社、2008年
『近代報徳思想と日本社会』ぺりかん社、2009年刊行予定

**桐原　健真**（きりはら　けんしん）KIRIHARA Kenshin　【編者】
1975年生、東北大学大学院文学研究科助教
専　門　近代日本思想史、倫理思想史
主要業績
「『帝国』の誕生――19世紀日本における国際社会認識」（黄自進編『東亜世界中的日本政治社会特徴』台北・中央研究院人文社会科学研究中心亜太区域研究専題中心、2008年）
「死而不朽（死して朽ちず）――吉田松陰における死と生」（『季刊　日本思想史』第73号、2008年）
『幕末日本における自他認識の転回――吉田松陰の思想と行動』東北大学出版会、2009年刊行予定

**馬　敏**（マ　ミン）MA Min　【第1章】
1955年生、華中師範大学中国近代史研究所教授
専　門　中国近現代史
主要業績
「中国和日本的近代“士商”――張謇与渋沢栄一之比較観」（『近代史研究』1996年第1期）
「張謇与近代博覧事業」（『華中師範大学学報』2001年第5期）
「営造一箇和諧発展的地方社会――張謇経営南通的啓示」（『華中師範大学学報』2006年第2期）

**于　臣**（ユ　チェン）YU Chen　【第2章、第9章（訳）、第12章（訳）】
1974年生、関西大学文化交渉学教育研究拠点研究員
専　門　教育思想史、経済思想史
主要業績
「石門心学における『語り口』の発展――『講釈』から『道話』へ」（北京日本学研究中心『日本学

渋沢栄一記念財団叢書
近代東アジアの経済倫理とその実践――渋沢栄一と張謇を中心に

2009年 3 月10日　第 1 刷発行　定価（本体3800円＋税）

編　者　陶　　德民
　　　　姜　　克實
　　　　見城悌治
　　　　桐原健真

発行者　栗原哲也

発行所　株式会社　日本経済評論社
〒101-0051　東京都千代田区神田神保町3-2
電話　03-3230-1661　FAX　03-3265-2993
info@nikkeihyo.co.jp
URL：http://www.nikkeihyo.co.jp

装幀＊渡辺美知子
印刷＊藤原印刷・製本＊山本製本所

乱丁・落丁本はお取替えいたします。Printed in Japan　ISBN978-4-8188-2034-0

陶徳民・姜克實・見城悌治・桐原健真 編
渋沢栄一記念財団叢書

## 東アジアにおける公益思想の変容
—近世から近代へ

A5判 三八〇〇円

儒学をはじめとする東アジアの伝統思想が有した公益意識の実像を明らかにし、これが近代的公益事業の形成に果たした歴史的役割を、日中の企業家・教育家を中心に考察する。

見城悌治 著 〈評伝 日本の経済思想〉

## 渋沢栄一
—「道徳」と経済のあいだ

四六判 二五〇〇円

農民、武士、官僚、実業家、社会事業家へと身を転じ、近代と真正面から向き合った渋沢。『論語と算盤論』の理想と現実や、国際関係認識など、その思想と人物を浮き彫りにする。

大森一宏 著 〈評伝 日本の経済思想〉

## 森村市左衛門
—通商立国日本の担い手

四六判 二五〇〇円

日本の自動車産業をも支えている国際的な窯業企業の源流・森村組の創始者の生涯をたどる。優れた日本のモノヅクリの伝統を創出し日本製品の輸出の増大に大きく貢献した。

落合功 著 〈評伝 日本の経済思想〉

## 大久保利通
—国権の道は経済から

四六判 二五〇〇円

討幕運動へと突き進んだ大久保が、財政が疲弊し、士族の不満が吹き荒れる中、なぜ最後は殖産興業を人生（＝国家）の課題と考え、どのような独自の経済政策を推進したのか。

島田昌和 著

## 渋沢栄一の企業者活動の研究
—戦前期企業システムの創出と出資者経営者の役割

A5判 六五〇〇円

膨大な数の民間企業の設立・運営に関わった渋沢の企業者活動について、関与のあり方、トップマネジメントの手法、資金面のネットワークなど多方面から分析した画期的な研究。

（価格は税抜）